Frank Fabian

Die mächtigsten Geheimbünde in Geschichte und Gegenwart

Frank Fabian

Die mächtigsten **Geheimbünde** in Geschichte und Gegenwart

Tempelritter · Assassinen · Jesuiten · Opus Dei · Rosenkreuzer
Illuminaten · Freimaurer · Hitlers Geheimbünde

Edition:
DIE GRÖSSTEN LÜGEN DER GESCHICHTE
Band II

Wirtschafts Verlag W. V. GmbH / Mittelstands-Akademie
Lauwetter 25, 98527 Suhl
Tel. 0 36 81 / 3 53 58 49
Fax 0 36 81 / 30 02 09

Autor: F. Fabian

www.wirtschaftsverlag-suhl.de
www.mittelstands-akademie.com

ISBN: 978-3-936652-23-9

Made in Germany

INHALT

WARUM DIESES BUCH NICHT GESCHRIEBEN WERDEN KANN oder DIE ANATOMIE DES GEHEIMNISSES

Kein Thema ist aufregender und spannender als das Thema *Geheimbünde.* Es lässt uns ahnen, dass uns viel bislang vorenthalten wurde – Fakten und Tatsachen, über die wir eigentlich Bescheid wissen müssten. Fest steht: Über Geheimgesellschaften und Geheimbünde wurde bis heute zu selten oder nie die Wahrheit gesagt.

Aber warum? Aus welchem Grund werden wir über Geheimbünde nicht informiert? Beispielsweise im Geschichtsunterricht? Fest steht doch unumstößlich, dass im Rahmen der Historie nachweislich zahlreiche Geheimbünde existierten, die eine unglaubliche Wirkung auf den Verlauf der Ereignisse ausübten und die „Geschichte" manchmal sogar in eine vollständig neue Richtung schubsten.

Warum tappen wir ständig im Dunkeln, wenn es darum geht, unser Wissen über Geheimgesellschaften seriös zu erweitern? Noch einmal: Geheimbünde veränderten nachweislich den Lauf der Geschichte! Müssten wir also nicht gefälligst über ihre Existenz aufgeklärt werden?

Nun, die Gründe liegen auf der Hand. Eine „Geheimgesellschaft" scheut per definitionem das Tageslicht. Ihre Vertreter versuchen alles, aber auch wirklich alles, damit bestimmte Informationen nicht das Licht der Welt erblicken. Sie leugnen manchmal ihre schiere Existenz. Sie legen falsche Fährten. Sie geben scheinbare „Geheimnisse" preis, die bei Licht betrachtet jedoch keine „Geheimnisse" sind, sondern lupenreine Fehlinformationen, die nur in die Irre führen sollen, damit sich der neugierige Zeitgenosse in einem Labyrinth verirrt.

TECHNIKEN DER VERWIRRUNG

Betrachten wir nur einmal einen einzigen Aspekt des Repertoires des ehemaligen Geheimdienstes der Sowjetunion, des KGBs, der in weitestem Sinn ebenfalls als „Geheimgesellschaft" bezeichnet werden kann.

KGB? Das ***K**omitet **G**ossudarstwennoi **B**esopasnosti,* das *Komitee für Staatssicherheit* also, das von 1954 bis 1991 das Heft in der ehemaligen Sowjetunion in der Hand hielt, nahm zahlreiche Aufgaben wahr. Aber was uns an dieser Stelle nur interessiert, ist der Umstand, dass es innerhalb des KGBs eine eigene „Desinformationsabteilung" gab. Das heißt, im Rahmen dieses Geheimdiens-

tes wurde systematisch daran gearbeitet, Fehlinformationen zu lancieren. Tausende von KGB-Mitarbeitern waren auf nichts anderes spezialisiert, als professionell zu lügen! Es gab eigene Techniken hierfür, ja ein ganzes Repertoire von Techniken, WIE man intelligenterweise die Wahrheit verdrehte.
Eine Technik bestand beispielsweise darin, den „Feind", der eine geheim gehaltene, schmutzige Tat des KGB aufgedeckt hatte, wie zum Beispiel einen „kleinen Mord" an einem missliebigen Politiker, sofort zu beschuldigen, die Tat *selbst* ausgeführt zu haben. Wenn also beispielsweise Großbritannien öffentlich lamentierte, der KGB habe den italienischen Politiker XY umgebracht, so veröffentlichte der KGB sofort eine Gegendarstellung, die darauf hinauslief, zu behaupten, dass es eigentlich die Briten gewesen wären, die eben diesen italienischen Politiker ins Jenseits befördert hätten ...
Die „Technik" bestand und besteht also darin, den Gegner genau der Verbrechen und der Taten zu beschuldigen, die man gerade *selbst* begangen hat – manchmal sogar prophylaktisch, das heißt, bevor die Öffentlichkeit darauf aufmerksam geworden ist. Die Wirkung ist interessant: Die Öffentlichkeit wird dadurch in völlige Verwirrung gestürzt. Diese Methode gehört geradezu zum Standardrepertoire von Geheimdiensten.
Aber es gibt noch sehr viel mehr Techniken, um die Wahrheit zu verschleiern. Es gibt eine hohe Schule der Lüge und 101 Methoden, die Wahrheit zu verdrehen. Halb- oder Viertelwahrheiten werden manchmal geschickt benutzt, um eine Behauptung, die eigentlich eine Lüge ist, glaubhafter erscheinen zu lassen.
Ehemalige Mitglieder können umgebracht werden, die vielleicht über die Existenz eines Geheimbundes Zeugnis ablegen könnten. Zeugen können mundtot gemacht werden – durch Erpressungen und Drohungen. Zeugen können bestochen werden. Falsche Zeugen können aus dem Hut gezaubert werden, wie ein Kaninchen aus dem Zylinder eines Magiers.
Äußerst geschickt kann ein Geheimbund auch das Interesse der Öffentlichkeit rasch auf ein anderes Thema lenken, wenn es gilt, von einer Untat, die einfach nicht mehr abgeleugnet werden kann, abzulenken oder wenn die eigene geheim gehaltene Existenz aufgeflogen ist. Die Medien, die nach bestimmten Gesetzen reagieren, werden dabei manipuliert wie dressierte Hunde, da sie ständig dem neuesten Skandal hinterherhecheln. Also wirft man ihnen schnell einen neuen Happen vor, eben einen neuen Skandal. Die Wahrheit, die kurz aufgeblitzt ist, kann auf diese Art schnell wieder unter den Teppich gekehrt werden. Rasch wird in der Folge das undichte Loch

gestopft, indem man ein paar Verräter beseitigt und ihnen bei Nacht und Nebel ein Messer über den Hals zieht.

Und so verschwinden die winzigen Lichter der Wahrheit sofort wieder, die manchmal da und dort aufgeblinkt sind. Die Öffentlichkeit wird in der Folge eilfertig mit ein paar Fehlinformationen gefüttert und abgespeist …

Die Techniken der „Desinformation" sind ebenso raffiniert wie zahlreich.

Wenn wir also „Geheimbünden" auf der Spur sind, müssen wir wissen, dass wir uns immer einem geschickt gestrickten Netz von Lügen gegenübersehen. Weiter wird nicht selten mit harten und härtesten Bandagen gekämpft. Ein „kleiner Mord" gilt nichts.

Die prominentesten Methoden der Lüge bestehen darin, die falschen Drahtzieher zu nennen oder die Zeit und den Ort zu verändern. Auf diese Art kann ein Geheimbund manchmal lange Zeit unsichtbar bleiben.

Manchmal verstecken sich die wahren Strippenzieher dergestalt, dass sie drei, vier oder sogar fünf Mittelsmänner einschalten, wenn es gilt, etwas zu „bewegen". Auch das trägt zu der eigenen „Unsichtbarkeit" bei.

Wir müssen also in aller Schärfe realisieren, dass wir nicht in einem „Informationszeitalter" leben, sondern in einem „Desinformationszeitalter". Allein die Menge der Informationen, die täglich auf uns einprasselt, kann kaum mehr seriös ausgewertet werden.

Die Presse ist bei vielen Vertuschungen oft mit von der Partie. Sie „lügt wie gedruckt", weiß sogar inzwischen schon der Volksmund. Die Täuschungen, die durch die Medien in die Welt gesetzt werden, sind mittlerweile Legion und von zahlreichen Wissenschaftlern verlässlich dokumentiert worden. Zeitungen, Zeitschriften, das TV, das Radio und das Internet sind Fundgruben der Fehlinformation, denn natürlich beherrschen einige Geheimbünde virtuos das Spiel, Menschen an der Nase herumzuführen – es ist schließlich ihr ureigenstes Metier.

Als Erstes müssen wir also realisieren, dass es eine „Hohe Schule der Lüge" gibt, wie man das nennen könnte. Es gibt ein regelrechtes „Know-how" der Lüge.

Und so verwundert es nicht, dass „Geheimgesellschaften" und „Geheimbünde" bis heute mit einem Schutzwall von Lügen umgeben sind. Als Zweites müssen wir festhalten, dass die Krakenarme einiger Geheimbünde längst auch viele Medien erreicht haben.

Von vielen Medien wird die Wahrheit in einer tödlichen Umarmung regelmäßig zu Grabe getragen.

DIE ANATOMIE DES GEHEIMNISSES

Wenn man dem Tabu-Thema „Geheimbünde" wirklich auf die Schliche kommen will, so muss man in aller Bescheidenheit zunächst dies realisieren:
Es ist „eigentlich" unmöglich, über dieses Thema ein seriöses Buch zu schreiben, denn es gibt einfach zu viele Geheimbünde in der Geschichte. Darüber hinaus beinhaltet allein der Ausdruck „Geheimbund" oder „Geheimgesellschaft", dass viele Fakten nicht bekannt sind, oft wurden zudem Fakten verschleiert, verändert oder gar vernichtet.
Wer aber kann sich schon anmaßen, ohne Dokumente und Zeugen hinter all die Kulissen blicken zu können?
Die Anatomie des Geheimnisses besteht darin, dass alle seine Teile „geheim" sind, die Mitglieder, die Ziele, die Orte der Zusammenkunft, die Hierarchien, die Einweihungspraktiken und vieles mehr.
Ein „Geheimbund" ist per definitionem rätselhaft und undurchdringlich.
Deshalb kann man selten über Geheimbünde hundertprozentig zuverlässige Aussagen treffen, denn zu vieles beruht auf der Täuschung und der Lüge.
Weltweit gesehen gab es im Laufe der Geschichte schätzungsweise weit über tausend Geheimgesellschaften oder Geheimbünde. „Geheimnisse" zu haben ist geradezu eine menschliche Obsession. Besonders der mittelalterliche Mensch war regelrecht besessen von Geheimbünden – in Deutschland, Frankreich und England unter anderem – aber auch in China oder in Indien etwa. Selbst das Altertum liebte die Geheimbündelei, die Neuzeit ebenfalls, sie ist unausrottbar. Menschen sind verliebt in die Geheimniskrämerei.
Aber auch die schiere Notwendigkeit, Macht zu erhalten oder zu zementieren, lud dazu ein, mittels Geheimbünden zu operieren. Oft waren sie angeblich notwendig, um diesen kostbaren Saft, genannt Macht, aufrechtzuerhalten. Oder aber Geheimbünde dienten dazu, einen missliebigen Herrscher vom Thron zu stoßen, ihn mit einem Gift zum Beispiel aus dem Leben zu befördern und die Machtfrage neu zu stellen. Ein Putsch oder ein Coup d'État konnte erst dann gelingen, wenn er der Geheimhaltung unterlag und nicht rechtzeitig aufgedeckt wurde – wenn kurz gesagt zumindest eine Art Geheimbund existierte. Verräterische Spuren wurden in der Folge rasch verwischt und die Identität der Geheimnisträger verschleiert.
Wir sehen uns also beträchtlichen Schwierigkeiten gegenüber, wenn wir über Geheimbünde berichten wollen.

DIE CHARAKTERISTIKEN VON GEHEIMGESELLSCHAFTEN

Dennoch ist es möglich, Geheimbünde zu identifizieren und zumindest einige ihrer Taten ins Scheinwerferlicht zu rücken. Und das ist höchst bedeutsam, denn es ist eine schiere Notwendigkeit, über die Existenz von Geheimbünden Bescheid zu wissen, jedenfalls, wenn wir die *Geschichte* verstehen wollen, aber auch die *Gegenwart.*

Noch einmal: Wir dürfen nicht darauf verzichten, das Phänomen der Geheimbünde genauer zu untersuchen, denn von Geheimgesellschaften wurde, wie schon ausgeführt, viel bewegt. Mehr als einmal bildeten geheime Bruderschaften das Zünglein an der Waage, was die hohe Politik anging. Ja, sie bestimmten manchmal sogar den Verlauf der gesamten Historie. Wenn wir also intellektuell erwachsen werden wollen, sind wir geradezu verpflichtet, etwas über Geheimbünde in Erfahrung zu bringen – denn ansonsten wissen wir nie, wie in den höchsten Zirkeln die Weichen gestellt werden und wie mit „Macht“ umgegangen wird.

Wenn wir die Geschichte *und* die Gegenwart verstehen wollen, bleibt uns nichts anderes übrig, als uns auch mit Geheimbünden zu beschäftigen, die manchmal, nicht immer, gleichzeitig auch Elitezirkel waren.

Obwohl es einerseits schwierig ist, Geheimbünden auf die Spur zu kommen, gibt es andererseits auch einige unbestechliche Indikatoren, die den „Fingerabdruck“ von Geheimgesellschaften verraten.

Bemerkenswerterweise gibt es bestimmte Charakteristiken, durch die sich elitäre Geheimbünde fast immer auszeichneten.

Das sind die wichtigsten Kennzeichen von Geheimbünden und geheimen Elitegesellschaften:

- **Es existieren bei der Aufnahme rigorose Auswahlverfahren.**
- **Höchste Anforderungen werden an die Mitglieder gestellt, manchmal werden gefährliche Einsätze gefordert.**
- **Es herrscht eine eiserne Disziplin, während unbedingter Gehorsam eingefordert wird.**
- **Immer handelt es sich um ein geschlossenes, hierarchisches System, manchmal mit verschiedenen Stufen oder Einweihungsgraden, die erreicht werden können.**
- **Eine Führungspersönlichkeit steht an der Spitze, die höchsten Respekt, ja Verehrung genießt.**
- **Es gibt eigene Gruppen-Codices und Gruppen-Ideale.**

- **Es existieren hoch gesetzte Ziele, eine eigene Ästhetik sowie Anreizsysteme und Auszeichnungen.**
- **Die Mitglieder werden gewöhnlich zur Geheimhaltung verpflichtet.**
- **Weiter spielen im Falle des Fehlverhaltens genau definierte Bestrafungen eine Rolle.**
- **Oft winkt ein hoher Lohn, der materieller Art sein kann (Geld, Besitz, Macht) oder spiritueller Art (das Paradies zum Beispiel).** [1]

Einige dieser Indikatoren werden manchmal stolz zur Schau gestellt. Die Enthüllung ist jedoch die Achillesferse jedes Geheimnisbundes. Weiter gibt es stets Abweichler, ehemalige Mitglieder und Ausgestoßene, die plaudern und Geheimnisse preisgeben, wenn auch deren Informationen mit Vorsicht zu genießen sind. Geheimbünde sind jedenfalls selten vollständig unsichtbar. Sie sind umso leichter erkennbar, wenn man für das Thema sensibilisiert ist. Außerdem kann man sie manchmal an ihren Früchten erkennen. Oft werden Geheimbünde deshalb erst dann identifiziert, sobald zum Beispiel ein bestimmtes politisches Ziel erreicht worden ist, wie es eigentlich nur im Rahmen eines Geheimbundes ausformuliert werden konnte. Schließlich versorgt uns die Historie selbst mit zahlreichen Informationen über Geheimbünde, denn nichts geschieht „zufällig" in der Geschichte. Und, mit einer gewissen Verzögerung, die normalerweise rund 50 oder 100 Jahre beträgt, erblicken heute selbst ehemals „hoch geheime" Informationen das Licht der Welt – nachdem also einige Mitglieder und Drahtzieher eines Geheimbundes verstorben sind und ihnen durch „Öffentlichkeit" kein „Schaden" mehr erwachsen kann.
Es ist also inzwischen durchaus möglich, auch Geheimbünden auf die Spur zu kommen, in seriöser Art und Weise, ohne zu verrückten und abwegigen „Verschwörungstheorien" Zuflucht zu nehmen.

ARTEN VON GEHEIMBÜNDEN UND INSIDER-ZIRKELN

Man könnte im Falle von Geheimbünden unterscheiden zwischen den unterschiedlichen *Zielen*, die sie verfolgen. So gibt es die Staatlichen Geheimdienste (*CIA*, den ehemaligen *KGB*, den *BND* und so fort), die das Ziel besitzen, das eigene Land zu verteidigen oder andere (Feind-)Länder zu schwächen.

– Es gibt Geheimbünde mit einem politischen Ziel (die Tempelritter oder die Freimaurer etwa), ferner

- geheime Bruderschaften mit einem religiösen Ziel (*Opus Dei* zum Beispiel, mit Abstrichen die *Jesuiten*) und es existieren schließlich
- Insider-Zirkel, die in erster Linie finanzielle Ziele verfolgen (wie das bei international operierenden Bankern etwa der Fall ist).

Soweit eine erste Unterscheidung gemäß verschiedenen *Zielen.*
Selbstredend gibt es Überschneidungen.
Im Laufe dieses Buches werden wir uns nur mit Geheimbünden befassen, die politische und religiöse Ziele verfolgten.
Wir werden nicht über Geheimdienste aufklären und auch nicht über Finanz-Insider-Zirkel, denn dadurch würde der Rahmen des vorliegenden Buches gesprengt.
Ferner werden wir uns nur mit hieb- und stichfesten historischen Ereignissen abgeben, die glasklar belegt sind, damit wir uns nicht auf das Niveau von 100 unterschiedlichen „Verschwörungstheorien" begeben, die heute an allen Ecken und Enden wohlfeil zu haben sind. Denn auch dies ist wahr:

DIE INFLATION DER VERSCHWÖRUNGSLITERATUR oder DICHTUNG UND WAHRHEIT

Längst sprießt inzwischen allenthalben fröhlich und unbekümmert die wildeste Verschwörungsliteratur aus dem Boden. Das Internet ist übersät davon. Alle möglichen Weltanschauungen, Ideologien, Religionen, politische Parteien und so fort offerieren in reicher Fülle die widersprüchlichsten (und zum Teil getürkten und unbewiesenen) „Informationen" hinsichtlich bestimmter Ereignisse. Viele dieser Theorien entbehren jedes Beweises.
Unser Ehrgeiz bestand jedoch darin, nur anhand konkreter historischer Ereignisse Geheimbünde zu „enttarnen", sprich nur Fakten und Tatsachen gelten zu lassen, die im Prinzip von jedem Geschichtswissenschaftler nachvollzogen werden können.
In diesem Sinne suchten wir diese Fragen zu beantworten:

- Welches waren die drei Geheimnisse der *Tempelritter* und wie ist der sagenhafte Aufstieg und der plötzliche Fall dieser zeitweise mächtigsten mittelalterlichen Institution zu erklären?
- Was wissen wir mit Sicherheit über die legendären *Assassinen*, diese brandgefährliche islamische Geheimbruderschaft, die mit Haschisch,

Paradiesvorstellungen und Sex ihre Mitglieder dazu verführten, zu töten und zu morden?
- Welche geheimen Bruderschaften standen und stehen im Banne des Papsttums – wie etwa das *Opus Dei* oder die *Jesuiten*?
- Wer waren die Hintermänner der *Amerikanischen Revolution*?
- Um wen handelte es sich bei den Strippenziehern der *Französischen Revolution?*
- Welchen Geheimorganisationen gehörte der mysteriöse Graf von Saint Germain an und wer waren im 17. Jahrhundert die grauen Eminenzen hinter den europäischen Thronen?
- Was hat es mit den Geheimbünden der *Illuminati* und *Rosenkreuzer* wirklich auf sich?
- Was wissen wir mit Sicherheit über die „*Schwarze Hand*", einen Geheimbund, der immerhin den Ersten Weltkrieg auslöste?
- Worin bestand *Hitlers* Geheimbündelei, wer waren die „Männer hinter Hitler"?
- Welche Fakten werden über die *Freimaurerloge P2* bis heute unter den Teppich gekehrt?
- Wie liest sich die wahre Geschichte der Freimaurerei?

Soviel dürfen wir versprechen: Sie werden nach der Lektüre dieser Kapitel eine vollständig neue Sichtweise der Geschichte gewinnen. Geheimbünde werfen ein völlig neues Licht auf verschiedene historische Ereignisse – man muss nur um die Existenz verschiedener Bünde wissen.
Beginnen wir mit einem der interessantesten Geheimbünde der Geschichte, den Tempelrittern, deren Existenz genauestens dokumentiert ist und über die Historiker längst gesicherte Fakten zusammengetragen haben. Fragen wir uns, wie die Templer zu dem einflussreichsten Orden ihrer Zeit aufsteigen konnten? Wie gelang es ihnen, für eine kurze Zeit eine unvorstellbare Macht in ihren Händen zu halten und Reichtümer in einer Menge zusammenzuraffen, wie es vorher in der Geschichte des Abendlands nie möglich gewesen war? Und was machte den innersten Kern dieses Geheimbundes aus und seine Faszination?

1. DIE DREI GEHEIMNISSE DER TEMPELRITTER oder AUFSTIEG UND FALL DES MÄCHTIGSTEN MITTELALTERLICHEN RITTERORDENS

Wir haben es bereits angedeutet: Bis heute völlig unterschätzt wurde die gewaltige Macht, die sich einst in den Händen der *Tempelritter* befand, und die sich an der Spitze zusammenballte in ihren legendären, tapferen Großmeistern: Hugo von Payens, Eberhard von Barris, Bertrand de Blanchefort ... und wie sie alle hießen. Diese Großmeister waren teilweise mächtiger als viele Könige ihrer Zeit.

Der Grund: Die Templer verfügten über schier unermesslich viele Schätze, über Gold und Geld, wodurch sie zu dem reichsten Orden ihrer Zeit aufstiegen. Zahlreiche Legenden, Gerüchte und Sagen rankten sich um die Quelle dieses Reichtums. Woher stammte er?

Ferner waren der Mut der Templer und ihre Einsatzbereitschaft ohne Vergleich – in militärischer Hinsicht konnte es niemand mit diesen Rittern aufnehmen, sofern ein Fürst, Sultan oder König nicht über ein weit überlegenes Heer verfügte. Jeder einzelne Templer war eine kleine „Festung" in sich, die schier uneinnehmbar war. Der Tempelritter starrte vor Waffen und fürchtete weder Tod noch Teufel. Den Tod verachtete ein Templer sogar gründlich. Eine der Regeln der Templer besagt, dass er in einem Kampf erst dann fliehen durfte, wenn er sich mindestens einer *vierfachen* Übermacht gegenübersah. Und wenn ein Templer das Leben ließ, so riss er gewöhnlich vorher zahlreiche Feinde mit sich in den Tod. Es handelte sich um eine draufgängerische, militärische Elitetruppe, hoch motiviert bis unter die Haarspitzen, die von den Feinden mehr gefürchtet wurde als selbst der Satan.

Was machte die Überlegenheit der Tempelherren in militärischer Hinsicht aus?

Darüber hinaus aber gab es ein drittes Mysterium, es handelte sich hierbei um das eigentliche Geheimnis der Templer. Es wurde zum Teil genährt durch geheime Einweihungsriten, die lange Zeit nicht das Licht der Welt erblickten.

Worin bestand dieses letzte und höchste Geheimnis?

Genau diese *drei Geheimnisse* der Templer wurden bis heute nie vollständig ausgeleuchtet, aber wir werden im Laufe dieses Kapitels sehr genaue Antworten liefern. Sie werden uns die Tempelritter mit einem Schlag verstehen lassen und mehr Licht in das Dunkel dieses Geheimbundes bringen, als es das bisher der Fall war.

Aber zunächst müssen wir uns zumindest einen Überblick verschaffen, die Fakten müssen auf den Tisch, denn vorderhand müssen wir in Erfahrung bringen, was ehemals überhaupt geschah.

EINE EINZIGARTIGE HISTORIE

Der Templerorden (man sprach und spricht auch von Templern, Tempelrittern oder Tempelherren) war ursprünglich kein Geheimbund, sondern ein *geistlicher Ritterorden*. Er existierte von 1118 bis 1312, überdauerte also rund zwei Jahrhunderte. Zuletzt war er in Deutschland, Frankreich, England, Spanien, Italien, vielen osteuropäischen Ländern, in allen Ländern, die ins „Heiligen Land" führten und im Heiligen Land selbst präsent, von vielen strategisch wichtigen Inseln wie Zypern ganz abgesehen. Die Machtentfaltung war unvorstellbar. In ganz Europa und im Nahen Osten gab es auf einmal templerische Burgen, „Kommenden" oder „Komtureien" (= wörtlich: „Häuser"), Stützpunkte und Festungen, die Landkarte war übersät mit ihnen.
Man betrachte sich nur einmal die verschiedenen Burgen und Niederlassungen der Templer um das Jahr 1300.

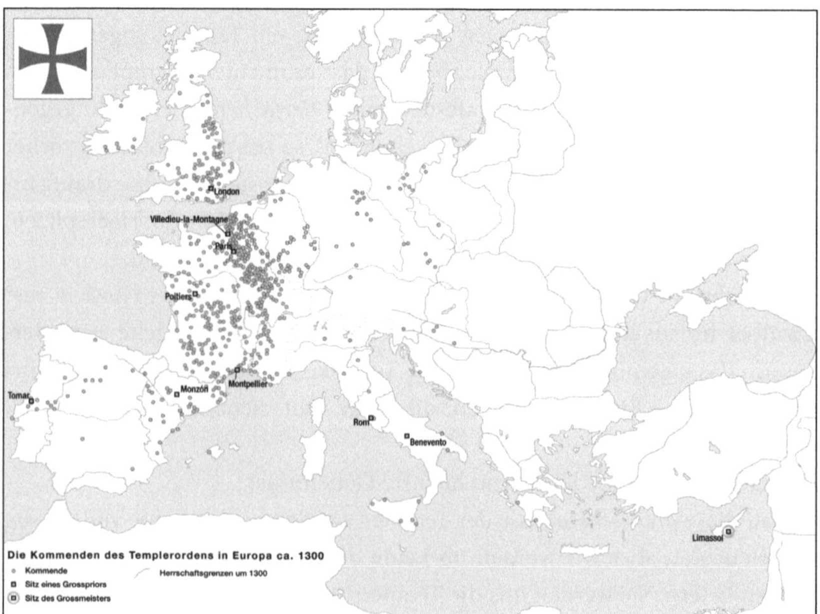

Quelle: Wikipedia

Aber was war das eigentlich, ein „geistlicher Ritterorden"? Der Templer war eine eigenartige, eigentlich unmögliche Mischung aus Mönch und Ritter, denn ein Mönch ist friedfertig, ein Ritter dagegen ein Krieger. Der Mönch betet täglich und hält die linke Backe hin, wenn er auf die rechte geschlagen worden ist, der Krieger ist ein Haudegen, der erbarmungslos mit dem Schwert zuschlägt und auf den Feind eindrischt.
Und wie und auf welche Weise war es zu der Gründung dieses „geistlichen Ritterordens" gekommen? Wer hatte Pate gestanden? Und warum war dieser Orden überhaupt ins Leben gerufen worden?
Fragen über Fragen!

DIE VERSCHWIEGENE WAHRHEIT

Wir können den Templerorden nicht verstehen, wenn wir nicht zumindest in groben Zügen den historischen Hintergrund ausleuchten und auf einige Fakten aufmerksam machen, die normalerweise unter den Tisch gekehrt werden.
Erinnern wir uns also: Im Jahre 1095 wurde das ganze Abendland vom Kreuzzugsfieber gepackt. Die Franzosen waren besonders eifrig, aber auch die Deutschen konnten ihre Begeisterung kaum zügeln. Der sogenannte „Erste Kreuzzug", wie er später von Historikern getauft wurde, nahm Gestalt an. Als Väter dieses Kreuzzuges mögen die Päpste Gregor VII. (1073–1085 auf Petris Stuhl) und Papst Urban II. (1088–1099 in Amt und Würden) gelten. Es ging darum, mit Waffengewalt den „einzig wahren Glauben" durchzusetzen, besonders im *Heiligen Land*, das von Muselmanen, auch Sarazenen genannt, beherrscht wurde. Um Menschen zu motivieren, das Land zu erobern, wurden diese Sarazenen zunächst auf das Übelste diffamiert und verleumdet. Man unterstellte ihnen die grauenhaftesten Untaten – alles erlogen und erfunden. Danach durfte ein „Kreuzzügler" den Sarazenen mit Zustimmung Christi, mit höchstkirchlicher Erlaubnis genauer gesagt, unbedenklich die Kehle durchschneiden.
Das Ziel des Ersten Kreuzzuges bestand darin, den „freien Zugang zu Jerusalem wiederherzustellen", einer Stadt, die sich in den Händen der „Ungläubigen" befand. In Jerusalem hatte angeblich Jesus gewirkt, auf diesem heiligen Boden war er gewandelt.
Aber zunächst mussten Christen entsprechend „eingestimmt" werden. Speziell Papst Urban II., ein „begnadeter" Rhetoriker, machte sich besonders ver-

dient – in Wahrheit war er ein Hetzer vor dem Herrn. Sarazenen wurden von Urban II. als „gottloses Volk" bezeichnet und als „Hunde", die aus Jerusalem vertrieben werden müssten.
Eine Hetzrede aus dem Mund dieses Papstes hörte sich so an:

„Die Wiege unseres Heils nun, das Vaterland des Herrn, das Mutterland der Religion, hat ein gottloses Volk in seiner Gewalt. Das gottlose Volk der Sarazenen drückt die heiligen Orte, die von den Füßen des Herrn betreten worden sind, schon seit langer Zeit mit seiner Tyrannei und hält die Gläubigen in Knechtschaft und Unterwerfung. Die Hunde sind ins Heiligtum gekommen, und das Allerheiligste ist entweiht. Das Volk, das den wahren Gott verehrt, ist erniedrigt." [1]

Noch einmal: Der Papst rief dazu auf, Jerusalem zu erobern. Den Kreuzzüglern wurde dies versprochen: Aufhebung aller anhängigen Gerichtsverfahren, Schuldenaufschub, Erlass aller Sünden, auch Todsünden wie Mord, das ewige Seelenheil, das Paradies sowie reiche Beute in den eroberten Ländern.
Ein wilder, ungeordneter Haufen, bestehend aus Bauern und Adligen, kurz, Menschen aus allen Gesellschaftsschichten, brach jubelnd auf. Ohne Bedenken brachten sie auf dem Weg nach Jerusalem viele Juden um und überfielen und beraubten Bauern und Dörfer, die am Wege lagen, denn schließlich ging es um eine heiligmäßige Sache.
Der wilde Haufen überwand Hunger und Krankheit, Hitze und selbst die Pest – und befand sich unversehens mitten in Syrien, wo jedoch ein Türkenheer diese ersten Kreuzfahrer fast vollständig vernichtete. Aber diesem ungeordneten Haufen folgten nach einiger Zeit Ritter, Grafen und Blaublütige, die sehr viel besser ausgerüstet waren und die eine wirkliche Gefahr für das Morgenland darstellten.
In Byzanz/Konstantinopel unterstützte der byzantinische Kaiser die Kreuzfahrer, rechnete er sich doch ebenfalls fette Beute aus, wenn die verdammten Muselmanen besiegt werden würden. In Syrien und Palästina eroberte dieses Kreuzfahrerheer in der Folge mehrere wichtige Städte, aber der Kampf, die Hitze und der Durst vernichteten große Teile des Heeres, bis schließlich nur noch 12.000 Mann vor den Toren Jerusalems standen. Jerusalem wurde indes nur von 1.000 Mann verteidigt – und so kam es, wie es kommen musste: Jerusalem, die heiligste Stadt der Erde, fiel unter dem ohrenbetäubenden Jubelgeschrei der Kreuzfahrer, die nun wüteten wie Berserker. Menschen wur-

den gefoltert, enthauptet, erschossen, von Türmen gestürzt oder verbrannt. „Frauen wurden erdolcht, Säuglinge von der Mutterbrust gerissen und über die Stadtmauern geschleudert oder an Pfählen zerschmettert“ [2], berichtete ein Chronist. Dann umarmten sich die Kreuzfahrer, weinten heiße Tränen vor Freude und stürzten in die Grabeskirche, wo Christus angeblich einst nach seinem Tod aufgebahrt worden war.

Das Ziel war erreicht, die Heilige Stadt befand sich wieder im Besitz des Christentums, selbst die Engel im Himmel sangen Hosianna. Eilig wurde nun das „Königreich Jerusalem“ errichtet, das offiziell unter päpstlicher Herrschaft stand, in Wahrheit jedoch gaben einige Aristokraten den Ton an. Grund und Boden wurden neu verteilt und die früheren Lehnsherren zu Leibeigenen erniedrigt, christliche ebenso wie mohammedanische. Die einheimischen Christen blickten mit Wehmut auf die frühere mohammedanische Herrschaft zurück, als man sehr viel toleranter und gerechter mit ihnen umgegangen war. Die meisten Kreuzfahrer kehrten zurück in ihre angestammten Lande, sodass das neue „Königreich Jerusalem“ plötzlich nur noch unzureichend verteidigt war. Und so kam es zum zweiten Mal, wie es kommen musste: Eine Stadt nach der anderen in dieser Region fiel zurück in die Hände der „Ungläubigen“, was in Europa helle Empörung auslöste und schließlich sogar zu dem Zweiten Kreuzzug führte.

Zwischen dem Ersten und dem Zweiten Kreuzzug war jedoch bereits der Orden der Tempelritter gegründet worden, im Jahre 1118, um dieses wichtige Datum zu wiederholen.

Was war passiert?

Die Päpste im Verbund mit einigen fanatischen Predigern, deren wichtigster Vertreter Bernhard von Clairvaux hieß, ein Abt „mit honigsüßer Stimme“, wie ihn die Quellen beschreiben, mit starker Überzeugungskraft also, hatten längst erkannt, dass man das Königreich Jerusalem und das „Heilige Land“ nur dann sichern konnte, wenn eine militärische Elitetruppe den Muselmanen Einhalt gebot.

Also erblickten aus dieser Erwägung heraus die „Tempelritter“ das Licht der Welt. Es handelte sich um eine religiös-militärische Notwendigkeit, vom Gesichtspunkte der Päpste und Prediger aus gesehen. Der „Tempelritter“ musste einerseits beten und gehorsam sein und unverbrüchlich und fest im christlichen Glauben stehen, und andererseits ein brandgefährlicher Kämpfer sein, den alle mehr fürchteten als der Teufel das Weihwasser.

Wenn der Papst und der „heilige Bernhard“ je ihre Absicht durchsetzen wollten, so brauchten sie einen militärisch-mönchischen Elitekrieger, eine einzigartige Mischung aus „Geistlichkeit" und „Weltlichkeit". Kurz gesagt musste eine neue Art von Mensch geschaffen werden.

DIE WAHREN GRÜNDUNGSVÄTER DER TEMPLER

Die inoffiziellen (und wahren) Gründungsväter der Tempelritter waren also die Päpste und einige fanatisierte Prediger, allen voran Bernhard von Clairvaux, auf den wir noch zu sprechen kommen werden, denn diese schillernde Figur ist mehr als interessant.

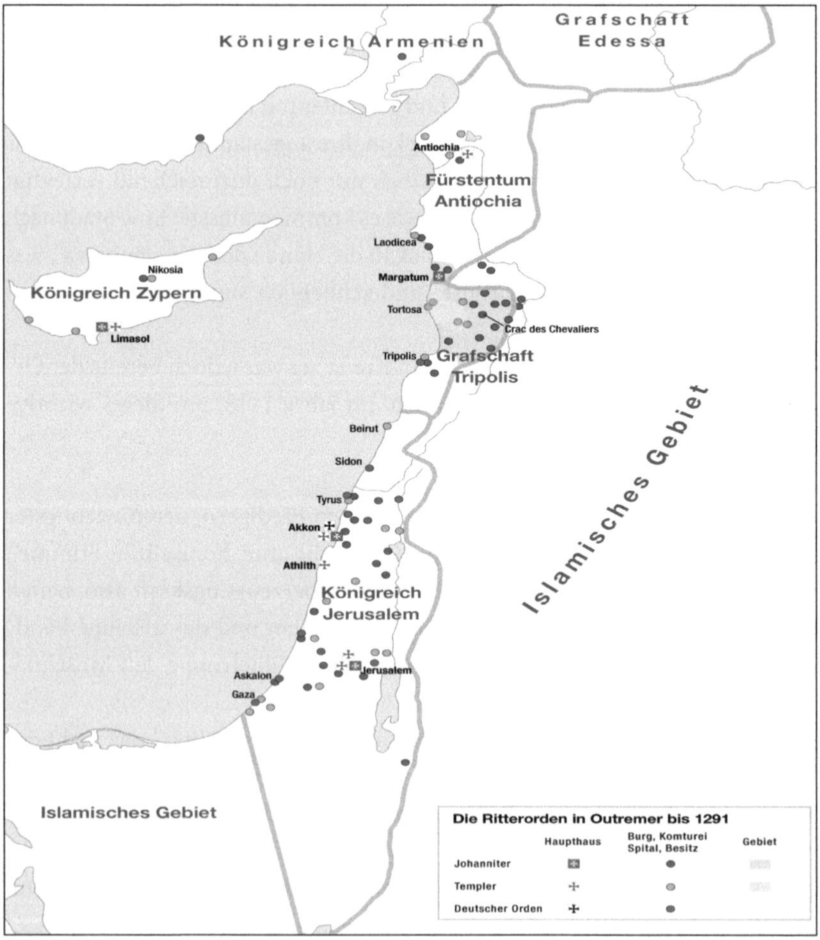

Quelle: Wikipedia

Die offiziellen Gründungsväter dagegen waren französische Ritter. Als die wichtigste Gründerfigur der Templer wird bis heute ein gewisser Hugo de Payens genannt – auch Paenz, Pahens, Payns, Paenciis Paganis geschrieben, mit einem Namen ging man weniger sorgfältig um als mit dem Wort Gottes. Hugo de Payens (1080–1136) war ein Ritter edlen Geblüts aus Frankreich. Er avancierte zum ersten Großmeister des Templerordens. Payens hatte bereits am Ersten Kreuzzug teilgenommen, in einem Heer des Grafen *de Blois et de Champagne*, mit dessen Familie ihn mindestens Freundschaft, vielleicht sogar Verwandtschaft verband. Er kannte auch *Gottfried von Bouillon* (1060–1100), einen mächtigen Herzog Niederlothringens, ebenfalls ein Kreuzfahrer, der das christliche „Königsreich Jerusalem" gegründet hatte.
Hugo de Payens war also gut vernetzt, wie man das heute ausdrücken würde. Auch er wusste, dass man das neue *Königreich Jerusalem* nur dann halten konnte, wenn es hinreichend verteidigt werden würde.
So sah das Königreich Jerusalem ehemals aus, mit seinen Nachbarn, wo heute Teile Syriens, Israels und Libanons beheimatet sind – konkret im Jahre 1291, als also alles längst etabliert war. Das „Königreich Jerusalem" umfasste zahlreiche Städte und ganze Landstriche, beileibe nicht nur die Stadt Jerusalem.
Aber noch ein Wort zu Gottfried von Bouillon, der später das Vorbild für viele europäische Ritter abgeben sollte. Bouillon nahm nie persönlich den Königstitel für das neugeschaffene „Königreich Jerusalem" an, aber er sorgte dafür, dass sein Bruder als Balduin I. zum König von Jerusalem aufstieg.
Zurück zu Hugo de Payens. Im Jahre 1118 reiste de Payens mit mehreren „gottesfürchtigen Rittern" in dieses neu geschaffene Königreich Jerusalem, ins Heilige Land also. Ihm folgte de Champagne. Die beiden trafen sich mit König Balduin II., dem Nachfolger des ersten Balduin, der inzwischen verstorben war. In einem Dreierbund – so jedenfalls eine historische Version – beschloss man, den Orden der Tempelritter aus der Taufe zu heben.
Balduin II. stellte den Rittern als Hauptsitz in Jerusalem einen geheiligten Ort zur Verfügung, wo einst der *Salomonische Tempel* gestanden hatte. Bei Salomon handelte es sich bekanntermaßen um den weisesten Herrscher der jüdischen Geschichte. Er hatte ehemals einen *Tempel* in Jerusalem errichten lassen. Daher also der Name *Templer*. Der offizielle Name der Templer lautete: *Arme Ritterschaft Christi und des salomonischen Tempels zu Jerusalem* (*Pauperes commilitones Christi templique Salomonici Hierosolymitanis*).
Noch einmal, der Name *Templer* geht auf die Trümmer dieses salomonischen *Tempels* zurück, der auch für die Christenheit eine besondere religiöse Bedeu-

tung besaß. Dieser Salomonische Tempel hatte einst der religiösen Legende nach die *Bundeslade* mit den heiligen Gesetzestexten der Juden beherbergt, zu denen unter anderem die 10 Gebote gehörten.
Die *Bundeslade*? Angeblich hatte Gott selbst im 2. Buch Mose genaue Anweisungen für den Bau der Bundeslade gegeben:

„Und sie sollen eine Lade aus Akazienholz machen, zweieinhalb Ellen ihre Länge und eineinhalb Ellen ihre Breite und eineinhalb Ellen ihre Höhe. Und du sollst sie mit purem Gold überziehen. Innen und außen sollst du sie überziehen, und du sollst einen goldenen Rand rings an ihr machen … Und du sollst das Zeugnis, das ich dir geben werde, in die Lade legen.“ [3]

Die heiligsten Texte und Anordnungen Gottes selbst befanden sich offenbar in dieser „Bundeslade“, denn ein „Bund“ war dadurch geschlossen worden, zwischen den Juden und Gott selbst. Aber diese Bundeslade war längst verloren gegangen.
Oder ruhte sie verborgen zwischen den Trümmern des Salomonischen Tempels?
Man könnte sie offenbar nur wiederfinden, wenn man (1) innerhalb der Ruinen des Salomonischen Tempels nach (2) einer unvorstellbar wertvollen Truhe suchte, in der sich (3) das Wort Gottes befand.
Die Templer fußten damit selbst auf einer religiösen Legende, zumindest wurden sie damit in Verbindung gebracht.
Später sollte sich mehr als ein Gerücht um die angebliche Suche der Templer nach eben dieser Bundeslade bilden.
Aber der Salomonische Tempel war mehrmals zerstört und wieder aufgebaut und wieder zerstört worden, bis der Ort, der Tempelplatz, schließlich für eine Moschee genutzt wurde – als die Muselmanen zeitweilig das Zepter in dieser Region in der Hand hielten. Nach der Eroberung Jerusalems durch die Kreuzfahrer wurde diese Moschee, ein Symbol des Islam, selbstverständlich erneut umgewandelt und wich wiederum einem Symbol des Christentums. Niemand geringerer als der neue (christliche) König von Jerusalem residierte nun hier in einem Palast – bis er, wie bereits berichtet, den Ort den Templern überließ. Die Templer errichteten genau an dieser geschichtsträchtigen Stelle ihr Hauptquartier. Von hier aus wurden zahlreiche Unternehmungen gestartet, die teilweise hoch geheim waren.
Plötzlich gab es also diese „Tempelritter“ oder „Templer“.

Im Gegenzug verlangte König Balduin II., dass ihm nun stets eine einsatzbereite, pflichtbewusste Kampftruppe zur Verfügung gestellt werden musste, wenn Not am Mann war. Darüber hinaus forderte er, dass die Templer die Pilgerwege zu schützen hatten. Die Tempelritter legten zudem das Gelübde der Keuschheit, der Armut und des Gehorsams ab – ein mönchischer Schwur. Um Rom zufrieden zu stellen und die Unabhängigkeit der Templer sicherzustellen, wurde entschieden, dass der neue Orden nur direkt dem Papst unterstehen und ansonsten niemandem rechenschaftspflichtig sein sollte. Das war von höchster Bedeutung, denn die Tempelherren mussten sich in der Folge keinem lokalen christlichen Machthaber beugen. Und der Papst in Rom, der *papa,* ha, der war weit, weit weg vom Schuss.

Soweit die nackten Fakten über die Entstehung der Templer.

Natürlich werden in der offiziellen Gründungsgeschichte noch weitere Namen genannt, auch Variationen gibt es zuhauf, wie etwa, dass Hugo de Champagne erst später den eigentlichen Aufschwung des Ordens herbeiführte. Doch welche Spielart auch immer stimmt … tatsächlich ist das alles nicht einmal ein Zehntel der wahren Geschichte, es handelt sich nur um den äußeren Schein.

WIE MAN EINE ELITETRUPPE AUS DEM BODEN STAMPFT

Hugo von Payens und seine Mannen reisten nach der Gründung des Templerordens sofort nach Frankreich, England, Schottland und Flandern und rekrutierten geradezu fieberhaft Mitglieder für den neuen Orden. Es galt, eine schlagkräftige Ordensarmee aufzustellen. Aber weitaus wichtiger war der Umstand, dass es einen sehr speziellen „Mönchsritter“ zu schmieden galt – eine seltsame Mischung aus einem Kriegsmann und einem Heiligen, ein mentales Kunststück, das nur einer in Szene setzen konnte: Der legendäre Bernhard von Clairvaux, der einflussreichste Abt in dieser Zeit, der Mann mit der „honigsüßen Stimme“.

Bis heute ist nicht wirklich bekannt, welch Rolle dieser übermächtige Abt wirklich spielte. Er war jedenfalls maßgeblich daran beteiligt, dass ein völlig neuer Verhaltenskodex für diese Art von Mönchsritter aufgestellt wurde – rigorose, ja brutale Regeln kurz gesagt, die sich wirklich gewaschen hatten und ein vollständiges Novum darstellten. In einem „geistigen“ Sinne erfand Clairvaux erst eigentlich diesen Typus des Mönchsritters, gottgleich schuf er gewissermaßen einen „neuen Menschen“.

Anfänglich gab es nur 72 Ordensregeln, später 686. Die Ergänzungen betrafen vor allem den militärischen Bereich sowie Strafen für Vergehen. Auch das „Lob der neuen Ritterschaft", ein Traktat aus der Feder des heiligen Bernhard, wurde später integriert.

Die Ordensregeln definierten zunächst eine kompromisslose Hierarchie, die nicht in Frage gestellt werden durfte. An der Spitze der Templer stand der Großmeister, dem bedingungslos gehorcht werden musste, über ihm standen nur der Papst und Gott. Ferner wurde in diesen Ordensregeln jedes einzelne militärische Detail festgehalten. Alle Waffen besaßen symbolische Bedeutung. Der Griff des Schwertes erinnerte an das Kreuz und das Leiden Christi. Die Klinge war ein Symbol der Gerechtigkeit. Die Lanze repräsentierte Geradheit, ihre eiserne Spitze die Kraft der Wahrheit. Der Rundhelm, der das gesamte Haupt des Tempelritters umschloss, war ein Sinnbild der Schamhaftigkeit und der Demut. Der Harnisch stand für den Mut des Ritters. Die bewehrten Handschuhe sollten den Mönchsritter vor bösen Taten bewahren, vor Meineid und Raub zum Beispiel. Der weiße Mantel der Tempelritter symbolisierte Reinheit, das rote Tatzenkreuz das Blut Christi.

Und so wurden alle Schutz-, Verteidigungs- und Angriffswaffen in die religiöse Sphäre gehoben. Der Tempelritter wurde in das Christentum förmlich hineinhypnotisiert. Zusammen mit den unvorstellbar zahlreichen Gebeten, die ständig gesprochen werden mussten, tagaus und tagein, kam das einer Gehirnwäsche und Autosuggestion gleich. Alles war Religion und Religion war Krieg.

Die Ordensregeln bestimmten selbst die Anzahl der Pferde und der Knappen, die ein Templer besitzen durfte, ferner wie die Zügel auszusehen hatten, die Steigbügel, die Sporen und die Futtersäcke für die Pferde.

Aber Clairvaux, der geistige Übervater für all diese Regeln, ging noch viel weiter. In seiner Propagandaschrift *De Laude Novae Militiae ad milites templi = Vom Lob der neuen Ritterschaft, an die Tempelritter*, die etwa im Jahre 1131 verfasst und wie gesagt später in die Ordensregeln integriert wurde, setzte er gewissermaßen – man höre und staune! – den Tod selbst außer Kraft. Lauschen wir dem heiligen Bernhard im Originalton:

„Der neue Ritter, dessen Leib mit einer Rüstung aus Eisen und dessen Seele mit einer Rüstung des Glaubens bewehrt ist, fürchtet nichts, weder das Leben noch den Tod, denn Christus ist sein Leben, Christus ist Lohn für seinen Tod (…) Ziehet also los in aller Sicherheit, Ritter, und kämpft ohne Furcht gegen die Fein-

de des Kreuzes Christi. (…) Freue dich mutiger Kämpfer, wenn du überlebst und Sieger im Herrn bist, freue dich und rühme dich noch mehr, wenn du stirbst und dich zum Herrn gesellst.“ [4]

Fabelhaft! Der eigene Tod war also begrüßenswert. Dem Ritter wurde weisgemacht, dass er stracks in den Himmel auffahren würde, wenn er ins Gras biss. Der unvorstellbare Mut der Tempelritter findet mit diesen Zeilen seine Erklärung. Es wurde ein neues Ideal geschaffen, mental, aber auch körperlich, denn so sahen die Templer aus: „… nie gekämmt, selten gewaschen, mit wildem Bartwuchs, stinkend und schweißbedeckt, geschwärzt von ihren Harnischen und der Hitze.“ [5] Der Tempelritter musste völlig bedürfnislos sein, mit wenig Schlaf auskommen können und mit wenig Essen, so notwendig. Und immer wieder wurde der bedingungslose Gehorsam beschworen: „An erster Stelle stehen Disziplin und uneingeschränkter Gehorsam. Jeder kommt und geht, wie es der Vorgesetzte befiehlt.“ [6]
Der Templer durfte nicht verheiratet sein, ja durfte Frauen nicht einmal „ins Angesicht schauen“, wie eine Ordensregel lautete. Er durfte keine „zweideutigen Lieder“ singen und musste sich von jedem „schamlosen Getue“ fernhalten. Er durfte selbstverständlich keine Kinder haben, durfte sich nicht Glücksspielen zuwenden oder auf die Jagd gehen. Er hatte Komödianten, Possenreißer und Taschenspieler zu meiden. Ja er durfte nicht einmal lachen! „Es lachen die Menschen, es weinen die Menschen, und dass die Menschen lachen, muss man beweinen“, lehrte der heilige Bernhard. Lachen wurde als Untugend gebrandmarkt, der Ritter hatte streng, ernst und gottesfürchtig zu sein. Gleichzeitig war einfach alles auf den Krieg ausgerichtet:

„Wenn die Stunde des Krieges schlägt, panzern sie sich innerlich mit Glauben, äußerlich mit Eisen, nicht mit Vergoldungen … Sie wollen dem Feind Schrecken einflößen … Sie trachten nach dem Sieg … Sie wollen gefürchtet und nicht bewundert werden.“ (Clairvaux, Vom Lob der Ritterschaft)

Alles wurde auf das effektive Töten ausgerichtet. Der „neue Mensch“, der hier aus der Taufe gehoben wurde, war ein Kampfroboter. Er wurde gehirngewaschen und indoktriniert bis in die letzte Zelle seines Körpers.
Kurz gesagt hoben Hugo von Payens und vor allem Bernhard von Clairvaux den „heiligen Krieg“ aus der Taufe. Der Kernsatz über den Tempelritter, der diesen neuen Menschen beschrieb, lautete:

„Wenn er [= der Templer] einen Missetäter umbringt, ist er kein Mörder, sondern, wenn ich so sagen darf, ein Übel-Töter. Er rächt Christus an denen, die Böses tun. Er verteidigt die Christen … Wenn er selbst stirbt, geht er nicht zugrunde, er gelangt an sein Ziel. Der Tod, den er zufügt, kommt Christus zugute; der ihm zugefügte ihm selbst.“ [7]

Soweit Bernhard von Clairvaux.

Unglaublich! Die „Missetäter“ waren natürlich die Muselmanen, die Andersgläubigen, die Feinde, die besiegt und ausgerottet werden mussten. Eine Kriegsphilosophie wurde hier geschaffen, eine Kriegstheologie, wie sie menschenfeindlicher kein satanisches Gehirn ausdenken konnte. Wenn der Tempelritter einen Mohammedaner tötete, tat er ein gottgefälliges Werk.

Ging er selbst vor die Hunde – auch kein Problem, dann ging er geradewegs ein in das Paradies. Eine Win-Win-Situation, wie man heute im modernen Managementslang sagen würde, wenn Sarkasmus gestattet ist.

Alle diese Regeln wurden dem Templer eingehämmert, Tag und Nacht, bis er zu einer Kampfmaschine mutierte.

Damit aber haben wir unversehens das erste Geheimnis der Tempelritter gelöst – den Grund für die militärische Überlegenheit der Templer. Der Templer wurde pausenlos indoktriniert, zum bedingungslosen Gehorsam erzogen und in eine Tötungsmaschine verwandelt. Es war dem Templer gleichgültig, ob er Leib und Leben verlor. Paah! Was war das schon im Vergleich zur ewigen Seligkeit! Von morgens bis abends wurde er entsprechend gepolt. Und so wurde ein religiöses Kriegerideal geschaffen, von einer Brutalität und Effizienz, die ihresgleichen in der Geschichte sucht. Der Tempelritter lebte schon auf Erden halb im Himmel, in einer jenseitigen Welt jedenfalls, die ihm ununterbrochen vorgegaukelt wurde und die er sich selbst ohne Unterlass vorstellte. Er befand sich nicht in der Gegenwart. Er wurde mit einer religiösen Seifenblasen-Illusion gefüttert, die ständig neu beschworen und „geschaut“ wurde, bis diese Illusion wirklicher war als die Wirklichkeit. Der einzelne Tempelritter wurde dabei benutzt wie ein Stück Dreck, denn man erlaubte es ihm nicht einmal, sich zu waschen.

Oh, wir beginnen langsam, das Phänomen des Tempelritters zu verstehen, es fehlen lediglich noch einige hochwichtige Anmerkungen über den vermaledeiten Abt, über den „heiligen“ Bernhard von Clairvaux, den Schurken in diesem Stück, den Friedrich Schiller einen „geistigen Schuft“ nannte. Dazu später mehr.

DIE KRIEGE DER TEMPLER

Es verwundert nicht, dass die Templer im Krieg unendlich gefürchtet waren. Diese Kampfmaschinen, diese in Metall gekleideten menschlichen Tötungsroboter, mähten alles nieder, was sich ihnen in den Weg stellte. Wenn andere Kämpfer versagten, kamen die Templer zum Einsatz. Heroische Legenden ranken sich um ihre Kriege, die wir hier nicht alle nachzuvollziehen brauchen. Sie alle dienten nur der weiteren Legendenbildung, damit neue Mönchskrieger rekrutiert werden konnten.

Überall entstanden Templerburgen, die teilweise von einer eigenen Bautruppe erstellt, teilweise gekauft wurden, manchmal handelte es sich auch um Schenkungen. Sie dienten zunächst dem Schutz der Pilger, aber früh schon wurden die Templer von dem verführerischen Duft der Macht benebelt, der mit ihrer militärischen Überlegenheit einherging. Gleichzeitig gelangte der Templerorden zu einem ungeheuren Reichtum. Damit aber sind wir dem zweiten Geheimnis dieses mysteriösen Ordens auf der Spur.

SAGENHAFTE SCHÄTZE

Die Tempelritter verfügten über mindestens neun Einkommensquellen, eine lukrativer als die andere:

1) An erster Stelle sind die überreichen Schenkungen zu nennen. Grundbesitz, Gold, Geld und Sachwerte flossen ihnen aus allen Ecken und Enden zu, denn jeder gute Christ wollte schließlich zu der Ausbreitung des einzig wahren Glaubens beitragen und sich selbst, nebenbei natürlich nur, ein Plätzchen im Himmelreich sichern. Kaufleute und Adelsherren, Bauern und Könige vermachten den Templern unvorstellbare Besitztümer. Priester, Prediger und Päpste unterstützten sie bei diesen Schenkungen und hielten anfeuernde, fromme Reden. Sie forderten die Menschen dazu auf, von ihrem irdischen Besitz zu lassen und sich mehr um ihr Seelenheil zu sorgen. Der älteste Priestertrick der Welt! Etwa 15.000 Ordensmitglieder verwalteten schließlich rund 9.000 Besitzungen, die über ganz Europa verstreut waren – man muss es sich vorstellen!
2) Die zahlreichen Besitztümer verschafften den Templern weitere Einnahmen, denn ihre Liegenschaften wurden bewirtschaftet. Sie hoben teilweise die Landwirtschaft mit innovativen Methoden auf ein höheres Niveau, etwa durch künstliche Bewässerung. Oder aber die Ritter erhoben den Zehnten und mutierten auf diese Art manchmal sogar zum Steuereintreiber.

3) Höchst einträglich waren des Weiteren Überfälle und Raubzüge, die die Templer veranstalteten, speziell im Heiligen Land, auf islamischem Gebiet. Natürlich war es nur eine „gute Tat", den Ungläubigen, den „Hunden", den Sarazenen, den Allah-Anbetern alles Mögliche zu stehlen und zu rauben. Das schwächte Mohammed und stärkte Christus.
4) Darüber hinaus wurden Tribute und Lösegelder erpresst, wenn ein arabischer muselmanischer Fürst etwa in ihre Hände gefallen war. Nur mit Säcken von Gold und Silber konnte er ausgelöst werden.
5) Da die Templer eine Übersicht über die Straßen und Wege besaßen, lernten sie außerdem früh, Zölle zu erheben und Wegabgaben zu verlangen.
6) Prächtig waren weiter die Einnahmen durch Reliquien. Religiöse Märchen wurden erfunden über angeblich hochheilige Reliquien, die im Morgenland entdeckt worden waren. Die Templer befanden sich ja an der Quelle, ihr Hauptsitz befand sich in Jerusalem. Unvorstellbare Summen wurden abgekrallt für ein paar Mäuse- oder Maulwurfsknochen, die als die Knochen eines Heiligen ausgegeben und meistbietend verhökert wurden. Fälschungen in reicher Zahl entstanden – von Holzsplittern, die angeblich vom Kreuz, an dem Jesus Christus gestorben war, stammten, bis hin zu Totenköpfen von Märtyrer-Heiligen. Einige Heilige existierten gleich mehrfach und mussten 16 Arme und 5 Köpfe besessen haben, so viele Reliquien von ihnen existierten. Eines der lukrativsten Geschäfte des Mittelalters war der Handel mit eben diesen Reliquien. Im Heimatland, im Abendland, wiederum wurden die Gläubigen durch die Reliquien angelockt, in die Kirchen und die Kapellen zu pilgern, denn die Reliquien, so glaubten sie, würden sie von diesem oder jenem Zipperlein heilen oder ihre Not lindern.
7) Aber das fantastischste Geschäft haben wir noch nicht einmal erwähnt. Nach einiger Zeit verfügten die Templer wie gesagt über 9.000 Niederlassungen in allen Weltgegenden. Sie waren „sicher" und boten Reisenden Schutz vor Räubern und Wegelagerern. Und so entstand plötzlich die brandneue Idee, „Wertpapiere" und „Wechsel" auszustellen. Da die Pilgerwege unsicher waren und räuberische Überfälle an der Tagesordnung, erfanden die Templer den Vorläufer unseres heutigen Schecks. Pilger, Kaufleute und Reisende überhaupt konnten in einem Templerhaus in der Heimat einen Betrag einzahlen – und verfügten damit überall, wo sich Templerniederlassungen befanden, über eben dieses Guthaben. Die Templer verlangten für diesen Service selbstverständlich eine Gebühr. Komtureien verwandelten sich auf diese Weise in Bankfilialen. Historiker urteilen, dass

die Templer plötzlich wichtiger wurden als selbst jüdische Geldverleiher oder italienische Handelshäuser. Die Zeit, da ein Kaufmann mit Säcken voller Münzen und Goldstücken durch die Länder reisen musste, war auf einmal unwiederbringlich vorbei. Kaufleute besaßen jetzt „Wechselbriefe" oder „Geldpapiere", die sie an dem Zielort ihrer Reise (oder auch unterwegs schon) einlösen konnten. Damit die Wechselbriefe nicht gefälscht werden konnten, versahen die Templer die „Geldpapiere" mit Geheimzeichen. Dieses „Papiergeld" revolutionierte in der Folge das gesamte Geldwesen.

8) Und so häuften sich Geld, Gold und Silber in den Templerburgen an. Zusammen mit den Krediten, die sie reichen Kaufherren, Fürsten und sogar Königen gewährten, sowie den Wucherzinsen, die sie dafür verlangten, gerieten die Templer zu dem wohlhabendsten Orden ihrer Zeit. Die ersten Verleihgeschäfte der Templer sind ab dem Jahr 1135 bezeugt.

9) Die Templer wurden reicher und reicher, schließlich verfügten sie sogar über eine ganze Templerflotte. Die Templerschiffe waren an ihrem roten Tatzenkreuz auf einem weißen Segel zu erkennen und gefürchtet. Sie dienten zum Truppentransport sowie der Beförderung von Rohstoffen, Pferden und Pilgern. Aber die Templer-Schiffe wurden auch von Kaufleuten gechartert. Auf diese Weise verdienten die Templer schlussendlich am gesamten Handel. Ganze Schiffsbäuche, mit kostbaren Waren, mit Gold und Silber beladen, gehörten ... den Tempelherren.

DAS ZWEITE GEHEIMNIS

Auf diese Weise mutierten die Tempelritter zu Geldverwesern, Verwaltern, Händlern, Reliquienbeschaffern, Schiffseignern, Erbschleichern, Räubern, Dieben, Erpressern, Zöllnern und einer unvorstellbar reichen Kaste.

Ihre ursprüngliche Aufgabe, der Schutz der Pilger, geriet völlig in Vergessenheit oder trat in den Hintergrund. Der unermessliche Reichtum ließ die Templer stolz und hochfahrend werden, wodurch sie den Neid und den Hass ihrer Zeitgenossen auf sich zogen. Das äußere Zeichen für den Verfall war die Kleiderdisziplin, die spätestens im 13. Jahrhundert nachließ. Tempelritter verließen das Ordenshaus nun auch in „weltlicher Kleidung".

Und so haben wir auch das zweite Geheimnis der Templer entschlüsselt und die Gründe für ihren ungeheuren Reichtum ausgemacht, der teilweise alle Vorstellungen überstieg. Die mönchischen Gotteskrieger wandelten sich im Laufe der Zeit zu Händlern und Bankiers, zu Geldhaien und Raffzähnen. Das sollte später zu furchtbaren Konsequenzen führen, wir werden gleich darauf zu sprechen kommen. Aber zunächst: Worin bestand das dritte Geheimnis der Templer? Es war erst eigentlich dafür verantwortlich, dass man von einem regelrechten „Geheimorden" sprechen konnte. Packen wir endlich den Stier bei den Hörnern und verraten wir das Geheimnis aller Geheimnisse.

AUFNAHMERITEN UND ANDERE ZEREMONIEN

Die wildesten Spukgeschichten ranken sich um die geheimen Aufnahmeriten und Zeremonien der Tempelritter.
Ein templerisches Aufnahmeritual bestand etwa darin, während finsterster Nacht den Neuzugang durch furchtbare Eide an den Orden zu binden. Der Adept musste außerdem geloben, bestimmte Geheimnisse zu wahren.
Man unterschied zwischen dem normalen Aufnahmeritual und einer geheimen Einweihung in einen „inneren Kreis".
Bei der normalen, unspektakulären Aufnahme wurde die (gute) Herkunft des Jungritters sichergestellt und seine (konstruktive) Absicht gegenüber dem Orden. Der Kandidat musste unverheiratet sein und durfte keine Schulden haben. Am Schluss wurde der Adept belehrt:

„Ihr habt hinfür keinen eigenen Willen mehr. Wenn Ihr im Gelobten Land sein wollt, wird man Euch jenseits des Meeres schicken. Wenn Ihr schlafen wollt, wird man Euch befehlen, zu wachen. Wenn ihr essen wollte, wird man Euch befehlen, etwas anderes zu tun". [8]

Der Kandidat musste feierlich geloben, ein Leben lang dem Meister des Tempels und seinem unmittelbaren Vorgesetzten zu gehorchen. Er hatte keusch zu leben, musste die Gebräuche der Templer achten und sich von Sünden fernhalten. Danach wurde ein Vaterunser gebetet, der Neuzugang wurde umarmt und über die Ordensregeln aufgeklärt.
Aber es gab wie gesagt auch ein geheimes Aufnahmeritual, das dazu diente, den Adepten in den „inneren Kreis" der Templer aufzunehmen und noch enger an den Orden zu binden. Es bestand vorgeblich darin, Christus dreimal zu verleugnen, das Kreuz dreimal zu bespeien und ein „magisches Haupt" anzubeten. Aus dem Haupt sei eine weißwollene Schnur entnommen worden, die symbolisch den Gürtel Johannes des Täufers darstellte – der Schutzpatron der Templer. Diese Schnur habe man dem „Eingeweihten" um die Taille gelegt,

um die brüderliche Verbundenheit mit dem Orden zu illustrieren. Während dieser Gürtungszeremonie sei es zu homosexuellen Handlungen gekommen. [9] Das mysteriöse Haupt habe magische Kräfte besessen, es sei geküsst und angebetet worden.

Die Quelle für diese Behauptungen sind jedoch Geständnisse, die einigen Tempelrittern in ihrer Niedergangsphase unter der Folter abgepresst wurden – was ihren Wahrheitsgehalt in ein schiefes Licht rückt, denn unter der Folter gesteht man alles. Auch von einem Afterkuss und einem Kuss im Genitalbereich wird berichtet, der während des geheimen Aufnahmerituals eingefordert worden sei.

Darüber hinaus gibt es alle möglichen Gerüchte, was diese speziellen Aufnahmezeremonien angeht. Fest steht so viel, dass der Adept mit furchtbaren Schwüren und Eiden an den Orden gebunden wurde. Er wurde außerdem aller Wahrscheinlichkeit nach emotional in einen Schockzustand versetzt oder zumindest gefühlsmäßig durcheinandergerüttelt und -geschüttelt. Vielleicht handelte es sich auch um magische Praktiken, die den neuen Ordensbruder unnennbar beeindrucken sollten.

Möglicherweise wurde auch mit ein paar Taschenspielertricks und vorgeblichen „Enthüllungen" gearbeitet. Man setzte einen magischen Hokuspokus in Szene, der in erster Linie dazu diente, dem Adepten einen Schauer nach dem anderen über den Rücken zu jagen und ihn unverbrüchlich an den Orden zu binden.

Unzweifelhaft ist, dass die Templer, aufgrund ihrer internationalen Ausrichtung, mit zahlreichen Geheimlehren und Geheimpraktiken in Berührung gekommen waren, mit islamischem , jüdischem , gnostischem und zoroastrischem Gedankengut, wo es überall „gut gehütete Geheimnisse" gab. Diese nach Geheimbündelei hungernde Zeit war vernarrt in mysteriöse „Einweihungen". Es existierten altägyptische Geheimlehren, zahlreiche griechische Geheimkulte und sogar geheim gehaltene indische Praktiken. Es gab Geheimlehren im Islam, bei den Juden und im Christentum – in allen drei großen Religionen wurde nebenbei bemerkt die Wiedergeburt und die Vorstellung, dass man nicht nur einmal lebt, als das letzte und höchste Geheimnis verkauft. [10] Es existierte weiter die Überzeugung, dass der Mensch eine unsterbliche Seele habe und gottgleich sei. [11] Stets jedoch wurden in allen Geheimzirkeln die „höhere Einweihung" mit Praktiken garniert, die emotional aufwühlten. Und so können wir heute nur zu erraten versuchen, worin die Einweihung bei den Templern bestand, die sicherlich von all den Geheimkulten um sie herum inspiriert wurden, auch von den legendären *Assassinen*, einem islamischen Mörder-Orden, auf den wir im nächsten Kapitel zu sprechen kommen werden. Verlässliche Quellen fehlen jedoch. Systematisch wurden später falsche Fährten gelegt, was diese „Einweihung" anging, wie das bei allen Geheimbünden bis heute der Fall ist. Vorgebliche Geheimnisse, die nur dazu dienten, ein Geheimnis noch rätselhafter zu machen, wurden aus dem Zylinder gezaubert. Die Gerüchteküche verselbstständigte sich. Wie Unkraut schossen alle möglichen Vermutungen aus dem Boden – was den „Geheimbund" der Tempelritter nur noch attraktiver erscheinen ließ. Nichts ist anziehender als ein Geheimnis, das nie wirklich vollständig enthüllt worden ist. Gleichzeitig wurden Stimmen laut, die behaupteten, zu wissen, was es mit den sagenhaften Schätzen der Templer auf sich hatte. Das *Geheimnis* überschlug sich gewissermaßen, es potenzierte sich in sich selbst und wurde auf andere Felder ausgedehnt. Zudem wurde vermutet, dass es spirituelle Geheimnisse gebe, die mit dem *Heiligen Gral* in Verbindung stünden.

Der Heilige Gral war ein Gefäß, eine Schale oder ein Becher, aus dem angeblich beim Letzten Abendmahl Jesus Christus selbst getrunken hatte. Aber der „Heilige Gral" wurde auch als Smaragd beschrieben, der aus Luzifers Krone fiel, als er in die Hölle fuhr. Der Heilige Gral wurde weiter als Metapher und Inbegriff christlicher Vollkommenheit definiert, doch es gibt auch noch 101 andere Vorstellungen.

Die Suche nach der *Bundeslade* ist ebenfalls hier einzuordnen, deren Besitz angeblich besondere Macht verlieh.

Geheimnis, Geheimnis, Geheimnis!

Und so erkennt man sehr rasch, dass ein Geheimnis ständig zu weiteren Geheimnissen führt, so dass man sich in ein Labyrinth der Orientierungslosigkeit begibt, in dem man sich verirrt, sobald man es betritt – was beabsichtigt ist.

Die Wahrheit ist sehr einfach: Ein Geheimnis ist ein Geheimnis, aphoristisch ausgedrückt. Sobald es enthüllt worden ist, steht man … dem Nichts gegenüber. Es ist plötzlich sehr profan und wirkt manchmal sogar lächerlich.

Dabei gab es tatsächlich eine verborgene Wahrheit, was die Tempelritter betraf. Wir werden sofort darauf zu sprechen kommen, aber gönnen wir uns zunächst den Luxus, das weitere Schicksal der Templer zu beschreiben, denn es ist zu interessant.

DER UNTERGANG

Die Tempelritter sind inzwischen in zahlreiche Kriege und Scharmützel verwickelt, vor allem im Heiligen Land. Aber wichtiger ist: Die Tempelherren werden reicher und reicher. Sie steigen auf zu dem wohlhabendsten Orden ihrer Zeit. Ihre Schatztruhen quellen über. Ganze Karawanen transportieren Säcke voll Gold von Land zu Land. Das ruft Neider auf den Plan. Speziell der französische König, Philipp IV., auch Philipp der Schöne genannt, der sich ständig in Geldnöten befindet, schielt auf die Schätze der Templer. Der Orden ist übernational organisiert und hat seine Finger mittlerweile in allen lukrativen Geschäften. Auch in Frankreich verfügt er über unermesslichen Landbesitz, sogar eine eigene Gerichtsbarkeit ist ihm erlaubt, er ist ein Staat im Staate. Die Demut ist den Tempelherren völlig abhandengekommen. Aber auch die militärische Macht der Templer passt dem schönen Philipp nicht.

Philipp IV., hochverschuldet, unter anderem bei den Templern, sinnt einen infamen Plan aus. Die Frage aller Fragen lautet: Wie kann er sich die Schätze der Tempelherren unter den Nagel reißen? Er heuert die gewieftesten Rechtsgelehrten und Rechtsverdreher an. Und dann schlägt er erbarmungslos zu. Die Templer werden der Ketzerei und der Homosexualität beschuldigt. Philipp spielt den Prozess gegen die Tempelritter zur Staatsaffäre hoch. Er setzt geschickt sogar den Papst selbst unter Druck, der eigentlich die Templer verteidigen müsste. Aber der Papst, Clemens IV., ist Franzose und hat seinen Amtssitz gerade in Avignon, also in Frankreich, nicht in Rom – womit er dem König auf Gedeih und Verderben ausgeliefert ist. Clemens lässt die Templer fallen wie eine heiße Kartoffel, er wird von dem französischen König überdies noch erpresst. Philipp IV., dieses intrigante Rattengehirn, droht dem Papst selbst mit einem Prozess – gegen dessen Vorgänger, der möglicherweise ein paar Kinder in die Welt gesetzt hatte, was das Image des Papsttums zerstören würde. Er droht weiter, Clemens` Macht in Frankreich zu vernichten, falls der Papst nicht klein beigibt. Clemens kriecht zu Kreuze. Es geht um den Einfluss des Papsttums in ganz Frankreich. Er lässt sich erpressen.

Nun schlägt Philipp erst richtig zu. Versiegelte Briefe erreichen seine Administratoren in allen Teilen des Landes. Das Schurkenstück wird genau geplant. Ein Haftbefehl wird ausgestellt für alle Templer. In der Nacht zum 13. Oktober 1307 treten die Häscher des Königs in Aktion. Ein Teil der Führungselite der Tempelherren wird verhaftet, aber auch untergeordnete Brüder. Die Überraschung ist vollkommen. Überall im Lande werden auf einen Schlag zahlreiche Templer gefangengesetzt. Der französische König lässt die Tempelherren in Gefängnisse werfen und foltern. Das Ziel: Er muss das Geständnis aus ihnen herauspressen, das die Anklagepunkte bestätigt: Homosexualität und Ketzerei. Gleichzeitig beschlagnahmt er in einer blitzartigen Aktion einen Teil der templerischen Güter und Gelder. Kaum ein Templer entkommt. In Paris allein werden 138 Personen festgenommen. Die Templer werden der furchtbaren Inquisition übergeben. Einige können der Homosexualität überführt werden. Unter der Folter wird selbst der Großmeister des Ordens, Jacques de Molay, weichgekocht. Er bestätigt die Anklagepunkte, widerruft aber später. Während zahlreiche „Geständnisse" von anderen Templern unter der Folter erpresst werden, setzt Philipp den Papst weiter unter Druck. Schließlich löst Clemens, der *papa*, den Orden offiziell im Jahre 1312 auf. De Molay, der Großmeister, muss weiteren Untersuchungen zustimmen, die Eingeweide seines Ordens werden nach außen gekehrt. Die ersten Templer werden in Paris dem Feuer übergeben. Aber auch de Molay selbst entkommt den gierigen Klauen dieses Königs nicht. Er wird schließlich ebenfalls auf dem Scheiterhaufen verbrannt.

In vielen anderen Ländern, nicht nur in Frankreich, geraten die Templer ebenfalls in Bedrängnis. Da sie der Papst im Stich gelassen und da sie der König von Frankreich verraten hat, fehlt ihnen plötzlich der politische Rückhalt. Überall werden sie verfolgt. Einige fallen in einem heldenhaften Kampf. Die Führungselite des Ordens wird vollständig zerschlagen. Im letzten Augenblick fliehen viele Templer, beladen mit Schätzen. Gerüchte wollen wissen, dass sie Gold und Gelder ihres Ordens auf ihre Schiffe und außer Landes bringen. Zielort: Amerika – noch *vor* der Entdeckung Amerikas! – und/oder Schottland.

In Deutschland setzen sich die Templer mit Waffengewalt zur Wehr. Hier treten sie schließlich anderen Ritterorden bei, denn der Papst hat ja den Orden aufgelöst. In England, wo die Templer ebenfalls über Schiffe, Häfen und zahlreiche Besitztümer verfügen, werden sie gleichfalls teilweise verhaftet und gefangen gehalten. Verhöre ergeben jedoch keine Beweise ihrer Schuld. Doch auch hier wird der Orden schließlich aufgelöst.

In Irland gibt es mindestens sechs Ordenshäuser. Doch auch dort werden Tempelritter gefangengesetzt und verhört.

In Italien stellt man ihnen ebenfalls nach. Hier werden sie teilweise gefoltert, so dass sie der Ketzereien „überführt" werden können, manchmal werden sie aber auch freigesprochen. In Österreich und Portugal geraten die Tempelherren ebenfalls ins Visier der Verfolger. In Portugal lässt man sie zwar wieder

frei, aber ihre Güter dienen unter anderem dazu, in der Folge die portugiesischen Entdeckungsreisen zu finanzieren.
In Schottland verbergen sich die Templer, ihre Zufluchtsstätten dort sind noch heute auffindbar. In Spanien werden die Ritter in keinem Anklagepunkt für schuldig befunden. Trotzdem werden ihre Güter einem neuen Orden übergeben, in den man die Templer schnell integriert. In Ungarn werden die Besitzungen der Templer von der ungarischen Krone beschlagnahmt. Selbst auf Zypern setzt man die Templer in Haft.
Kurz gesagt hören die Tempelritter auf zu existieren, ihr Orden wird aufgelöst und ihre Besitztümer werden konfisziert.
Schnell sind die Bröckchenjäger und Speckschnapper zur Stelle. Viele Besitztümer und Gelder reißt sich Philipp IV. unter den Nagel, um seine ewig leere Kasse aufzufüllen. Verschiedentlich werden Güter auch den Johannitern oder anderen Orden überschrieben.
Die Gerüchteküche schwappt über. Wohin flohen die letzten Templer? Und was ist mit ihren Schätzen?
Neutrale Historiker stellten später fest, dass die Vorwürfe gegen die Templer an den Haaren herbeigezogen waren. Vereinzelte Fälle von Homosexualität gab es sicherlich, wie in jedem Männerorden, wohl auch „Ketzerei" hier und da. Sie konnte kaum ausbleiben, bei all diesen internationalen Kontakten. Aber insgesamt handelte es sich um nichts als um einen erbärmlichen Raubzug des französischen Königs, der seine Macht missbrauchte, um seinen leeren Geldbeutel zu füllen und dabei nicht vor Erpressung, Verleumdung und Mord zurückschreckte.
Doch nun endlich: Wie haben wir das Phänomen der Templer endgültig zu beurteilen? Welche Wahrheit wurde bis heute verschwiegen?

DIE SCHURKEN UND DRAHTZIEHER

Unseres Erachtens wurde nie wirklich umfassend auf die wahren Gründer des Ordens aufmerksam gemacht, die geistigen Überväter, auf Urban II., den hasserfüllten Kreuzzugspapst, und besonders auf Bernhard von Clairvaux, den fanatisierten Abt mit der honigsüßen Stimme.
Bei Papst Urban II. handelte es sich um einen Mann, der die Karriereleiter innerhalb der Kirche hochgefallen war. Zugegeben, er herrschte lange vor den Rittern, aber er machte die Kreuzzugsidee erst populär. „Deus vult" – „Gott will es", schrie und keifte er und brachte das Blut in Wallung. Ursprünglich ein

raffinierter Diplomat, der „geschickt" einen Städtebund gegen den deutschen Kaiser aus der Taufe gehoben, gekrönte Häupter exkommuniziert und Vermählungen zwischen Fürstenhäuser arrangiert hatte, zum Vorteil des Heiligen Stuhls versteht sich – ein begabter Intrigant mit anderen Worten – geriet er später zu einem Papst, der die Gemüter mit seinen hetzerischen Reden aufpeitschte. Er übertrieb maßlos, was die angeblichen Leiden der Christenheit im Osten anging. In Wahrheit ging es ihm nur um die Erweiterung des päpstlichen Machtbereichs. Sein Traum bestand darin, die byzantinisch geführte Ostkirche wieder mit Rom zu vereinigen.
Viele elende Kreuzzugspäpste folgten seinen blutigen Spuren, aber auch fanatisierte Prediger und Äbte, wie der berüchtigte Bernhard von Clairvaux, der diesen „neuen Menschen" schuf, den Mönchritter. Clairvaux hetzte buchstäblich Hunderttausende von Menschen in den Krieg und in den Tod.
Bernhard von Clairvaux, der Zisterzienserabt, stand in dem Ruf, „heiligmäßig" zu sein, aber es handelte sich in Wahrheit nur um einen priesterlichen Demagogen. Er traktierte zuerst seine eigenen Mönche entsetzlich – und später die Tempelritter mit seinen furchtbaren Ordensregeln, denn er stellte die denkbar härtesten Bestimmungen auf. Dabei litten er selbst und auch seine Mönche wie Hunde unter dem Gebot der Keuschheit etwa. Und so wälzte sich der Mönch, den lüsterne Gedanken heimsuchten, denn auch schon einmal nackt in einem Dornengestrüpp oder nahm ein Bad in Eiswasser, um die eigenen „Brunst" zu vertreiben.
Auch das ständige Fasten war grausam, das dieser Abt verordnete. Dabei dramatisierte Clairvaux wahrscheinlich nur seine eigenen Probleme. Der Historiker weiß, dass der „heilige" Bernhard stets krank war, schwer krank. Ihn quälte eine Verengung der Speiseröhre und er konnte nur Flüssigkeiten, aufgeweichtes Brot und Brei zu sich nehmen. Er litt zudem unter einer Magen- und Darmerkrankung, die ihn zwang, sich ständig zu erbrechen. Und so projizierte er vielleicht nur seine eigene Krankheit auf andere, denen er Regeln aufzwang, die für ihn taugten, für andere aber eine Tortur darstellten. Verschiedene Äbte und Mönche griff er mitunter heftig an, wenn sie seiner Meinung nach zu gut speisten.
Hunger und Kälte wurden heraufbeschworen, um den Weg ins Himmelreich zu finden, Schmutz in Kauf genommen, harte Arbeit gefordert, Schweigegebote und vollkommene Armut. Für alles gab es entsprechende Bibelstellen, mit denen man solche „Regeln" absegnen konnte. Demut und Gehorsam waren weitere Gebote: „Lerne, Mensch, zu folgen; lerne, Erde, dich zu unter-

werfen; Staub gehorche!" All das projizierte er auf die Tempelritter – die strengen Essensregeln, die harte Arbeit, den Schmutz, die Armut, die Demut und den Gehorsam. Und so entstanden viele Ordensregeln der Tempelritter. Ein Hund lebte besser. Clairvaux, wiewohl nicht der Gründer des Templerordens, schuf ihn dennoch mit seinen Traktaten. Zudem mussten die Templer „motiviert" werden, wie man heute sagen würde. Und so wurden Moscheen in der Kreuzzugsliteratur als „Teufelshäuser" (domus diabolicae) bezeichnet und Muslime als Dämonen. Es wurde gehetzt und gelästert, gelogen und geschmäht, denn nur so ließ es sich rechtfertigen, die „Söhne des Unglaubens", die Muslime, zu töten, abzuschlachten, auszurotten und zu exterminieren. Das Ideal des kämpfenden Märtyrers wurde geschaffen und nie, nicht in der gesamten Geschichte der Christenheit, wurde der Mensch so manipuliert und mit falschen Zielen vollgestopft, die jeder Humanitas Hohn sprachen.

Vom Staub beschmutzt, so das propagierte Idealbild Bernhards, war es dem Templer nur erlaubt, abgrundtief zu hassen. „Sollte ich die nicht hassen, Herr, die dich hassen, die nicht verabscheuen, die sich gegen dich erheben?", so predigte Clairvaux, den Psalm 138, 21 zitierend.

Bernhard von Clairvaux war der wahre Gründer des Templerordens – eine derart widerwärtige Figur, dass man sich heute entsetzt von ihr abwenden würde.

Er goss den „Tau des Gotteswortes" über seine Schäfchen aus und injizierte überall diese krankhafte Begeisterung für die Kreuzzüge und seine Tempelritter.

Mitten in einer Predigt konnte Clairveaux in Tränen ausbrechen. Dann fühlte er sich vom „Geist Gottes" ergriffen und heizte so die Stimmung an. Der *abbât Pernhart*, der Abt Bernhard, machte alle glauben, dass er vom „Finger des Heiligen Geistes" berührt worden sei. Er jauchzte über die *Dulcis Virgo Maria*, die süße Jungfrauenschaft der Gottesmutter und war doch nichts als ein großer Verführer, der andere in den Tod trieb. Seine übertriebene Demut stellte er überall publikumswirksam zur Schau. Dadurch ließen sich die Gläubigen beeindrucken und täuschen. Und so konnte er seinen giftigen Samen überall ausstreuen und seinen Rittern weismachen, dass sie gnadenlos die Ungläubigen „austilgen" müssten.

Als der Zweite Kreuzzug im Fiasko endete, hagelte es wechselseitige Schuldzuweisungen. Bernhard, immer krank, erkrankte noch schwerer. Die Magenentzündung wurde chronisch, Schmerzen und Schlaflosigkeit kamen hinzu. Der große Wundertäter, der angeblich Kranke heilte, konnte sich selbst nicht helfen.

Bernhard von Clairvaux wurde vollständig gedemütigt. Rasch suchte er sich von dem Zweiten Kreuzzug zu distanzieren. Der König von Frankreich habe ihn dazu gedrängt, verkündete er nun. Er verwies weiter darauf, dass er ja nur den Willen des Papstes erfüllt habe und dass der Ausgang des Unternehmens überdies von Gottes unergründlichem Ratschluss bestimmt gewesen sei. Das Argument des Gehorsams gegenüber dem Papst war jedoch nichts als ein kläglicher Versuch, sich aus der Verantwortung zu stehlen.

Aber der Rechtfertigungsversuch misslang kläglich. Sein erneuter Aufruf zu einem neuen Kreuzzug blieb ohne Echo. Ein paar Jährchen nach dem missglückten Kreuzzug starb der verbissene Predigerabt, seine honigsüße Stimme verhallte.

Und so müssen wir also festhalten, dass am „Grund" und „Bodensatz" der Tempelritter eine destruktive, unterdrückerische Persönlichkeit ruht. Letztlich war *Clairvaux* für ihre künstliche Existenz verantwortlich. *Er* drückte ihnen seinen Stempel auf, der von seinen eigenen körperlichen und geistigen Unzulänglichkeiten und seinem Hass diktiert wurde.

Als die Tempelritter später zudem noch von einer namenlosen Geld- und Besitzgier ergriffen wurden, war es endgültig um sie geschehen. Ihre eigene Raffgier brachte sie zu Fall, zudem schätzten sie den Neidfaktor der Umgebung falsch ein. Und das ist auch schon die ganze Geschichte der Tempelritter, entkleidet allen romantischen Blätterwerks.

Ein paar widerliche Kreuzzugspäpste und ein körperlich und geistig kranker Abt, rhetorisch und propagandistisch freilich hoch begabt, waren also die Überväter der Tempelritter.

Und so haben wir mit einem Schlag einen der mächtigsten Geheimbünde der Geschichte verstanden und eines der größten Rätsel der mittelalterlichen Historie gelöst.

Wir haben ihre drei Geheimnisse enthüllt und, wichtiger, wir sind ihren Gründern, destruktiven Persönlichkeiten ausnahmslos, auf die Spur gekommen, denn sie hießen Mord und Massenmord gut und ummantelten sie religiös.

Wenden wir uns mit diesem Hintergrundwissen bewaffnet jetzt dem nächsten Geheimbund zu, der bis heute die Gemüter erregt, den *Assassinen*, diesem islamischen Mörderverbund, von dem die Tempelritter vielleicht sogar einige Geheimriten übernahmen, und dessen Techniken und Manipulationsmethoden so unerhört waren, dass sie bis heute die Gemüter erregen.

2. UNERHÖRTE MANIPULATIONSMETHODEN: DER MÖRDER- UND GEHEIMBUND DER ASSASSINEN

Niemand, wiederholen wir, niemand konnte sich einst mit den Manipulationsmethoden der *Assassinen* messen: Sie nutzten Sex, willige, hübsche Jungfrauen, Drogen, Gemälde, Musik und künstlich angelegte, paradiesartige Gärten dazu, um neue Mitglieder zu werben – und sie in der Folge zu den abgefeimtesten Mördern umzufunktionieren. Wer wirklich in die Abgründe der menschlichen Seele hinabsteigen und ihre schwärzesten Ecken ausleuchten will, muss sich nur mit den *Assassinen* beschäftigen. Sein Gründer war ein Teufel in Menschengestalt, ein *Schaitan*, ein Satan.

Aber bevor wir auf die geheim gehaltenen Praktiken, Drogen und Sex eingeschlossen, zu sprechen kommen, bevor wir all die Geheimriten dieses Mörderbundes ausleuchten, sollten wir das Wort *Assassin* selbst zunächst definieren. Bevor wir das Geheimwissen und die unglaublichen Attentate dieser Bruderschaft ans Tageslicht holen, müssen wir vorderhand darlegen, was der Begriff eigentlich bedeutet.

EINE VERRÄTERISCHE DEFINITION

Das Wort *Assassin* geht aller Wahrscheinlichkeit nach auf den Ausdruck *Haschisch* zurück. Der Begriff *Haschisch* steckt also in dem Wort *Assassin* – beide Wörter klingen ähnlich. Die Assassinen wurden auch *Haschisch-Esser* genannt. Doch es ist auch möglich, dass man mit diesem Begriff auf eine bestimmte islamische Sekte deuten wollte, die sich *Asasin* nannte, was wörtlich so viel bedeutet wie „die Fundamentalen".

Wieder andere Gelehrte nehmen an, dass das arabische Wort „Assas" (= Wächter) Pate stand, die das Heilige Land zu schützen suchten.

Im Italienischen bezeichnete das Wort *Assassinen* (ital. assassino) schon früh sehr einfach *Mörder*. Die Ableitung (ital. assassinare) bedeutete *ermorden* oder *meucheln*. Die Franzosen übernahmen von den Italienern das Wort und zauberten daraus den Begriff *assassiner*, die Engländer wiederum stahlen von den Franzosen den Ausdruck und machten daraus *Assassin*. Die Spanier sprachen von *asesinar* und die Portugiesen von *assassinar* – was beides ebenfalls so viel wie *Mörder* bedeutet.

Aber uns geht es um die Ursprungsbedeutung: Haschisch-Esser sowie eine islamische Mördersekte – all das verband man einst mit diesem Wort *Assassinen*.

Es handelte sich bei ihnen um eine islamisch-religiöse Bewegung, die zwischen dem 11. und dem 13. Jahrhundert in Persien und Syrien ihr Unwesen trieb. Die Assassinen führten politische Mordtaten von einer Unverfrorenheit und Gewalttätigkeit aus, die selbst abgebrühte Zeitgenossen Schaudern machte. Ihre Gegner wurden durch ihre teuflischen Methoden in Angst und Schrecken versetzt. Die Assassinen operierten vornehmlich von Bergfestungen aus, die in Syrien und Persien gelegen waren. Sie sandten von diesen Stützpunkten Auftragskiller, Meuchelmörder oder Attentäter aus, um politische Widersacher aus dem Weg zu räumen. Diese Attentäter nannten sich *Fedajin* oder *Fidais,* was wörtlich übersetzt so viel bedeutet wie „der sich Opfernde". Ohne mit der Wimper zu zucken mordeten also die Fedajin ihre Gegner, wobei es ihnen völlig gleichgültig war, wenn sie selbst dabei ums Leben kamen; sie *opferten* ihr Leben willig. Ein Fedajin sehnte regelrecht den Tod herbei, denn er glaubte, dass er danach stracks in das Paradies auffahren würde, wo es schöne Jungfrauen in reicher Zahl gab, die ihm jeden Wunsch von den Augen ablasen. Diese begehrenswerten, wunderschönen Paradiesjungfrauen hießen *Hûris.* Aber die Infamie bestand darin, dass den Fedajin dieser Glaube zuvor einsuggeriert worden war, auf eine so geschickte, infame und ungeheuerliche Art und Weise, wie es das nie zuvor in der Geschichte gegeben hatte.
Bevor wir diese ebenso raffinierte wie furchtbare Manipulationspraktik genauer beschreiben, müssen wir uns jedoch zunächst fragen, auf welchem Fundament die Assassinen ruhten.

AUF DEN SPUREN MOHAMMEDS

Es handelte sich bei den Assassinen wie gesagt um eine islamische Sekte, die nur Mohammed als den einzig wahren Propheten gelten ließ. Mohammed (ca. 569–632) ist jedem von uns ein Begriff. Der Erzengel Gabriel hatte Mohammed vorgeblich den Willen Allahs offenbart, der später in dem *Koran* festgehalten werden sollte. In eben diesem Koran war der Aufruf zum *Heiligen Krieg* enthalten, aber auch die „ewigen Wahrheiten" über die Hölle und das Paradies waren darin enthüllt worden.
Mohammed war es also vorgeblich von Gott selbst erlaubt worden, Überfälle und Plünderungen auszuführen. Er arrangierte Raubzüge und motivierte seine Mannen mit der gesamten Macht seines rhetorischen Geschicks. „Im Schatten der Säbel liegt das Paradies!", versprach er tönend. Wer also in einem dieser „Heiligen Kriege" um das schöne Leben kam, fuhr angeblich sofort

auf in den Himmel. Die Zahl der Beutezüge und Plünderungen, im Namen Allahs, sind gut belegt. Mohammed entwarf, man höre und staune, über 65 Feldzüge und Raubüberfälle. 27 führte er selbst aus. [1]

Triumph folgte auf Triumph. Mohammed schlug sogar die Mekkaner, er schlug Stamm um Stamm. Schließlich erkannte ihn ganz Arabien als Religionsgründer und Führer an.

Immer winkte dem „Mohammedaner“ reicher Lohn: Das Paradies wartete auf ihn, der Garten Eden, wenn er unglücklicherweise auf einem der Raubzüge ins Gras biss. Hier gab es vorgeblich all die Leckerbissen und Kostbarkeiten, die im irdischen (arabischen) Leben Raritäten waren, Wasser vor allem im Überfluss, reichlich Wein (verboten auf Erden!), Milch und die edelsten, feinsten Früchte. Ein Mann wurde (und wird!) in dem arabischen Paradies von 72 reinen Jungfrauen bedient, die schwellende Brüste, wunderschöne Augen und einladende, süße Lippen haben, wie frisch aufgebrochene Feigen. Sie bleiben ewig jung, ihre Leiber sind frei von jeder Unvollkommenheit. Sie stehen dem Manne jederzeit zur Verfügung.

Ein Männertraum!

Diese Vorstellung des Paradieses, weitaus sinnlicher und erotischer als das christliche Paradies, übte einen unwiderstehlichen Reiz auf die Mohammedaner aus.

Genau auf diesen Versprechungen fußte die islamische Sekte der Assassinen, aber bei ihnen gab es einen weiteren Zusatz, der uns noch heute Schaudern macht.

TERROR UND MORD

Der Gründer der Assassinen war ein Perser namens Hasan ibn al-Sabbah (andere Schreibweisen lauten: Hassan-es-Sabbah und Hassan-i-Sabbah). Er lebte etwa 1034 bis 1124, aber die Jahreszahlen variieren, wenn man verschiedene Quellen befragt. Sabbah machte sich genau diese Paradies-Vorstellungen zunutze, die Mohammed gepredigt hatte. Es handelte sich bei ihm um einen islamischen Missionar, der freilich seine völlig eigenen Glaubensvorstellungen (und seine eigene Sekte) entwickelte. Im hohen Norden Persiens fand er die ersten Jünger, aber da er unermüdlich die Botschaft seiner neuen Sekte verbreitete, wuchs seine Anhängerschaft schnell. Auf einer seiner Missionsreisen entdeckte Sabbah die Burg *Alamut* im Nordosten Persiens, die auf einem 1.800 Meter hohen Felsen gelegen und praktisch nicht zu erobern war, denn sie war nur über einen schmalen, steilen Pfad zu erreichen. Durch eine List gelang es Sabbah im Jahre 1090, die Burg an sich zu reißen, in einer anderen Version zahlte er dem Besitzer der Burg 3.000 Golddinare. Alamut geriet zum Zufluchtsort und Hauptsitz seiner Unternehmungen. Hier gründete Hasan ibn al-Sabbah den Geheimbund der Assassinen.

Sein erklärtes Ziel bestand darin, seine „missionarischen“ Feldzüge mittels Terror und Mord noch effektiver zu gestalten, ja auf ein vollständig neues Niveau zu heben. Seine neue persisch-islamische Sekte wurde zu einer geheimen Mörder-Bruderschaft umfunktioniert. Sie besaß ihre eigenen Initiationsriten, einen Großmeister (ihn selbst) und verschiedene Stufen, geheime Einweihungsstufen, die man erklimmen konnte.

Sabbah selbst, wie gesagt der erste Großmeister des Geheimbundes, wurde jetzt nur noch „der Alte vom Berg“ genannt oder auch „Schaich al Dschibal“ – Scheich des Gebirges – aber es gibt auch Quellen, die den Titel „der Alte vom Berge“ einem späteren (syrischen) Assassinen-Führer zuweisen. Von Alamut aus jedenfalls „rekrutierte“ und „missionierte“ der Geheimbund neue Mitglieder – mittels Raubzügen und Überfällen. Viele weitere Burgen gerieten in den Besitz der Bruderschaft. Wer sich Sabbahs „Missionierungsversuchen“ widersetzte, „wurde durch Massaker, Krieg, Plünderung und Schändung“ zur Kapitulation gezwungen, belehrt uns jedenfalls Autor Wolf. [2] Es gelang dem Gründer des Mörder-Ordens auf diese Weise, die Kontrolle über viele Städte und Landstriche zu erlangen.

Aber bevor wir von den ersten Meuchelmorden berichten, müssen wir zunächst enthüllen, wie Sabbah seine Mannen „erzog“ und auf die Attentate vorbereitete. Die Fakten sind ungeheuerlich.

DER MENTALE BETRUG

Es führten wie gesagt verschiedene „Einweihungs-Stufen“ innerhalb der Mörder-Sekte von ganz unten nach ganz oben. Schon auf der niedrigsten Stufe wurde ein Neuzugang angehalten, sofort, ohne Widerrede und ohne Widerspruch, jeden Befehl des Großmeisters auszuführen. Gehorsam war oberstes Gebot.

Hinter seiner Festung hatte der *Alte vom Berg* einen wunderschönen Garten anlegen lassen, der genau so aussah, wie es den islamischen Vorstellungen des Paradieses entsprach – einen Garten mit gluckernden, sprudelnden Bächen, mit Bäumen und Büschen, deren Aussehen dem Auge schmeichelten, sowie

seltenen Obstsorten, die überall wuchsen. Innerhalb dieses künstlichen Garten Edens lustwandelten, sangen und musizierten schönäugige, wohlgestaltete Jungfrauen – offenbar die Hûris, die im Koran beschrieben waren.
Wer der Bruderschaft beitreten wollte, erhielt als erstes Opium, ohne sein Wissen und Zutun – außerhalb des künstlichen Paradieses. Der Neuankömmling verfiel daraufhin in einen Rausch. Rasch schafften ihn nun die Helfershelfer Sabbahs in das von Menschenhand geschaffene Paradies. Als das neue künftige Mitglied erwachte, fand es sich in diesem wundersamen Garten wieder. Der Adept fand sich zudem von den lieblichsten Frauen umgeben, die er sich vorstellen konnte. Ihm wurde nun weisgemacht, dass er sich im Paradies befände! Im Schoß Allahs!
Daraufhin wurde er rundum verwöhnt, mit den erlesensten Speisen und Getränken sowie von den schönsten Frauen. Er erhielt weitere Drogen, damit die Illusion des Paradieses aufrechterhalten bleiben konnte. Seine wildesten sexuellen Vorstellungen wurden in der Folge von den Hûris erfüllt. Er wurde mit anderen Worten von den Paradies(jung)frauen rundum „bedient". Es handelte sich um ein einziges Fest für den Gaumen und für die Sinne.
Nach fünf Tagen wurde der Neuankömmling erneut mit Opium betäubt. Daraufhin schafften ihn die Helfershelfer Sabbahs rasch wieder in die „reale Welt". Sobald er dort erwachte, wurde ihm erzählt, dass er tatsächlich im Paradies gewesen sei! Und dass er jederzeit dort wieder eingehen werde, wenn … ja, wenn er lediglich eine Person aus dem Weg räumen würde, die dem Großmeister und dem Orden missliebig war, denn das sei der Wunsch Allahs. Er brauche bei dem Attentat nicht um Leib und Leben zu bangen, denn das Schlimmste, was ihm widerfahren könne, wäre zwar der Tod, aber mit ihm der unmittelbare Eingang ins Paradies. Dort aber warteten bereits all die schönen, glutäugigen Hûris auf ihn, die er ja bereits kennengelernt habe …
Der neugewonnene Gläubige setzte in der Folge ohne zu zögern sein Leben aufs Spiel. Er mordete mit Lust, denn er „wusste" ja, dass er, selbst wenn er sein Leben ließ, sofort in das Paradies eingehen würde.
Und so gelang es diesem Mörder-Orden, zu dem gefürchtetsten Geheimbund seiner Zeit aufzusteigen. Seine Anhänger verübten die gefährlichsten Attentate, denn der Assassine fürchtete nichts und niemanden. Im Gegenteil! Er tötete mit einer wilden, sexuellen Begeisterung. Wenn er selbst das Leben verlor, begrüßte er diesen Umstand nur, denn schon bald, so glaubte er, würden ihn erneut die Paradiesjungfrauen verwöhnen.
Worin aber bestanden die konkreten Geheimriten der Assassinen?

MARCO POLO oder DIE QUELLENLAGE

Bevor wir diese Fragen beantworten, müssen wir zunächst die weitere Geschichte des Mörder-Ordens genauer unter die Lupe nehmen. Und wir müssen uns fragen, woher wir überhaupt um die Existenz der Assassinen wissen?

Unser erster Gewährsmann über diese Mördersekte ist Marco Polo (1254–1324). Der Venezianer wurde berühmt durch seine gefahrvolle Reise, die ihn bis nach China führte. Polo schrieb am Schluss seines Lebens einen Bericht über diese seine Reise – beziehungsweise er diktierte ihn.

Dieser Reisebericht avancierte in der Folge zum *berühmtesten Reisebericht der Geschichte*! Tatsächlich erregte er sofort bei seiner Veröffentlichung ungeheures Aufsehen.

Als Polo im Sterben lag, bedrängten ihn sein Priester, seine Freunde und seine Verwandten jedoch, endlich den unseligen Lügen abzuschwören, die er als seine wahren Abenteuer in diesem seinem Reisebericht ausgegeben hatte; denn nur dann, so der Priester, werde seine Seele geläutert in den Himmel fahren.

Marco Polo bäumte sich jedoch noch auf dem Sterbebett auf, verfluchte alle Anwesenden miteinander und erklärte: „Ich habe nicht die *Hälfte* von dem berichtet, was ich gesehen und getan habe.“ [3]

Im Nachhinein stellten sich die Angaben Polos, die zu seiner Zeit auf Unglauben gestoßen waren, größtenteils als richtig heraus. Zugegeben: Es gab Fehler in der Angabe von Distanzen und Entfernungen – was man jedoch dem geringen Kenntnisstand seiner Zeit anlasten muss. Aber viele Details waren andererseits erstaunlich korrekt.

Marco Polo ließ keinen Zweifel daran, dass es den Geheimorden der Assassinen tatsächlich gab oder gegeben hatte. Er beschrieb ihre Mitglieder als Haschisch-Raucher, die orgiastische Feste feierten und Dolch- und Giftmorde an hochgestellten, politisch wichtigen Persönlichkeiten ausführten. Sabbah nannte er den „Großen Assassin“. Er verriet ferner die genaue Vorgehensweise des Ordens. Neue Mitglieder, so führte Polo aus, wurden zuerst mit Opium betäubt. Daraufhin brachte man sie in eine Gartenanlage, die unmittelbar an die Burg Alamut angrenzte. Hier wurden die neuen Mitglieder auf das Beste bewirtet und von Frauen verwöhnt – genau so, wie wir es gerade beschrieben haben. Daraufhin betäubte man sie erneut und schleppte sie vor den Burgherrn. Eine Ausbildung zum *Fedajin* oder *Fidai* war der nächste Schritt. Der Neuankömmling lernte geschickt zu töten und zu meucheln, mit anderen Worten – und sich zu opfern. Nur ein heldenhafter Tod, so wurde dem

Neuzugang suggeriert, würde sicherstellen, dass er in das Paradies zurückkehren könne …

Aber es gab auch andere zeitgenössische Quellen, die auf die Assassinen verwiesen. In moderner Zeit berichteten über sie die Autoren W. B. Bartlett, Farhad Daftary, M. G. S. Hodgson und Bernard Lewis. Da es sich bei den Assassinen um einen „Geheimbund" handelte, dem man dazumal nicht in die Quere kommen wollte, sind die zeitgenössischen Zeugnisse jedoch spärlich. Die Manipulationsmethode selbst jedoch wurde selten oder nie in Zweifel gezogen, ebenso wenig wie die politischen Attentate.

Doch was wurde den Assassinen konkret angelastet?

DER GEHEIMBUND ERBLICKT DAS LICHT DER WELT

Tauchen wir zunächst noch einmal kurz in die Geschichte zurück, bevor wir diese Frage beantworten.

Der Islam besteht heute aus vielen Glaubensrichtungen und „Sekten", nicht anders als das Christentum. In einigen begegnen wir aufregenden Geheimlehren.

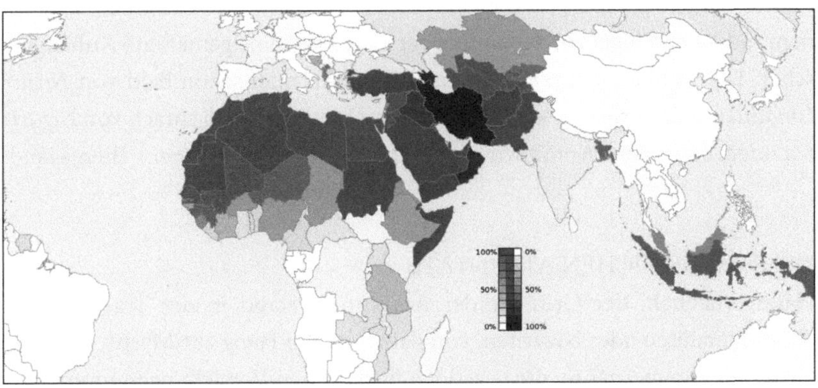

Sunitische (grün) und schiitische Länder(rot), Quelle Wikipedia

Ahl-as-sunna bedeutet wörtlich so viel wie „Volk der Tradition". Sunna = Tradition. Die Sunniten nehmen also an, dass sie sich in der (rechtmäßigen) *Tradition* des Propheten Mohammed befinden.

Die Schiiten spalteten sich ehemals von den Sunniten ab, nicht etwa aus theologischen Gründen, sondern aufgrund machtpolitischen Kalküls. Aber im Laufe der Zeit entwickelten sich auch theologische Differenzen.

Schia bedeutet auf Arabisch *Anhängerschaft, Partei* oder *Gruppe.* Rund 15% aller Mohammedaner sind Schiiten und fühlen sich also einer anderen *Gruppe* zugehörig als die Sunniten. Sie betrachteten und betrachten kurz gesagt den Schwiegersohn und Vetter Mohammeds, *Ali* mit Namen, als den einzig wahren Nachfolger des Propheten. Nur die Nachfahren Alis sind ihrer Meinung nach göttlich legitimiert.

Die Unterscheidung ist also einfach: Sunniten stehen auf der einen Seite, Schiiten auf der anderen Seite – nicht anders als die Katholiken und die Protestanten im Rahmen des Christentums.

Aber von den Schiiten spalteten sich weitere Sekten ab, beispielsweise die *Ismailiten.* Der Name? Er rührt von *Ismail* ibn Dschafar her, einem Ur-Ur-Urenkel Alis.

Erneut gab es neue Glaubensinhalte. Weiter zeichneten sich die Ismailiten durch eine strenge, hierarchisch straff gegliederte Organisation aus. Sie suchten im Koran darüber hinaus nach einer tieferen, verborgenen Botschaft – der Hang zur Mystik und die Entwicklung einer Geheimlehre wurden sichtbar.

Aber wieder spalteten sich die Ismailiten. Zwei Söhne eines ihrer geistlichen Führer rangen um die Vorherrschaft innerhalb der Sekte. Der eine neigte einem radikalen Flügel zu, der andere verfügte über eine gemäßigte Anhängerschar. Der radikale Führer hieß *Nizar,* weshalb man schon bald von *Nizar-Ismailiten* sprach. Später wandelte sich der Name und man sprach von *Nizariten* oder *Assassinen.* Womit wir unversehens wieder bei unserem Thema sind.

DIE SCHEUSSLICHEN ATTENTATE

Hasan-i-Sabbah, der Gründer der Assassinen, stand in der Tradition der Nizar-Ismailiten oder Nizariten, von denen er den Hang zur Mystik und eine Geheimlehre übernahm, die er jedoch nach seinen Vorstellungen ummodelte. Ferner übernahm er die streng hierarchische Ordnung.

Nachdem er Alamut, die uneinnehmbare Burg im Nordosten Persiens, in seinen Besitz gebracht hatte sowie viele Städte und Landstriche, sah er sich eines Tages den *Seldschuken* gegenüber.

Bei den Seldschuken, auch seldschukische Türken genannt, handelte es sich um eine türkische Fürstendynastie. Benannt worden waren sie nach einem ihrer Führer namens *Seldschuk.* Sie hatten bereits Teile des heutigen Irans, Iraks, Syriens, der Türkei und der arabischen Halbinsel erobert. Die Seldschu-

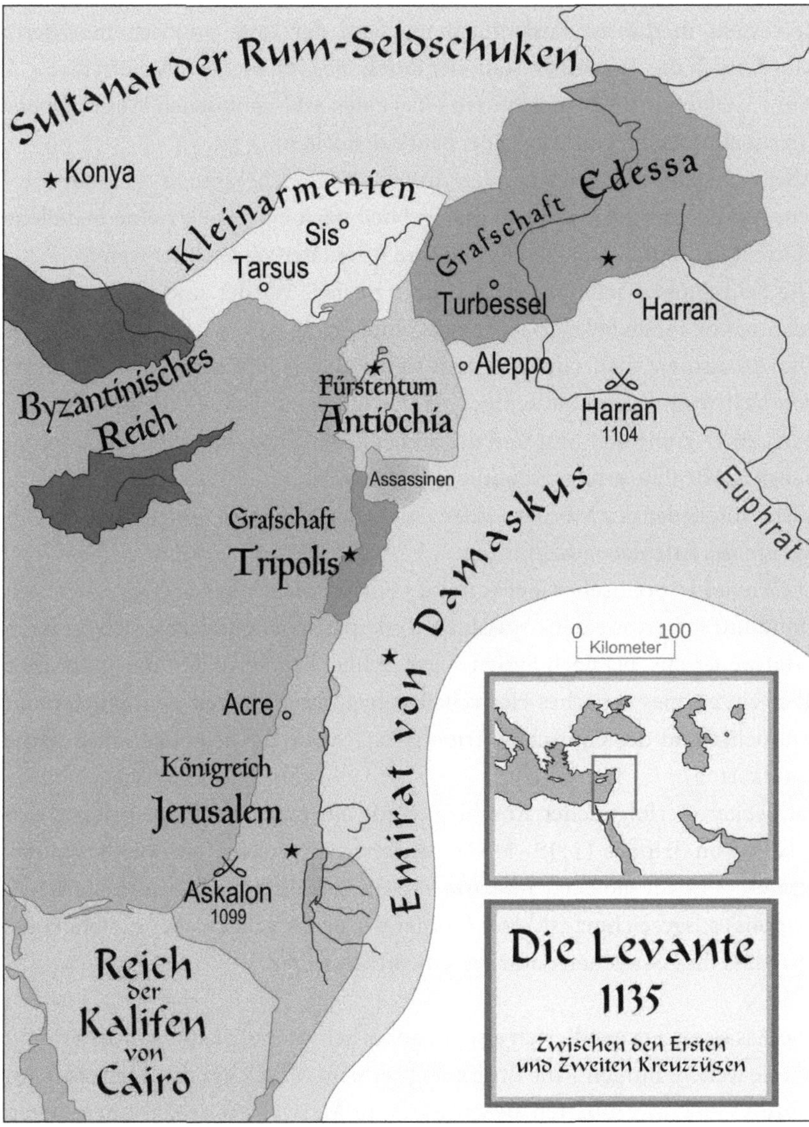

Syrisches Herrschaftsgebiet der Assassinen, zwischen dem Fürstentum Antiochia und dem Königreich Jerusalem gelegen, um 1135. Copyright Wikipedia

ken waren *sunnitische* Muslime und standen also in theologischem Gegensatz zu den *Schiiten* (und damit den Ismailiten und Assassinen).
Genau mit diesen Seldschuken legte sich der Gründer der Assassinen an, die im Jahre 1092 die Assassinen niederzuringen suchten.

Spätestens in diesem Zusammenhang fand der erste politisch motivierte Mord durch die Assassinen statt, der durch die Geschichte überliefert ist.
Am 15. Oktober 1092 erdolchte ein Fidai einen seldschukischen Wesir namens Nizam al-Mulk, er wurde in seiner Sänfte erstochen.
Aber es handelte sich nur um den Auftakt. Zahlreiche weitere Attentate folgten. Auf der Burg Alamut gab es angeblich nach einiger Zeit eine metallene „Ehrentafel", auf der alle Opfer und ihre Attentäter verzeichnet waren.
Die Seldschuken schlugen jedoch hart zurück. Wieder und wieder wurde Alamut von ihnen belagert, aber stets ohne Erfolg.
Die Assassinen wiederum machten weiter durch ihre scheußlichen Morde von sich reden, denn sie schreckten vor nichts zurück. Gedichte besangen nach einer Weile den Mut und die Hingabe der Fidai, die selbst die unmöglichsten Attentate erfolgreich durchführten.
Viele Mitglieder des Mörder-Ordens meldeten sich nach einiger Zeit freiwillig, um die Attentate auszuführen.
Die Methode, politische Gegner mittels Fidais zu beseitigen, geriet zum festen Handlungsrepertoire der Assassinen. Systematisch breiteten sie sich im Jahre 1100 weiter aus, bis nach Syrien sogar. Schließlich verfügten die Assassinen über ein eigenes syrisches Herrschaftsgebiet, das zwischen dem Fürstentum Antiochia und der Grafschaft Tripolis lag. (Siehe die beigefügte historische Landkarte.)
Ein weiterer erfolgreicher Anschlag wurde auf Raimund II. ausgeführt, den Grafen von Tripolis (1115–1152), den ersten Herrscher eines Kreuzfahrerstaates. (Vgl. die gleiche Landkarte und die Lokalisation, die mit „Grafschaft Tripolis" ausgezeichnet ist.) Der Mörder wurde nie gefasst, aber es steht heute fest, dass die Assassinen dafür verantwortlich waren.

Die Assassinen expandierten also unaufhörlich. Ständig kauften oder eroberten sie weitere Burgen – die Burg garantierte im Mittelalter die Herrschaft. Im Jahre 1140/1141 eroberten sie gar die Burg *Masyaf*, die sie stark befestigten und die zu ihrem Hauptsitz in Syrien geriet.
Selbst der legendäre Sultan Saladin geriet eines Tages ins Visier der Meuchelmörder. Erinnern wir uns: Saladin (1138–1193), ein sunnitischer Kurde, verzeichnete zunächst einige unglaubliche Erfolge als Feldherr, bevor er sich zum Sultan aufschwang. Aber entgegen der Legende war er klein, einäugig, nicht besonders ansehnlich und vor allem längst nicht so tolerant, wie ihn später einige Griffel zeichneten. In Wahrheit handelte es sich bei ihm um einen fana-

tischen Muslim, der gegen Christen und Schiiten gleichermaßen kämpfte, mit dem Ziel, ein islamisches Weltreich zu errichten. Auch er stand in schroffem Gegensatz zu den Assassinen, die schließlich aus den Schiiten emporgewachsen waren. Und so setzte ihn der Mörder-Orden auf die Todesliste.
Zwei Killerkommandos auf Saladin sind von der Geschichte überliefert. Beide scheiterten, weil die Assassinen nicht damit gerechnet hatten, dass Saladin unter seinem Turban stets einen Stahlhelm trug.
Saladin schlug umgekehrt eines Tages unbarmherzig zurück. Er belagerte die syrische Assassinen-Festung Masyaf, konkret im Jahre 1171 – aber seine Unternehmung war nicht von Erfolg gekrönt. Der Legende nach beendete er die Belagerung, als er eines Morgens aufwachte und einen scharfgeschliffenen Dolch neben seinem Kopfkissen vorfand.
Schließlich ließen sich beide Parteien dazu herab, ein Friedensabkommen zu unterzeichnen.
Auch ein Attentat auf Konrad von Montferrat ist auf den Mörder-Orden zurückzuführen, jedenfalls aller Wahrscheinlichkeit nach. Montferrat (1146–1192) war zeitweilig der König von Jerusalem. (Vgl. erneut die vorangehende Landkarte.) Verschiedenen Quellen nach geschah dies auf Veranlassung des syrischen Assassinen-Großmeisters hin. Skeptiker sprechen jedoch auch von anderen möglichen Hintermännern, was diesen Anschlag angeht.
Um 1230 erreichten die Assassinen eine so hohe gesellschaftliche und politische Stellung, dass sie begannen, mit den verschiedensten Mächten zu paktieren – und sie gegeneinander auszuspielen. Sie betrieben eine geschickte Schaukelpolitik zwischen dem Johanniterorden, den Templern und den Christen überhaupt, schlossen aber auch Verträge mit verschiedenen islamischen Herrschern ab.
Zur Zeit ihrer größten Verbreitung verfügten die (schiitischen) Assassinen – man höre und staune! – über rund 360 Burgen und etwa 60.000 Anhänger.
Die sunnitischen Seldschuken gaben jedoch keine Ruhe. Zudem waren sie den Assassinen in militärischer Hinsicht haushoch überlegen. Schließlich nahmen sie im Handstreich einige Assassinen-Burgen ein – die Waage begann sich gefährlich zu Ungunsten der Assassinen zu neigen. Aber noch immer behaupteten sie ihre Stellung.
Der Niedergang war jedoch nicht aufzuhalten. Endlich wurde der Geheimbund durch einen Mongolenfürst besiegt, einen Enkel Dschingis Khans, im Jahre 1256, und zwar auf folgende Weise: Der letzte Großmeister (in Persien) wurde bestochen. Heimlich paktierte er mit den Mongolen und entschied,

seine eigenen Leute zu verraten. Es handelte sich bei ihm um eine rabenschwarze Seele, die selbst bei der Ermordung seines eigenen Vaters seine Hand im Spiel gehabt hatte. Der Großmeister schlug sich also auf die Seite seiner Feinde, als er realisierte, wie überlegen die Mongolen waren. Der letzte persische „Alte vom Berge" lieferte seine eigenen Mannen ans Messer! Er war den Mongolen behilflich, eine Assassinen-Burg nach der anderen zu übernehmen. Nachdem sich die Mehrzahl der Assassinen-Burgen in der Hand der Mongolen befand, wurden seine Familie und seine Dienerschaft jedoch ermordet, ihn selbst erschlug man, denn er war ja nun zu nichts mehr nutze. Der Verräter wurde am Schluss selbst verraten.

Die letzten persischen Mitglieder der Assassinen wurden gejagt wie tolle Hunde, sie wurden aufgespürt und getötet.

Um dem ganzen die Krone aufzusetzen, zerstörte der Enkel Dschingis Khans zudem die Hauptburg Alamut bis auf die Grundfesten. Gleichzeitig übergab er dort eine umfangreiche Bibliothek den Flammen, nur die Biografie Hassan-i-Sabbahs, des Gründers, verbrannte seltsamerweise nicht und blieb erhalten. Und so wurden die Assassinen in Persien ausradiert.

In Syrien erging es ihnen nicht anders. Dort waren die schiitischen Assassinen einem sunnitischen Mamelukensultan inzwischen ein Dorn im Auge. Etwa um 1260 machte er gegen sie mobil. 1271 schlug er los. Ein Feldzug gegen die Assassinen regelte die Machtfrage endgültig. Schließlich musste der syrische Großmeister alle Burgen seinem Feind übergeben. Damit endete die Assassinen-Herrschaft auch in Syrien.

DIE GEHEIMNISSE DER ASSASSINEN

Lösen wir auch das letzte Rätsel und fragen wir uns: Was hat es nun mit all dem vorgeblichen Geheimwissen der Assassinen auf sich, mit all den geheimen Riten?

Wie im Falle vieler Geheimbünde lassen sich die einzelnen Riten und Grade der Assassinen, über die man von ganz unten nach ganz oben aufsteigen konnte, heute nicht mehr mit letzter Sicherheit eruieren. Angeblich gab es neun geheime Grade. Andere Quellen sprechen von einer Dreiteilung. Man unterschied zwischen den „Alten" oder „Vätern" (höchste Stufe), den „Eingeweihten" (zweite Stufe) und den „Jungen" oder „Gehilfen" (der niedrigsten Stufe). Der Geheimbund war streng hierarchisch organisiert.

Die Assassinen kleideten sich in weiße Mäntel, ein roter Gürtel und eine rote Mütze zeichneten sie weiter optisch aus. Ihnen angeschlossen war eine Baugilde, die sich um die verschiedenen Burgen kümmerte. Aber es existierte auch ein pervertiertes religiöses Denken, das mit allerlei Geheimnissen umwoben wurde. Gleichzeitig zeichnete sich der Gründer Hassan ibn al-Sabbah durch einen wilden religiösen Fanatismus aus. Einige Historienschreiber berichten, dass er sogar seinen eigenen Sohn umbrachte, weil dieser Wein getrunken hatte – was im Islam verboten ist. Angeblich exekutierte er ihn eigenhändig. Darüber hinaus gab es „Symbolisten", wie es sie in jeder Religion gab und gibt, die in einen einfachen Text alles Mögliche hineingeheimnisten und hineinlasen. Eifrig wurde nach verbotenen Botschaften im Koran gefahndet. Nachweislich befanden sich die Assassinen darüber hinaus im Besitz einiger apokrypher (= geheimer) Schriften, was den Koran anging – nicht anders als es im Christentum zahlreiche apokryphe Schriften und Testamente gab und gibt. Einige Spuren weisen in Richtung des Gnostizismus, in dem die Vorstellung der Wiedergeburt eine der Kernthesen ausmacht. Doch grundsätzlich wollten die Assassinen nur einen „Gottesstaat" errichten, wo freilich der „richtige" Glaube herrschte, ihr Glaube. Dafür wurde gemordet und getötet und mit allen Arten von „Geheimnissen" gearbeitet, in denen sich ein schlichtes Gemüt leicht verfangen konnte. Der Adept verirrte sich in diesem Labyrinth der Geheimnistuerei, während das wahre Ziel nur darin bestand, die Macht allerorten an sich zu reißen und sie danach mit Zähnen und Klauen zu verteidigen.

ENDGÜLTIGES FAZIT

Und so erkennen wir sehr rasch, dass die „Technik des Geheimnisses", wie man das nennen könnte, eine reine Irreführung darstellte, mit der die Anhänger lediglich bei der Stange gehalten wurden. Letztlich existierte kein Geheimnis, das es wert gewesen wäre, es zu enthüllen. Die Absicht aller Assassinen-Großmeister bestand nur darin, zu herrschen. In diesem Sinne wurde eine sektiererische Glaubensrichtung ausgenutzt und umformuliert. Die edlen und menschenfreundlichen Ziele, die Religionen normalerweise auszeichnen, wischte man beiseite und trat sie mit Füßen – Ziele wie etwa Frieden, Hilfsbereitschaft oder Nächstenliebe. Das Wort „Religion" wurde benutzt und beschmutzt, genauso wie das Wort „Gott" oder „Allah".
Ein Teufel in Menschengestalt, Hassan ibn al-Sabbah, bemächtigte sich des Verstandes seiner Jünger und manipulierte sie schamlos, mit Hilfe eines

falschen Paradieses, mit Sex und mit Drogen. Es handelte sich bei ihm um nichts anderes als um einen Großverbrecher, der sich als heiliger Mann tarnte. Dass es ihm nur um seine eigene Person und seine elenden Machtgelüste ging, verschwieg er, indem er immer wieder auf „Allah" und den „Propheten Mohammed" verwies. Er nutzte die Religion nur als Deckmantel.
Die brandgefährlichen Attentate erhoben die Assassinen eine Weile zum gefürchtetsten Orden ihrer Zeit. Aber am Schluss verriet ein Großmeister seinen eigenen Orden, was beweist, dass man innerhalb einer Gruppe, die Mord und Niedertracht zur Operationsweise und Richtlinie erhebt, niemandem trauen kann, selbst nicht dem eigenen Führer. Dass die Assassinen am Schluss selbst hingemordet wurden, beweist außerdem, wie entsetzlich gerecht manchmal die Geschichte ist.
Am bedeutsamsten aber ist dies: Die Historie der Assassinen ist ein Lehrstück dafür, wie leicht Menschen manipuliert werden können, mit ein paar wolkigen, „geheimen" Riten und apokryphen Schriften, mit luftigen Versprechungen und mit der Hoffnung auf Sex. Nur ein absolut teuflisches Gehirn konnte die Idee eines falschen, künstlichen Paradieses ausbrüten und in der Folge damit die unglaublichsten Attentate in die Wege leiten.
Am „Grund" der Assassinen befand sich sehr einfach eine vollständig destruktive, bösartige Persönlichkeit, dem andere Killer nachfolgten. Sie alle nutzten nur eine Variante des islamischen Glaubens gewissenlos aus, um ihre eigenen verbrecherischen Ziele zu erreichen. Diese Ziele versuchten sie mit Hilfe einiger frömmelnder Gebete, mit falschen Geheimnissen und ein paar mentalen Tricks unsichtbar zu machen.
Die einfache Wahrheit ist: Die Führer des Mörder-Ordens geiferten nach Besitz und Macht.
Das und nichts anderes ist das wahre Geheimnis der Assassinen.

3. GEHEIME BRUDERSCHAFTEN IM BANNE DES PAPSTTUMS – TEIL 1: DIE JESUITEN

Es nimmt nicht wunder, dass das Papsttum, die mächtigste religiöse Institution auf Planet Erde, auch „geheime Bruderschaften" in ihrem Umkreis zuließ, denn schließlich galt es, den ungeheuerlichen Einfluss auf Milliarden von Menschen aufrechtzuerhalten.

Das Papsttum verkörperte schon immer *Macht*. Und wie konnte diese besser zementiert werden als durch Orden, die auch im Verborgenen einen unglaublichen Einfluss ausübten?

Die erste Bruderschaft, der der Vorwurf geheimer religiös-politischer Tätigkeiten gemacht wurde, waren die Jesuiten. Und so viel ist wahr: Ihr Einfluss war einst so allumfassend, weltweit, dass man noch heute darüber staunen muss.

Früh schon wurden den Jesuiten die abenteuerlichsten Verschwörungen angelastet. In einer kleinen Schrift, *Monita Secreta* (= *geheime Ermahnungen*) forderte der Verfasser die Jesuiten tatsächlich dazu auf, *jedes* Mittel einzusetzen, um den Reichtum des Ordens zu mehren und die wahren Ziele der Bruderschaft gleichzeitig zu verschleiern. Sie sollten systematisch Einfluss auf Könige, Fürsten und überhaupt die Mächtigen dieser Welt nehmen. Klug sei es, sich ihnen als Beichtvater anzudienen und auf diese Weise ihre „Sünden" in Erfahrung bringen. Weiter sollten sie die Günstlinge und Diener der Mächtigen bestechen, um in den Besitz privater und politischer Geheimnisse zu gelangen. Sie sollten andere Orden verleumden, um selbst alle einflussreichen, hohen kirchlichen Ämter zu besetzen. Reichen Witwen sollten sie ins Ohr flüstern, nicht wieder zu heiraten und stattdessen Testamente zu Gunsten der Jesuiten zu verfassen. Ihre wahren Vermögensverhältnisse müssten sie dagegen stets unter Verschluss halten, nicht dem Papst melden und sich nach außen hin stets als arme Ordensmitglieder gebärden. [1]

Ungeheuerliche Vorwürfe!

Aber was ist von ihnen zu halten?

Gewannen die Jesuiten nicht tatsächlich einen unvorstellbaren Einfluss, der bis zu dem chinesischen Kaiserhof reichte? Gerieten sie nicht in vielen Ländern zu den Beichtvätern der Mächtigen? Ja gründeten sie nicht einst sogar einen eigenen Staat in Südamerika? Worin bestanden ihre „Techniken", worin ihre „Geheimnisse"?

Fragen über Fragen!

DIE WAHRHEIT ÜBER DEN GRÜNDER oder WAS ÜBER DIE JESUITEN GESAGT WERDEN DARF

Schon das Leben des Gründers der Jesuiten, Ignatius von Loyola (1491 – 1556), ist spektakulär. Loyola entstammte dem höheren spanischen Adel und schlug zunächst wie nicht anders zu erwarten eine Soldatenlaufbahn ein. Wie jeder herumlungernde Soldat, der nichts zu tun hat und die Zeit totschlagen muss, verstrickte er sich in Händel und Amourschaften, wie das Thomas Mann ausdrückte, er liebte Weiberröcke kurz gesagt.

Als er endlich als Soldat gefordert wurde – die Franzosen griffen die Spanier an – erwischte ihn eine Kanonenkugel am rechten Bein. Notdürftig und dilettantisch wurde das Bein mehrmals eingerenkt, wieder gebrochen und wieder geflickt, aber Ignatius humpelte Zeit seines Lebens. Während der Genesungsmonate fielen ihm zwei Bücher in die Hände, die schwärmerisch von dem Leben Christi und dem Leben einiger Heiliger berichteten.

Nach der Lektüre suchte ihn eine Vision heim – später sollte er viele Erscheinungen haben – die Loyola nach seinen eigenen Aussagen Maria und das Jesuskind schauen ließ. Diese Vision führte endgültig dazu, dass sich Ignatius entschloss, dem alten soldatischen Lotterleben ade zu sagen und sich Christus zuzuwenden.

Der Soldat verwandelte sich in einen Mönch.

Loyola verschenkte sein prächtiges Rittergewand, beichtete, tat Buße und warf sich eine Pilgerkutte über. Gleichzeitig gelobte er Armut und Keuschheit. Dann machte er sich hinkend auf, um nach Jerusalem zu gelangen und dort Christus näher zu sein. Aber es ist leicht, Keuschheit zu geloben, und schwer, sie einzuhalten. Also betete Ignatius nun pausenlos, er wandte sich der Askese zu und geißelte und kasteite sich, um die Lust abzutöten. Er hörte auf, sich zu reinigen, ließ die Nägel wachsen und lebte nur noch von Lebensmitteln, die er erbettelt hatte. Jeder sündige Gedanke musste ausgetrieben werden, mit Gewalt, ja, mit Blut sogar, so notwendig!

Ferner entwarf er einige rigorose „geistliche Übungen“, zunächst nur für sich, später gerieten sie zum festen Bestandteil des Ordens, den er gründen sollte. Sie bestanden darin, sich die Hölle bildlich und mit allen furchtbaren Qualen vorzustellen. Selbst den Gestank des Schwefels musste man dabei riechen, ja sogar das eigene versengte Fleisch. „Wir müssen an unserem eigenen Leib die brennenden Flammenzungen spüren.“ [2]

Jede vorstellbare Höllenqual sollte man physisch fühlen. Daraufhin müsse man sich fragen, wie man eben dieser Qual entrinnen könne.

Die Antwort? Man müsse sich daraufhin den Leidensweg Christi vergegenwärtigen, in allen Einzelheiten, jede Station. Die Erniedrigung, die Geißelung, die Kreuzigung, alles müsse man wiedererleben und nacherleben. Man müsse körperlich fühlen, wie Jesus bespuckt worden war, sowie alle Martern und Leiden, selbst seine Empfindungen, als er schließlich im Grabe lag. Daraufhin sollte man mit Jesus auferstehen und die Himmelfahrt erleben. Diese Exerzitien seien wochenlang durchzuführen. „Von dieser geheiligten Vision gestärkt werden wir imstande sein, als aufopfernde Streiter den Kampf gegen Satan aufzunehmen und Menschen für Christus zu gewinnen. In diesem heiligen Krieg werden wir beglückt jedes Martyrium ertragen und freudig unser Leben hingeben.“ [3]

So fasste Loyola den Sinn dieser geistigen Exerzitien zusammen.

Ignatius von Loyola, klein (158 cm hoch), kahlköpfig und hinkend, spitznasig und abgemagert, aber mit brennenden, schwarzen Augen und einem fanatischen Willen ausgestattet, gründete allein mit diesen Exerzitien und einigen nahezu militanten Ordensregeln in der Folge die erfolgreichste Erziehungsorganisation, die je in der gesamten Geschichte der Menschheit existierte.

DIE JESUITEN

Die Gesellschaft Jesu (**S**ocietas **J**esu), Ordenskürzel SJ, kurz Jesuiten genannt, wurde am 15. August 1534 von einem Freundeskreis um Ignatius von Loyola ins Leben gerufen, Loyola galt als Gründer. Der Orden funktionierte wie eine militärische Organisation – schließlich war Loyola selbst geraume Zeit Soldat gewesen. Der Orden sollte Streiter im Krieg gegen den Unglauben hervorbringen. Er war straff von oben nach unten organisiert. An oberster Stelle stand der Papst, darunter befand sich der Ordensgeneral (Generalobere, General), anfänglich Loyola selbst. Unter dem General befanden sich die *Provinzialen*, das heißt die Leiter der Ordensprovinzen. Unter diesen standen die *Rektoren*, die Vorsteher der einzelnen Ordenshäuser also.

Später wurde das System weiter ausgefeilt. Höchsten Status genossen die *Professen* – Jesuiten, die 17 Jahre Ausbildung hinter sich hatten. Unter ihnen standen die *Koadjutoren* mit 10 Jahren Studium, unter diesen wiederum die *Scholastiker*, die sich noch in der Ausbildung befanden, und an letzter Stelle die *Novizen*, die Neuzugänge.

Die Hierarchie sah und sieht also wie folgt aus:
Papst
Ordensgeneral
Provinzial (Leiter einer ganzen „Provinz", eines ganzen Landes)
Rektor (Leiter eines Ordenshauses)
Profess (von lat. professio = Bekenntnis)
Koadjutor (lat. wörtlich „Beistand")
Scholastiker
Novize

Der Novize wurde zunächst über die Ziele der SJ unterrichtet, der Societas Jesu.
Gleichzeitig wurde er zu geistlichen Übungen angehalten und hatte niedrige Arbeiten zu verrichten. Ihm wurde beigebracht, in allen Belangen blind zu gehorchen. Er musste lernen, seinen eigenen Willen auszuschalten und sich wie ein Soldat jedem Befehl zu fügen. Ja er musste sogar lernen, sich „wie ein Toter" herumkommandieren zu lassen. („Kadavergehorsam") Der Gehorsam gegenüber dem Vorgesetzten war gleichzusetzen mit dem Gehorsam gegen Gott.
In der ursprünglichen Satzung des Ordens heißt es:
„Wir sollen uns dessen bewusst sein, dass ein jeder von denen, die im Gehorsam leben, sich von der göttlichen Vorsehung mittels des Oberen führen und leiten lassen muss, als sei er ein toter Körper, der sich wohin auch immer bringen und auf welche Weise auch immer behandeln lässt, oder wie ein Stab eines alten Mannes, der dient, wo und wozu auch immer ihn der benutzen will." [4]

Der uneingeschränkte Gehorsam, die Willenlosigkeit, die Demut waren also von erstrangiger Bedeutung, später avancierte der „Kadavergehorsam" zum Schlagwort gegen die Jesuiten, aber auch gegen den bedingungslosen Gehorsam im Rahmen des Militärs etwa, der stupide Befehlsempfänger und Soldat wurde damit aufs Korn genommen.
Zudem musste der Novize Fehler und Schwächen seiner Mitbrüder dem Vorgesetzten melden und eine rigorose Disziplin einhalten.
Auf das Noviziat folgten die Mönchsgelübde der Armut, der Keuschheit und des Gehorsams, er stieg auf zum „Scholastiker", wo er sich mit Philosophie und Theologie herumschlug und auch schon Schüler unterrichtete. Kletterte er die Leiter weiter nach oben, so avancierte er zum „Koadjutor".

Mit 45 Jahren frühestens konnte der Jesuit in die Klasse der „Professen" aufsteigen. Zu den drei Mönchsgelübden kam jetzt noch das Gelübde des unbedingten Gehorsams gegen den Papst hinzu.
Die Professen bildeten den „harten Kern" des Ordens, die Speerspitze.
Die Jesuiten lebten in mönchischer Gemeinschaft und durften nur maßvoll Trank und Speise zusprechen.
Aber bleiben wir zunächst der Chronologie treu. Loyola wurde beim Papst vorstellig (Paul III.), der den Orden bestätigte.
Das vierte Gelübde, das später nur den Professen abgenommen wurde, lautete, *„dem römischen Pontifex als Gottes Stellvertreter zu dienen ... und unverzüglich und ohne zu zögern und ohne Ausflüchte und Einwände alles auszuführen, was der regierende Papst oder seine Nachfolger ihnen zum Wohle der Seelen und für die Propagierung des Glaubens ... irgendwo in der Welt befiehlt."* [5]

Damit war eine schlagkräftige Truppe für den Papst geschaffen worden, eine Sturmtruppe, die später die Welt bewegen sollte.
Die ursprüngliche Idee Loyolas, im Heiligen Land tätig zu werden, misslang, weil dort die „Bekehrung" der Ungläubigen untersagt war. Also wurden Loyola und seine Brüder zunächst in Italien und Europa tätig. Nach einer Weile sprossen überall Jesuitenhäuser aus dem Boden, später auch in allen anderen Weltgegenden, und mit ihnen Wohltätigkeitinstitutionen, Hochschulen und Schulen. Als Loyola selbst das Zeitliche segnete, gab es bereits rund tausend Mitglieder, man muss es sich vorstellen! Etwa 35 davon waren Professen. 1556 starb Ignatius von Loyola, der selbst auf dem Sterbebett wahrscheinlich nicht wusste, dass seine Truppe einmal den Lauf der gesamten Geschichte verändern würde.

EINGRIFF IN DIE HISTORIE

Erinnern wir uns: Als Martin Luther auf den Plan trat, befand sich das Papsttum in moralischer Hinsicht auf dem Tiefststand. Im Vatikan wurde gefeiert, geschlemmt und gehurt wie in einem Bordell. Die Gelder der Gläubigen wurden veruntreut und mit beiden Händen zum Fenster herausgeworfen.[6]
Luther wurde möglich und mit ihm die Reformation. Das gesamte Machtgefüge Europas geriet ins Wanken. Nacheinander fielen viele europäische Könige und ganze Länder vom „wahren Glauben" ab, vom Katholizismus. Die einzige Überlebenschance des Papsttums bestand darin, eine „Gegenreformation"

und „Reinigung“ durchzuführen. Genau das geschah. Die Speerspitze der Gegenreformation waren die Jesuiten. Ihnen gelang es, die „protestantische Flut“ zurückzudrängen. Einen großen Teil Deutschlands, Böhmens, Ungarns und Polens führte niemand anders als die Jesuiten zurück in den Schoß der „alleinseligmachenden Kirche“. Sie gründeten zunächst Ordenshäuser in den gefährdeten Ländern. So dies nicht möglich war, (wie in Irland, England und in einer Anzahl deutscher Territorien) wurde das entsprechende Ordenshaus in Rom eröffnet, von wo aus die Jesuiten illegal in ein Land einreisten.

Von den Ordenshäusern aus sorgten sie für Predigten, für die Seelsorge, den Unterricht, die Beichte und die Bußen. Es scheint der Wahrheit zu entsprechen, dass sie bei den Sünden hoher Herren tatsächlich gelegentlich ein Auge zudrückten. Jedenfalls wuchs auch ihr politischer Einfluss.

Ihr größter Erfolg bestand darin, dass sie ganz Polen zurückgewinnen konnten, das sich bereits halb in den Händen der Protestanten befand. Sie rekatholisierten zuerst die Oberschicht, dann das einfache Volk. Vielleicht aufgepeitscht durch hoch emotionale Predigten wurden in der Folge evangelische Kirchen niedergebrannt und zerstört. Die Jesuiten wirkten darauf hin, dass der Neubau evangelischer Kirchen verboten wurde. Teilweise gelang es ihnen sogar, beim Abfall vom katholischen Glauben die Todesstrafe durchzusetzen. Polen ist jedenfalls bis heute grundkatholisch und eine feste Bastion des Papsttums.

Selten oder nie gelang es einer Mönchs-Organisation, einer moralisch verkommenen Kirche einen so massiven Gegenpol entgegenzusetzen und sie schlussendlich wirksam zu reformieren – wozu später auch einige gute, moralische Päpste beitrugen. Die Autorität der angeschlagenen katholischen Kirche wurde wieder hergestellt. Das Erziehungswesen, die Gelehrsamkeit, die Klugheit, die Findigkeit und die Beredsamkeit der Jesuiten veränderten den Lauf der gesamten Geschichte.

DIE EROBERUNG DER WELT

Tatsächlich expandierte der Orden schließlich so stark, dass ihr General schon bald den Spitznamen „schwarzer Papst“ erhielt, nach seinem schwarzen Priesterrock, nicht wenige hielten ihn für mächtiger als selbst den *papa* in Rom. Die Zahl der Mitglieder, der Besitz und die konkrete Macht nahmen zu. Adlige stifteten den Jesuiten manchmal ein Vermögen. Die einstigen Bettler wurden Millionäre. 1565 zählte der Orden bereits 3.500 Mitglieder und

130 Häuser in 18 Provinzen oder Ländern. Jesuitenmissionare begaben sich nun bis in das ferne Indien und China, ja bis nach Japan und Süd- und Nordamerika. In Indien wurden Tausende, später Zehn- und Hunderttausende, noch später Millionen von Hindus und Muslims zum Christentum bekehrt, in China Taoisten, Konfuzianisten und Buddhisten.

Jesuiten lernten alle möglichen Sprachen, um das WORT überall zu verbreiten.

In China fanden sie sogar Eingang am chinesischen Kaiserhof – man muss es sich vor Augen halten! – wo sie aufgrund ihrer Gelehrsamkeit auch als Astronomen tätig waren.

In Paraguay gründeten sie einen ganzen *Staat*, einen Jesuitenstaat, der von 1610 bis 1767 Bestand hatte! Sie kümmerten sich um die Indianer, hoben die Agrarwissenschaft auf ein neues Niveau und sorgten dafür, dass die spanischen und portugiesischen Kolonialherren die Ureinwohner nicht so brutal ausbeuteten. Sie setzten die Musik zur Christianisierung ein, komponierten Lieder, Gesänge und Messen und schufen ein eigenes „Jesuitentheater", alles im Dienste der Missionierung. Den gierigen, beutelüsternen Spaniern und Portugiesen waren die Jesuiten freilich ein Dorn im Auge. Später wurde den Jesuiten vorgeworfen, riesige Haziendas zu besitzen, große Zuckerplantagen, Fabriken, Geschäfte und Läden – was alles der Wahrheit entsprach. Es ist schwer, einflussreich zu sein und arm zu bleiben.

Aber Jesuiten beuteten in Südamerika auch schwarze Sklaven aus, Historiker bestätigten später, dass sie sogar zu den größten Sklavenhaltern in diesem Erdteil im 18. Jahrhundert gerieten, was einen Schandfleck auf ihrer ansonsten weißen Weste darstellt.

Dennoch bleiben ihre Verdienste.

Jesuiten pflegten Kranke, bekämpften Seuchen und gründeten immer wieder Schulen. Da sie hoch gebildet waren und ebenso bescheiden wie vornehm und selbstbewusst auftraten, wurden sie tatsächlich zunehmend vom Adel und schließlich sogar von Königen als Beichtväter akzeptiert, auch in Europa. Sie beteiligten sich an vielen weltlichen Geschäften und mehrten ständig den Besitzstand des Ordens. Zumeist handelte es sich bei den Jesuiten um Männer von hoher Moral, versichern uns jedenfalls Historiker wie Will Durant. Sie billigten zwar die Inquisition, aber sie beteiligten sich nicht daran – sie lag vornehmlich in den Händen der Dominikaner. Die Jesuiten zogen es vor, mittels der Erziehung zu christianisieren. Sie gründeten unaufhörlich neue Lehrstätten und Hochschulen. Die Jugend, die dort lernen durfte, war hand-

verlesen und wurde sorgsam ausgewählt. Das Ziel bestand darin, einflussreiche Persönlichkeiten heranzuziehen und also die Zukunft zu gewinnen. Auf diese Weise gerieten die Jesuiten zu den erstaunlichsten Pädagogen ihrer Zeit. Manchmal übernahmen sie bestehende Universitäten und schulische Einrichtungen, aber meist gründeten sie neue Lehrstätten.
Der Unterricht wurde in lateinischer Sprache abgehalten. Auf dem Lehrplan standen nicht nur die Bibel, sondern auch die griechischen und römischen Klassiker, die Charakterbildung, die Höflichkeit, die Sittlichkeit und gute Umgangsformen. Natürlich wurde zudem immer wieder der Glaube eingetrichtert, tagtäglich tatsächlich – mit Gebet, Meditation, Beichte, Kommunion, Messe und Dogmenlehre. Die Naturwissenschaft wurde im Allgemeinen vernachlässigt, dennoch gab es auch Unterricht in Mathematik, Astronomie und Physik. Die Geschichte wurde selbstredend verbogen, denn nur so ließ sich der Glaube an Jesus Christus aufrechterhalten. Auch die Mathematik wurde nicht immer neutral gelehrt, was später dazu führte, dass der mathematische Fortschritt nicht im Rahmen der Jesuitenschulen stattfand.
Alles in allem aber handelte es sich dennoch um die wohl hervorragendste Ausbildung, die man im 17. und 18. Jahrhundert genießen konnte, und das in vielen Weltgegenden. Niemand übertraf die Jesuiten an Gelehrsamkeit und pädagogischem Einfluss in dieser Zeit.
Das aber rief Neider, Feinde und Gegner auf den Plan. Sie schworen, den Jesuiten den Todesstoß zu versetzen. Am Horizont braute sich die gefährlichste gegnerische Koalition zusammen, die man sich vorstellen konnte.

VERSCHWÖRUNGEN UND VERBOTE

Verschwörungstheorien über die Jesuiten machten an vielen Orten die Runde. Versuchten die Jesuiten etwa, alle Fürsten und Könige in ihre Tasche zu stecken? Wollten sie die ganze Welt beherrschen?
Eines Tages geschah es: Auf einmal erblickte ein Aufsehen erregendes Schriftstück das Licht der Welt. Wir haben bereits eingangs darauf hingewiesen: Es handelte sich um die „Monita Secreta“ – „die geheimen Instruktionen der Jesuiten“.

DIE MONITA SECRETA

„Die geheimen Instruktionen" enthielten die unglaublichsten „Gebrauchsanweisungen" für die Eroberung der Welt – gerichtet waren sie an die Jesuiten. Sie enthielten Ratschläge, wie man „*... vermögende Menschen, zum Beispiel reiche Witwen, um ihr Geld bringt, ... an Erbschaften herankommt und sie für die Kirche sichert, ... Parteien und Organisationen gründet und gegeneinander aufhetzt, ... den Regierungen finanzielle Unterstützung entlockt beziehungsweise entzieht, ... Staatsmänner, Politiker, Banker und so weiter gefügig macht und vor den eigenen Karren spannt, ... Kriege anzettelt, ... Kirchen und Glaubensgemeinschaften unterwandert und deren Leiter ködert, ... diejenigen gefügig macht, die zu viel über die Machenschaften der Jesuiten wissen.*"[7]

Die *Monita Secreta* gaben Anweisung, Königen und Fürsten zu schmeicheln, und verrieten, wie man es anstellte, zu den geheimsten Beratungen hinzugezogen zu werden. Sie rieten an, Zwistigkeiten zwischen Fürsten auszunutzen, so dass sie sich gegenseitig aufrieben und an die Gurgel gingen – damit man dann in der Folge geschickt und berechnend selbst den Frieden herbeiführen konnte und von allen Seiten gelobt wurde. Sie gaben Tipps, wie man sich an Bischöfe und Äbte „heranmacht", wie man Bistümer der Kirche dem eigenen Orden zuspielt und auf welche Weise man im Geheimen operiert. Ferner enthielten sie Ratschläge, die Söhne und Töchter reicher Witwen an den geistlichen Stand heranzuführen, so dass man sich ihrer Besitztümer versichern konnte. Ratschläge, wie man die eigenen Einkünfte unermesslich vermehrt, während man gleichzeitig nach außen hin Reichtum scheinbar verachtet, wurden ebenfalls gegeben.

Ein hochrangiger Jesuit wurde als der Verfasser der *geheimen Instruktionen* „entlarvt". Mehrere Gerüchte kursierten, wo man die „Monita secreta" angeblich aufgefunden hatte. Was aber war die Wahrheit?

DIE HETZJAGD

Gedulden wir uns noch einen Augenblick. Das Blatt begann sich zu wenden, der unaufhaltsame Siegeszug der Jesuiten wurde aufgehalten. Schon im 17. und 18. Jahrhundert, aber erst recht im 19. und 20. Jahrhundert machte man nun allenthalben Jagd auf die Jesuiten.

Der Orden, der Geschichte gemacht hatte, der das Papsttum mit Zähnen und Klauen verteidigte und der die Reformation aufgehalten hatte, musste unter allen Umständen ausgebremst werden – nach Meinung der Feinde.

Die Propaganda überschlug sich. Weitere Verschwörungstheorien schossen wie Pilze aus dem Boden. Das Bild des romhörigen, verschlagenen Jesuiten entstand. Angeblich konnte er aufgrund seiner Gelehrsamkeit und seiner Rhetorikkünste aus Schwarz Weiß machen und umgekehrt. Der Orden erhielt das Image eines schmierigen, hab- und machtgierigen, konspirativen Geheimdienstes, der völlig bedenkenlos in der Wahl seiner Mittel war. Es hagelte Anklageschriften.

In Portugal warf man den Jesuiten vor, Indios zum Aufstand angestachelt zu haben und einen Anschlag auf den König zu planen.

In Frankreich wurden Jesuiten, die sich weigerten, den Treueid auf den König zu leisten, des Landes verwiesen. Ihre Güter wurden teilweise eingezogen.

1767 wurden sie in Spanien des Landes verwiesen, später mehrmals verboten.

In Italien wurde ein unglaublicher Druck auf Rom ausgeübt, den verhassten Orden zu verbieten. Der Papst, den man geschickt erpresste, gab den Forderungen nach. Erst im Jahre 1814 wurde der Orden wieder zugelassen.

In Deutschland wurde der Jesuiten-Orden im Jahre 1872 aufgehoben und erst 1917 erneut geduldet. Aber als die Nazis ans Ruder kamen, brandmarkten sie die Jesuiten als „Volksschädlinge“ und verpassten ihren Predigern einen Maulkorb. Die Hitler-Schergen verfolgten die Jesuiten, inhaftierten und isolierten sie und steckten sie teilweise in Konzentrationslager oder richteten sie hin. Selbst aus der neutralen Schweiz wurden sie zeitweise ausgewiesen. In allen möglichen Weltgegenden wurde der Einfluss der Jesuiten zurückgedrängt.

Selten oder nie wurde ein Orden in der Geschichte der Menschheit so heftig bekämpft.

Aber noch einmal: Was war die Wahrheit?

HINTER DEN KULISSEN

Es ist vielleicht nie in vollständiger Deutlichkeit gesagt worden: Vier feindliche Gruppierungen hassten die Jesuiten wie die Pest. Ihre Vertreter unternahmen alles, aber auch wirklich alles, um ihren Vormarsch zu stoppen.

1) An erster Stelle standen selbstredend die Protestanten. Ihren Führern missfiel es, dass der Katholizismus wieder an Boden gewann. Da hatte man es mit Luther und seinen Nachfolgern gerade erreicht, dass die Macht des verfluchten Papstes in Rom ständig zusammenschrumpfte – und jetzt drängten die Jesuiten die Evangelischen wieder in die zweite Reihe. Ja, sie gewannen dem *papa* sogar ganze Länder zurück.

2) Nationale und nationalistisch motivierte Könige und Fürsten standen an zweiter Stelle, was die Feinde der Jesuiten anging. Sie fürchteten den Einfluss des Ordens. Also beschnitten sie seine Macht an allen Ecken und Enden – in Portugal, Spanien, Frankreich und Deutschland unter anderem. Die Jesuiten gerieten in Gegensatz zu den mächtigsten Herrschern ihrer Zeit.
3) Weiter darf man nicht vergessen, dass die „Aufklärung" im 17. und 18. Jahrhundert überall Fuß fasste. Sie zog der Religion schier den Boden unter den Füßen weg. Alles „Religiöse" und „Übernatürliche" wurde als Feind der Vernunft angesehen. Voltaire in Frankreich, Locke in England und Lessing in Deutschland waren Vorreiter dieser Aufklärung, aber es gab buchstäblich Hunderte, ja Tausende von weiteren hoch intellektuellen Streitern, die die Feder schwingen konnten wie ein Schwert.
4) Insgeheim hatten sich darüber hinaus konkrete Gegenbewegungen gebildet. Die Freimaurer etwa verbreiteten teilweise eifrig antichristliches Gedankengut, offen oder versteckt – wir werden auf diesen interessanten Geheimbund an späterer Stelle noch zu sprechen kommen.

Protestanten (1), monarchistische Nationalisten (2), Aufklärer (3) und Freimaurer (4) – die mächtigsten Gruppierungen ihrer Zeit – kämpften also erbittert gegen die Jesuiten. Der Grund? Es ging um die nackte Macht. Die Jesuiten waren brandgefährlich, sie waren „schlaue Jungs", wie sie manchmal bezeichnet wurden, sie waren hoch gelehrt, rhetorische Genies und mutige, hoch motivierte römische Propagandisten. Sie polarisierten und suchten die Bevölkerungen zurück in den Schoß des Papsttums zu führen.

Und so wurden die Jesuiten von diesen vier Strömungen systematisch ins Abseits gerückt. Es galt, unter allen Umständen den „Geheimdienst des Papstes" auszuschalten.

Die *Monita Secreta* erblickten relativ früh das Licht der Welt. Es handelte sich natürlich um nichts anderes als um ein elendes Schmierenstück, um Schwarze Propaganda in Reinkultur, mit der die Jesuiten diskriminiert und verleumdet werden sollten. In Wahrheit war es eine raffinierte Fälschung. Zunächst wurde dem Schmutzpapier, das 1614 in Krakau erschien, eine falsche Autorenschaft angedichtet: Konkret behaupteten die Feinde des Ordens, der fünfte General der Jesuiten, Aquaviva, sei der Verfasser – alles erstunken und erlogen, wie sich später herausstellte. Die Angaben über den Fundort waren zudem höchst widersprüchlich. Selbst ein angeblich „gekaperter Ostindiensegler" wurde bemüht, auf dem die "geheimen Instruktionen" vorgeblich aufgefunden worden waren. Durchsichtige Lügen ausnahmslos, rund um das Schandpapier! Doch ein letztes Mal: Was ist die Wahrheit? Nun, weil die Jesuiten in Polen besonders rigoros gehaust hatten, kann man vermuten, dass die polnischen Protestanten eines Tages zurückschlugen. Aber es ist auch denkbar, dass ein Abtrünniger und ehemaliger Jesuit das Schriftstück zusammenfälschte. Ein Pole namens Hieronim Zahoroswki wird manchmal als der wahre Verfasser genannt, eine dubiose Figur, ein aus dem Orden ausgeschlossener Renegat, ein Verräter, der den Jesuiten eins auswischen wollte.

Aber wer hätte je einem Abtrünnigen, die es in allen Religionen gibt, geglaubt? Und so muss man festhalten, dass die Jesuiten zu Unrecht verfolgt und diskriminiert wurden. Man überschüttete sie mit Schwarzer Propaganda in vielen Ländern der Erde. Fest steht, dass es sich bei den *Monita Secreta* um ein übles Traktat handelte, das uns lehrt, dass wir nicht allen Verschwörungstheorien blind nachlaufen dürfen.

Doch wie haben wir über die Jesuiten insgesamt zu urteilen?

IM URTEIL: LOYOLA UND DIE JESUITEN

Betrachten wir zunächst noch einmal Ignatius von Loyola: Er ließ sich von ein paar Heiligenlegenden beeindrucken, von denen man heute mit Sicherheit weiß, dass die meisten von ihnen zusammengefälscht wurden. Zumindest schmückte man Einzelheiten ungebührlich aus und übertrieb maßlos. [8]

Alle möglichen „Wunder" dichtete man verschiedenen Heiligen an. Weiter wissen wir heute mit unumstößlicher Gewissheit, dass das wahre „Leben Jesu" nicht so verlief, wie es allenthalben im Neuen Testament dargestellt wird. Es gab ähnliche Geschichten aus dem indischen, persischen, ägyptischen, römischen, griechischen und etruskischen Raum, tatsächlich gab es „Gottessöhne" zuhauf in vielen Kulturen, von denen einige sogar gekreuzigt wurden und zum Himmel auffuhren. [9] Das „Leben Jesu", von dem sich Loyola inspirieren ließ, ist eine äußerst fragwürdige Angelegenheit, unter historischen Gesichtspunkten betrachtet. Und so muss man zunächst festhalten, dass Loyola auf einige fromme Legenden hereinfiel, auf religiöse Märchen, für die er vielleicht besonders empfänglich war aufgrund seiner Verletzung. Zu seiner Verteidigung mag man anführen, dass die Zeit in puncto historischer Wahrheit längst noch nicht so weit fortgeschritten war wie heute, da man religiösen „Wunderberichten" und „Leidenswegen" sehr viel skeptischer gegenübersteht.

Viele Bibel-Berichte wurden von Wissenschaftlern inzwischen entlarvt und auf das zurückgeführt, was sie wirklich waren: Lügen zur höheren Ehre Gottes. Auch Loyolas „Erscheinungen" beweisen – gar nichts. „Erscheinungen" und „Gesichte" oder „Visionen" hatten buchstäblich Hunderte, ja Tausende von heiligen Männern in der Geschichte. Sie widersprachen und widersprechen sich teilweise vehement.

Dennoch muss man Loyola für seinen unvorstellbar starken Willen bewundern, ferner für sein Organisations- und Redetalent. Er schuf aus Nichts Etwas, er hauchte einer ganzen Bewegung Leben ein, die wie schon gesagt den Lauf der gesamten Geschichte veränderte.

Was seinen Umgang mit dem Sexus angeht, so handelt es sich hierbei jedoch um ein zweischneidiges Schwert. Man weiß spätestens seit Freud, welche Schäden die Unterdrückung der Libido anrichten kann. Zugegeben, selbst Freud gestand zu, dass es ein Phänomen namens „Sublimierung" gibt. Der Sextrieb wird in diesem Fall „veredelt", die sexuelle Energie wird umgemünzt in eine andere Richtung, sie führt zu einer höheren geistigen Leistung zum Beispiel. Es gibt mehr als eine Gruppierung in der Geschichte, die den Sexus ausschloss – zum Vorteil eines „höheren" Ziels. Das Zölibat besitzt also zwei Seiten: Einerseits kann es zu einer entsetzlichen Unterdrückung der Person führen, andererseits kann es stärkste Kräfte freisetzen. Aber diese „Sublimierung" schlägt manchmal furchtbar auf eine Person zurück. Und so verwundert es nicht, dass bis heute Priester und Jesuiten des sexuellen (Kinds-)Missbrauchs angeklagt werden. Die Kraft des Sexus umzufunktionieren in Richtung Glaubenspropaganda zeitigt also erstaunliche Resultate, aber sie kann auch zu massiven persönlichen Problemen und sogar kriminellen Handlungen führen.

Was die rigorosen Exerzitien angeht, so muss man festhalten, dass sie ebenfalls zweifelhafter Natur sind. Unvoreingenommen betrachtet muss man zugeben, dass sie eine Art Hypnose und Autosuggestion darstellen. Wenn eine Person wochenlang über die Hölle meditiert sowie über die Qualen des Lebens Jesu, mit allen seinen Ängsten und Schmerzen, so macht sie eine massive Wandlung durch. Diese Person wird zu einem ungeheuerlichen Ausmaß manipuliert, genauer gesagt manipuliert sie sich selbst – was die effektivste Form der Hypnose ist. Sie wird letztlich über einen ganz anderen „Verstand" verfügen. Sie wird mental vollständig neu programmiert sein.

Fragwürdig ist ferner der sprichwörtliche „Kadavergehorsam". Der blinde Gehorsam gegenüber dem Ordensgeneral und vor allem gegenüber dem Papst ist ebenfalls mit Distanz zu betrachten. Der Grund? Die Gestalten, die auf

Petris Stuhl saßen, waren nicht immer Heilige. Es gab genug Schurken unter den Päpsten, wie selbst katholische Historiker heute unumwunden zugeben. Sie führten manchmal barbarische, ungerechte Kriege, mordeten, töteten und hurten schlimmer als die frechsten Dirnen. Wenn das eigene Gewissen jedoch nicht mehr als letzte Instanz für das persönliche Verhalten dient, dann handelt es sich bei der Gehorsamspflicht um eine höchst fragwürdige Angelegenheit. Sie kann eine Person degradieren und ihrer Integrität berauben.

DIE ANDERE SEITE DER MEDAILLE

Auf der positiven Seite der Bilanz der Jesuiten stehen dagegen die ungeheuerlichen Anstrengungen in Richtung Bildung. Für die Gründung der Schulen und Hochschulen in aller Herren Länder können wir die Jesuiten nur bewundern. Höchste Brillanz zeichnete viele Brüder aus, ein messerscharfer Verstand und ein ehrliches Interesse an zahlreichen Wissenschaften. Die intensive Erziehung bildet einen Meilenstein des Fortschritts in der Geschichte der Menschheit. In dieser Hinsicht kann man den Jesuiten nur applaudieren. Auch ihr Bemühen, Schüler und Studenten in Richtung Höflichkeit und Anstand zu erziehen, verdient Bewunderung.

Dass sie sich zudem in der Krankenpflege engagierten, Seuchen bekämpften und die Agrarwissenschaft vorantrieben, verdient ebenfalls höchstes Lob. Auch ihre Geschicklichkeit in der Rede und Gegenrede muss bestaunt werden. Ihre rhetorische Brillanz, gefährlich bis heute, sollte man ihnen nicht vorwerfen, denn wer kann schon ein vernünftiges Argument gegen die Klugheit vorbringen oder die Fähigkeit, überzeugend zu diskutieren?!

Jesuiten kümmerten sich darüber hinaus um Arme, um Probleme der Migration und um den interreligiösen Dialog. Sie hoben die Wissenschaften auf ein neues Niveau und sind verantwortlich für den Schutz und die Erziehung vieler Indianerstämme. Sie erweiterten den Horizont durch ihre Reisen und verursachten, dass wir in Europa hellhöriger und aufgeklärter wurden, was andere Kulturen angeht.

Von den Vorwürfen der „geheimen Instruktionen“ müssen wir die Jesuiten darüber hinaus freisprechen. Die *Monita Secreta* sind ein übles Machwerk, geboren aus einem namenlosen Hass mit der Absicht, die Jesuiten für immer zu diskriminieren. Dass Gestalten wie Bismarck oder Hitler die Jesuiten später verfolgten, gereicht ihnen sogar zur Ehre.

Wie also müssen wir über die Jesuiten endgültig urteilen?

SCHWARZ UND WEISS

Zieht man Bilanz und wägt man sorgfältig ab, so gelangt man zu einem *positiven* Ergebnis. Man muss zugeben, dass man die Jesuiten nicht dafür diskreditieren kann, dass sie das Christentum und das Papsttum bis aufs Messer verteidigten. Sie nahmen an, sie würden einer ehrenwerten Institution den Rücken stärken und eine edle Religion propagieren. Sie versuchten, *ihre* religiöse Wahrheit zu verbreiten, ein Unterfangen, das man ihnen nicht anlasten darf. Wer von uns ist nicht von seiner eigenen Weltanschauung überzeugt und hält sie für die allein richtige?!

Gleichzeitig bemühten sich die Jesuiten, die Welt ein Stückchen zu verbessern, unter Einsatz ungeheurer Anstrengungen und Opfer, was ihnen zumindest teilweise gelang. Und wenn wir auch heute der religiösen Indoktrination skeptisch gegenüberstehen, so müssen wir doch zugeben, dass aus einem Glauben auch eine ungeheure Kraft erwachsen kann.

Darüber hinaus gebietet es die Fairness weiter, die Jesuiten im Umfeld des 16. und 17. Jahrhunderts zu betrachten. Das Zeitalter hieß weitgehend ihre Ziele und ihre Taten gut. Insgesamt handelte es sich bei der Mehrzahl der Jesuiten zweifellos um noble Seelen, die oft ihr Leben riskierten, um Zustände zu verbessern. Die wenigen schwarzen Schafe, die es in jeder Gruppierung gibt, darf man nicht ausschließlich ins Scheinwerferlicht rücken, es verletzt das Gebot der Unparteilichkeit.

Noch einmal: Unter dem Strich betrachtet handelte es sich um einen Eliteorden, dessen Leistungen man wertschätzen muss. Noch heute zeichnen sich viele jesuitische Lehrstätten durch höchstes Niveau aus und wenn man sich vor Augen hält, dass rund 10 % aller gegenwärtigen US-amerikanischen Spitzenpolitiker Jesuiten-Schulen besucht haben, so erahnt man zudem ihren gegenwärtigen Einfluss.

SCHWARZE PROPAGANDA

Die wichtigste Lehre der Geschichte besteht jedoch darin, nie zu vergessen, wozu eine Hetzschrift oder ein Schwarzes-Propaganda-Traktat fähig ist: Es vermag eine gesamte Bewegung ins Abseits zu rücken. Wenn wir diese Lehre wirklich verinnerlichen, so verstehen wir nicht nur die Geschichte, sondern auch die Gegenwart besser. Kurz gesagt gilt dies: Nicht alle Verschwörungstheorien, die heute so wohlfeil zu haben sind, taugen etwas, ja die Mehrzahl der wirren, irren Verschwörungstheorien sind nichts als ein wild zusammen-

gesponnenes Garn. Heute werden wir überschwemmt mit Berichten über alle möglichen „heimlichen Einflüsse", denen wir angeblich ausgesetzt sind. Aber nur sorgfältige eigene Recherchen und Urteilskraft helfen uns, die Spreu vom Weizen zu trennen und die Wahrheit von der Lüge.
Vielleicht gibt es kein besseres Lehrstück in Sachen Schwarzen Propaganda als die „geheimen Instruktionen", die „Monita Secreta", denn sie verschaffen uns auch einen Einblick, wie und auf welche Weise gefälscht und gelogen wird. Deshalb, und nur deshalb, nahmen wir auch die „Jesuiten" in dieses Buch auf, denen man unseres Erachtens eines nicht nachsagen kann: ein Geheimbund zu sein im klassischen Sinne, denn ihr Motto lautete und lautet bis heute: *Omnia ad maiorem Dei gloriam – Alles zur größeren Ehre Gottes* – eine Absicht, die völlig offen zu Tage liegt.

4. GEHEIME BRUDERSCHAFTEN IM BANNE DES PAPSTTUMS – TEIL 2: OPUS DEI

Die Mitglieder der vielleicht mächtigsten römisch-katholischen Organisation, vom Vatikan immer abgesehen, die Priester und Laien von „Opus Dei", was auf Deutsch so viel wie „Werk Gottes" bedeutet, standen Kopf, als eines Tages der Super-Bestseller Dan Browns erschien, der *Da Vinci Code*, unglücklicherweise übersetzt mit *Sakrileg*, denn das Buch enthüllte einige brisante Interna über die Organisation.

Da war von Kasteiungen die Rede, von einem schmerzhaften Bußgürtel (*Cilicium*) und regelmäßigen Peitschenhieben mit einer fünfschwänzigen Handgeißel aus verknoteten Seilen, mit denen die Opus-Dei-Mitglieder ihren eigenen Körper züchtigten. In dem Roman Browns handelte es sich bei der Bruderschaft um eine verkappte Mörderorganisation. Ein Opus-Dei-Mitglied, ein Albino mit riesigen Körpermaßen, versuchte dem Protagonisten, Professor Langdon, ständig das Lebenslicht auszublasen.

Plötzlich wurden alle möglichen Gerüchte über diese machtvolle römisch-katholische Organisation wieder aufgekocht und Fragen über Fragen gestellt: Handelte es sich bei dieser Institution nicht um eine vielarmige, im geheimen operierende Krake, die die ganze Kirche zu umschlingen und zu beherrschen suchte, ja die ganze Welt?

Und entsprach es nicht der Wahrheit, dass Opus Dei einst dem furchtbaren Diktator Franco, dem Erzfaschisten, zur Seite gestanden hatte und unter ihm Opus-Dei-Mitglieder zu Ministern aufgestiegen waren? Umfassten die Octopus-Arme der Organisation nicht das gesamte spanische Bankwesen? Kurz und gut: Sah man sich hier nicht einem im Geheimen operierenden Eliteorden gegenüber, dessen Mitglieder danach gierten, führende Positionen zu besetzen, in öffentliche Ämter aufzusteigen und überall die Macht an sich zu reißen? Kritiker sprachen von einer „heiligen Mafia", die sich in Hochschulen und Ministerien, in Zeitungen und Druckereien, in Werbeagenturen und Radiostationen eingenistet hatte, ja sogar im Versicherungswesen, in Investmentgesellschaften und in Filmgesellschaften.

Doch handelte es sich bei diesen Behauptungen tatsächlich um die Wahrheit? Die Verkaufszahlen des *Da Vinci Codes* kletterten inzwischen in himmelstürmende Höhen.

Im Hauptquartier der Bruderschaft brach Panik aus. Bereits im Mai 2006 waren weltweit rund 50 Millionen Exemplare des *Da Vinci Codes* verkauft. Im

Jahr 2009 wurde die 100 Millionen-Grenze überschritten. Einen solch phänomenalen Verkaufserfolg hatte man noch nie erlebt – von *Harry Potter* und der *Bibel* einmal abgesehen. Auch die Weltpresse überschlug sich: Die *New York Times* berichtete ebenso enthusiasmiert wie das *People Magazine*, die *Denver Post*, das *Library Journal*, die *Washington Post*, der *San Francisco Chronicle*, die *Chicago Tribune*, die *DailyNews*, der *Boston Globe*, die *Rocky Mountain News*, *Amazon.com*, *The Mystery Reader*, *The Seattle Times*, das *Nashville City Paper* und so weiter und sofort. [1]

Alle großen Fernsehanstalten berichteten über das Phänomen, Dan Brown war eine Zeitlang der begehrteste Interviewpartner. Aber auch in Deutschland, Frankreich, Italien et cetera kam man aus dem Staunen nicht heraus: Insgesamt wurde der Weltbestseller bislang in 70 Sprachen übersetzt. Natürlich wurde er verfilmt, mit einem der Größten der US-Filmszene in der Hauptrolle – Tom Hanks.

Die Opus Dei-Regenten schlugen die Hände über dem Kopf zusammen, Satan selbst hatte offenbar zugeschlagen.

Der Coup für den *Da Vinci Code* war generalstabsmäßig geplant worden. Während sich Dan Brown die Finger wund schrieb, bereitete sich der Verlag *Doubleday* bereits auf seinen Supererfolg vor. Als es so weit war, wurden 10.000 Fahnenabzüge an die wichtigsten Buchhändler im Lande, ausnahmslos Meinungsführer, verschickt. Der Buchhandel bestellte daraufhin wie verrückt.

Doubleday druckte eine Startauflage von 230.000 Exemplaren – normalerweise beginnen selbst Großverlage bescheiden mit einer Erstauflage von 10.000 Stück.

Die Presse wurde eingebunden und die literarische Welt auf das Phänomen Dan Brown aufmerksam gemacht. Das Buch landete bei Erscheinen sofort auf der *New York Times*-Bestsellerliste. Natürlich hatte Dan Brown mit dem *Thema* allein den Nagel auf den Kopf getroffen.

Was war passiert?

DIE VERSCHWÖRUNG

Beschönigend wird immer wieder von Verschwörungstheorien gesprochen, wenn man dem Phänomen Dan Brown auf der Spur ist. Aber damit greift man zu kurz. Die Wahrheit und nichts als die Wahrheit ist, *dass* es geheime Bruderschaften gibt, *dass* Geheimgesellschaften existieren und *dass* Geheimdienste ihr Unwesen treiben. Es gibt nun einmal die CIA, das FBI, Geheimdienste in fast allen Ländern, sowie *Opus Dei* und die Freimaurer. Sie sind real. Sie existieren. Mit anderen Worten: Zu vieles wird heute unter den Teppich gekehrt, ja es wird geradezu hektisch daran gearbeitet, dass bestimmte Fakten und Tatsachen eben nicht das Licht der Welt erblicken. Gewisse Draht- und Strippenzieher ziehen es vor, im Dunkeln zu bleiben.

Nimmt sich nun ein Autor dieses Themas an, wird ihm natürlich eine ungemeine Aufmerksamkeit zuteil. Ein Informationsvakuum wird gefüllt, und es ist im Grunde genommen gleichgültig, ob die neuen Informationen richtig sind oder falsch. Es handelt sich geradezu um ein physikalisches Gesetz: Etwas ist unbekannt? Ein Vakuum existiert? Also wird die Leere gefüllt.

Weiter ist dies wahr: Der Zeitgenosse, der ein wenig wach und aufgeweckt ist, will die Welt ein bisschen besser verstehen. Er ahnt, dass er ständig an der Nase herumgeführt wird, während hinter den Kulissen die unglaublichsten Deals und Absprachen stattfinden, von denen nicht einmal ein Hundertstel das Licht der Welt erblickt.

Dieses *Wahrheitsbedürfnis* bediente Dan Brown. Er stach mit seinem Buch gewissermaßen wie mit einer Nadel in eine eiternde, schwärende Wunde.

Schon Robert Ludlum, der Weltbestsellerautor, der zuletzt in Florida lebte und ein paar Ghostwriter beschäftigte, bevor er das Zeitliche segnete, hatte dieses Wahrheitsbedürfnis bedient – allerdings hatte sich Ludlum auf die Geheimdienstszene beschränkt. Ludlum, den Dan Brown nach seinen eigenen Worten zum Vorbild nahm, hatte also den *Da Vinci Code* inspiriert, er hatte gewissermaßen Pate gestanden.

Aber hatte Dan Brown der *Wahrheit* den besten Dienst erwiesen?

Was hatte es mit all den Vorwürfen wider *Opus Dei* tatsächlich auf sich?

DIE ZWEI GESICHTER JOSEMARIA ESCRIVÁS

Josemaría Escrivá de Balaguer y Albás (1902 – 1975), von vielen nur als „Heiliger Josefmaria" bezeichnet, entschloss sich schon mit 16 Jahren, Priester zu werden. Er studierte Theologie und die Rechte und zeichnete sich früh durch Lerneifer und ein besonderes Redetalent aus. Er fiel die kirchliche Karriereleiter schnell nach oben. Seine Stationen: Priester, Kaplan, Rektor, Rechtslehrer, Ordensgründer – wenn man das *Opus Dei* auch manchmal nicht als „Orden" bezeichnet, es handelte und handelt sich weitgehend um eine Laienorganisation, die freilich von Rom und Priestern kontrolliert wird.

Im Jahre 1928 erblickte das *Opus Dei* jedenfalls das Licht der Welt. Nach eigenem Bekenntnis hatte Escrivá zuvor eine „göttliche Offenbarung" erhalten und den Befehl, eben diese Organisation ins Leben zu rufen. Nun kam er der göttlichen Anordnung nach. Zeitweilig musste er jedoch außer Landes fliehen, weil die politischen Zeitläufte in Spanien seinen Absichten zuwiderliefen. Aber ab dem Jahre 1939 arbeitete Escrivá weiter wie besessen an der Etablierung des Ordens. Auch in Rom wurde er tätig, er gründete dort verschiedene Kollegien und schrieb mehrere Bücher, das bedeutendste trug den Titel „Der Weg", von dem wir noch hören werden. In der Folge betätigte sich Escrivá weltweit. Er sorgte dafür, dass sich das Opus Dei in alle Himmelsrichtungen hin ausbreitete. 1952 wurde die erste Niederlassung in Deutschland eröffnet.

Der Gründer organisierte zahlreiche Exerzitien und Besinnungstage und schuf eine Opus-Dei-Institution nach der anderen. Er sorgte zudem für die gesetzlichen Eckpfeiler seines Ordens, in kirchlicher und weltlicher Hinsicht, die sein Lebenswerk unangreifbar machten und ihm Dauer verliehen – vergessen wir nie, der Gründer war *auch* Jurist!

Escrivá traf sogar einige Vereinbarungen mit dem spanischen Diktator Franco, was ihm allerdings massive Kritik einbrachte. Auch seine Haltung zum Sturz des chilenischen Präsidenten Salvador Allende durch Augusto Pinochet war ein Schandfleck auf seiner Weste, denn er bezeichnete den Sturz Allendes als „nötiges Blutvergießen".

Erinnern wir uns in gebotener Kürze:

Francisco Franco (1892–1975) war ein spanischer Militär und Diktator, der von 1936 bis 1975 das Königreich Spanien in seinen Klauen hielt – als Escrivá also zeitgleich dort tätig war. Franco machte zunächst als monarchistischer Militär Karriere und stieg auf zum jüngsten General in der modernen Geschichte Europas. Einige spektakuläre Erfolge in Afrika in den 1920er Jahren machten ihn so populär, dass er bereits 1935 zum Generalstabschef des gesamten spanischen Heeres ernannt wurde. Er gelangte jedoch nur mit Unterstützung des faschistischen Königreiches Italien und des nationalsozialistischen Deutschen Reiches in Spanien an die Macht. In der Folge unterdrückte Franco brutal Autonomiebestrebungen in Spanien, er ließ mehrere Hunderttausend Gegner exekutieren und rund 1,5 Millionen politische Häftlinge in 190 Konzentrationslager schaffen. Eine lupenrein unterdrückerische, destruktive Persönlichkeit im politischen Raum also – ein ausgewiesener Massenmörder.

Auf dessen Seite schlug sich Escrivá!
Was hat es nun mit den beiden anderen Politikern auf sich?
Salvador Allende (1908–1973) regierte Chile von 1970 bis 1973. Er versuchte, auf demokratischem Weg eine sozialistische Gesellschaft in Chile zu etablieren. Aber er wurde durch einen Militärputsch 1973 gestürzt und beging Suizid. Der Militärputsch wurde von *Augusto Pinochet* (1915–2006) in Szene gesetzt, der hinter den Kulissen von den USA am Gängelband geführt wurde. Pinochet regierte schließlich als Diktator Chile bis 1990. Dabei machte er sich zahlreicher Menschenrechtsverletzungen schuldig. Pinochet ließ nachweislich Tausende ermorden, Zehntausende foltern und ungezählte Chilenen in Geheimgefängnissen verschimmeln. Es handelte sich bei Pinochet also ebenfalls um eine durch und durch destruktive Persönlichkeit und einen Massenmörder.
Aber Escrivá focht das alles nicht an. Franco und Pinochet, beides Ungeheuer, wurden von ihm schöngezeichnet und verteidigt. Escrivá bewunderte sogar Franco öffentlich und distanzierte sich nie vom Faschismus.
Wie selbstverständlich mischte der Ordensgründer stets in den obersten Etagen mit, sowohl in den höchsten religiösen als auch den ersten politischen Zirkeln, allerdings stets im Sinne der Kirche. Als Escrivá 1975 starb, hinterließ er eine schlagkräftige Organisation, die bis heute in Spanien, aber auch in anderen Ländern höchst aktiv ist und tatsächlich über Verbindungen verfügt, die atemnehmend sind.

DIE HIERARCHIE

Wie alle Bruderschaften ist Opus Dei streng hierarchisch gegliedert. An der Spitze steht der *Prälat (lat. praelatus = wörtl. der Vorsteher). Unter ihm ist der Generalrat* angesiedelt, eine Art Beirat. (Weibliche Mitglieder verfügen über ein *Assessorat,* es gibt zwei Abteilungen innerhalb des Ordens, eine ist für Frauen zuständig, die andere für Männer).
Darunter befinden sich die *Numerarier*, was wörtlich so viel wie „gezählte" Mitglieder bedeutet, aber im übertragenen Sinne besser mit „ordentliche" Mitglieder zu übersetzen ist. Die Numerarier sind das Herzstück des Ordens. Sie wenden sich ganz der Arbeit innerhalb der Bruderschaft zu und geben nahezu ihre gesamten Einkünfte an die Leitung der Opus-Dei-Zentren ab; selbst begnügen sie sich mit einem Taschengeld. [2]
Unter den Numerariern stehen die *Supernumerarier*, die „außerordentlichen" Mitglieder. Sie sind verheiratet oder heiratswillig. 70 % aller Opus-Dei-Mit-

glieder sind Supernumerarier. Darüber hinaus gibt es einige weitere Unterscheidungen, die mit dem Priesterstand zu tun haben und der Ehelosigkeit.

Die Hierarchie sieht also wie folgt aus.
Papst
Prälat
Generalrat (Assessorat)
Numerarier
Supernumerarier
Schließlich gibt es
Assoziierte und
Unterstützer.

Die Zulassung zu der Bruderschaft erfolgt erst nach einer rund halbjährigen Wartezeit. Danach steht eine 1½ jährige Vorbereitungszeit auf dem Programm. Schließlich unterzeichnet das Mitglied einen formellen Vertrag, der seine Rechte und Pflichten innerhalb des Ordens festhält. Nach frühestens 5 Jahren kann eine Person ein formales Treueversprechen ablegen (*fidelitas*), das das Mitglied dauerhaft an die *Personalprälatur* bindet, wie die offizielle juristisch korrekte, kirchenrechtliche Bezeichnung für den Orden lautet.

MISSION, MOTIVATION, INDOKTRINATION

Bestimmte „Normen" sind als Mitglied der Bruderschaft zu erfüllen, die alle darauf hinauslaufen, eine Person enger an den christlichen Glauben und an den Orden zu binden. Morgens nach dem Aufstehen muss sie als erstes *Serviam!* sagen – Lateinisch für „Ich werde dienen". Über den gesamten Tag verteilt sind darüber hinaus zahlreiche Gebete zu sprechen, wie das Vaterunser oder das Avemaria unter anderem. Die Messe, die Kommunion, Lesungen aus dem Neuen Testament, die Beichte sowie eine tägliche sorgfältige Gewissenserforschung ergänzen die Erziehung. Einkehrtage und körperliche Bußübungen werden ebenfalls verlangt. Das tägliche Tragen des Bußgürtels, zwei Stunden lang, ist keine Erfindung Dan Browns, ebenfalls nicht die wöchentliche Selbstkasteiung mit einer Geißel. Beides existiert wirklich und wahrhaftig und ist Teil der „Disziplin". Darüber hinaus wird das Mitglied systematisch theologisch indoktriniert, teilweise individuell, teilweise in Gruppen. Es gibt zahlreiche „Gespräche" und „Bildungsveranstaltungen".

DIE UNTERWANDERUNG

Darf man von einer systematischen „Unterwanderung" unserer Gesellschaft durch den Orden sprechen?

Nun, fest steht, Opus Dei verfügt heute über rund 80.000 Mitglieder in etwa 60 bis 80 Ländern, die Angaben variieren. Hochburgen existieren in Italien, in Spanien, in Großbritannien und in verschiedenen Ländern Südamerikas. Der Orden unterhält eigene Universitäten und sogar Managementschulen.

In Spanien gelangte er zu einer solchen Macht, dass im Jahre 1957 unter Francos Herrschaft die gesamte Regierung umgebildet wurde, 12 von 18 Mitgliedern wurden geschasst. An ihrer Stelle wurden Opus-Dei-Mitglieder auf Ministerposten gehievt. Sie hatten nun das Sagen in der Wirtschaft, in puncto Finanzen und sie kontrollierten sogar das spanische Bankwesen. Es ist wahr und nicht übertrieben, dass der Orden darüber hinaus im spanischen Mutterland alle möglichen Schaltstellen der Macht besetzte – in Verlagen, Zeitungen, Druckereien und Werbeagenturen, in Radiostationen, Versicherungs- und Investmentgesellschaften und im Filmbiz.

Opus-Dei-Mitglieder gründeten und führen bis heute Privatschulen, Studentenheime, Universitäten und sind in der Erwachsenenbildung tätig. Sozialwerke, Berufsbildungszentren, Spitäler und Hilfswerke werden von ihnen geleitet. Konkret gibt es momentan 15 Universitäten, 11 Managementschulen, Hunderte von Grundschulen, 97 technische Lehranstalten und 116 universitäre Heime. (Maggy Whitehouse)

Die Bruderschaft besitzt höchst reale Macht.

Jetzt wird es kitzlig und spannend.

DER AUFTRAG

Nach einem Opus-Dei-Statut sind die Mitglieder angehalten, überall führende Positionen anzustreben. Im Original liest sich die Anweisung so:

„Besondere Mittel des Apostolats der Institution sind die ***öffentlichen Ämter****, insbesondere solche, die eine* ***Führungstätigkeit*** *verlangen. Um dies zu erreichen, ist es notwendig, dass sich die Unsrigen in ihren Berufen als* ***Autorität*** *hervortun und sich unermüdlich um den Erwerb einer wissenschaftlichen Ausbildung bemühen."* [3]

Escrivá selbst empfahl in seinem Buch („Der Weg") dies:

„Du – ein Dutzendmensch werden? Zum großen Haufen gehören? Du bist zum ***Führer*** *geboren!"* [4]

Ohne Scheuklappen und ohne Beschönigung heißt das mit anderen Worten, dass Mitglieder angehalten werden, öffentliche Ämter zu „erobern“ und wichtige, führende Rollen in der Gesellschaft einzunehmen.
Der Auftrag besteht darin, in den höchsten Rängen mitzumischen. Informationen, die gelegentlich über den Orden durchsickern, beweisen, dass sie sich an die Anordnungen des Gründers nach wie vor halten. Im Jahre 1970 wurden mindestens 11 von 18 Ministerien in Spanien von Opus-Dei-Mitgliedern besetzt oder von Sympathisanten des Ordens. Selbst vor kurzem gestanden sowohl der spanische Umweltminister als auch der spanische Verteidigungsminister ein, dass sie zu der geheimnisumwitterten Bruderschaft gehörten. [5]
Die enge Verflechtung von Religion und Politik, die schon der Gründer kultiviert hatte, existiert also, sie ist keine „Verschwörungstheorie“, die an den Haaren herbeigezogen ist.
Was bedeutet das im Klartext?

DIE POLITIK UND DIE BESITZGEHEIMNISSE DES VATIKANS

Nun, es bedeutet, dass das Opus Dei in allen möglichen Institutionen präsent ist. Der Orden ist nichts anderes als der verlängerte Arm des Vatikans und des Papstes.
Es ist vielleicht nie in völliger Offenheit gesagt worden: Die römisch-katholische Kirche und mit ihr das Papsttum in Rom streben natürlich nach der Weltherrschaft, genauer gesagt nach der spirituellen Herrschaft über alle Seelen – in völliger Offenheit nebenbei bemerkt, seit rund 1.500 Jahren. Aber hinter den Kulissen gibt es selbstredend genügend geheim gehaltene Strategien, von denen die Öffentlichkeit nicht weiß.
Als einst Spanien im 17. Jahrhundert die halbe Welt regierte, äugte die katholische Kirche natürlich nach Spanien. Unvorstellbar viele Klöster und Kirchen schossen aus dem Boden.[6]
Auch im 18., 19. und 20. Jahrhundert blieb Spanien erzkatholisch. Das Opus Dei *konnte* nur in einem solchen Umfeld aufblühen. Heute stehen im Zielvisier des Vatikans vorrangig die neuen Weltmächte, allen voran die USA.
Der Orden ist also nur ein Ausdruck des Machstrebens des Vatikans. Es ist richtig, dass die Bruderschaft höchst (einfluss-)reich ist, aber ihr Besitz verblasst im Verhältnis zu den Reichtümern des Vatikans.
Der Vatikan besitzt riesige Aktienpakete, die viele Milliarden Euros wert sind, sowie italienische Industriebetriebe zuhauf. Er hat regelmäßige Einnahmen

durch die Kirchensteuer. Der italienische Staat unterstützt dabei den Kirchenstaat mit Unsummen, wie Autor Curzio Maltese in seinem Buch „Scheinheilige Geschäfte, die Finanzen des Vatikans" darlegte und bewies.[7]
Der Vatikan besitzt kurz gesagt ein kommerzielles *Imperium,* bestehend aus Hotels, Restaurants, Kinos, Theatern, Buchhandlungen und zahlreichen Geschäften. Der Immobilienbesitz der Kirche in Italien und Rom macht selbst jeden Kritiker sprachlos. Das ist Fakt: „In Rom gehört fast ein Viertel der Grundstücke der katholischen Kirche ... in ganz Italien 20 bis 22 Prozent allen Grundbesitzes." [8]
Ein Milliardenvermögen! Bedeutende Wirtschaftsunternehmen sowie der Tourismus spülen unaufhörlich Unsummen in die kirchlichen Kassen.
Allein die Einnahmen durch den Pilgertourismus werden auf 4,5 Milliarden Euro jährlich geschätzt. Kolossale Gewinne werden auch durch das Gesundheitswesen eingefahren, ein eigener riesiger Geschäftszweig im Vatikan. Es gibt in Rom darüber hinaus fast zweitausend religiöse Einrichtungen, die alle Umsatz produzieren: Pfarreien, Schulen, Pflegeheime, Kollegien, Altersheime, Krankenhäuser, Hospize und so weiter.
Selbstverständlich sind der Papst und der Vatikan in allen möglichen weltlichen Institutionen engagiert. Der Vatikan ist geradezu ein Musterbeispiel für die Verquickung von geistlicher und weltlicher Macht.
Insofern ist der Vorwurf gegenüber Opus Dei, der dem Vatikan dient, natürlich gerechtfertigt. Denn was *ist* der „Vatikan" eigentlich?

DIE MÄCHTIGSTE RELIGIÖSE ZENTRALE DER WELT

Gern vergessen wird von Kritikern, dass Opus Dei nur ein Zweiglein ist am Baum des Vatikans. Bei dem Vatikan handelt es sich kurz gesagt um die mächtigste religiöse Institution der Welt. Hier laufen die Fäden zusammen, hier wird Weltpolitik gemacht, hier kommt das Geld zusammen.
Die gesamte Politik des Vatikans ist *nur* darauf ausgerichtet, den Katholizismus zu verbreiten und die Herrschaft des Papsttums aufrechtzuerhalten.
Die geschultesten theologischen Gehirne kümmern sich tagtäglich ausschließlich darum, heimlich oder offen, die Machtbasis des Papstes zu erweitern. Dazu gehört es, Feinde ins Abseits zu rücken und gute Katholiken auf einflussreiche Posten zu befördern.
Studiert man systematisch die Geschichte des Vatikans, so erkennt man sehr rasch, dass die gesamte „Denke" der Oberpriester in Rom nur darauf aus-

gerichtet ist, alle Länder der Erde, ob Russland oder die USA, dem „wahren Glauben" zuzuführen.

Wie also haben wir über das Opus Dei zu urteilen?

DER ORDEN VOR GERICHT

Gibt es Kasteiungen, Bußgürtel und Geißeln? Ja. Die Bußgeißel ist eine etwa 30 cm lange, geflochtene Peitsche. Numerarier züchtigen sich damit einmal wöchentlich am Rücken oder am Gesäß.

Der Bußgürtel ist eine kleine Kette, die auf der Innenseite Metalldornen aufweist. Von Numerariern wird sie täglich getragen und um den Oberschenkel geschnallt, außer an den Sonn- und Feiertagen.

Wird das Mitglied kontinuierlich zum „Gehorsam" erzogen? Ja.

Ist das Opus Dei eine verkappte Mörderorganisation, in der man den Genuss von Drogen gutheißt? Nein.

Gibt es ein Bücherverbot für bestimme Werke? Ja.

Wird systematisch ein Führungsnachwuchs herangebildet? Ja.

Stand der Orden einst dem Diktator und Massenmörder Franco zu Diensten und wurde er von ihm gefördert? Ja.

Wurde der Massenmörder Pinochet unterstützt, um die Ausbreitung des Ordens zu sichern? Ja.

Umfassten die Octopus-Arme der Organisation einst das gesamte spanische Bankwesen? Ja.

Sieht man sich hier einem teilweise im Geheimen operierenden Eliteorden gegenüber, dessen Mitglieder gehalten sind, führende Positionen in der Gesellschaft einzunehmen? Ja.

Wurden und werden Opus-Dei-Mitglieder systematisch auf einflussreiche Posten gehievt? Ja.

Gibt es innerhalb des Ordens auch hoch anständige Figuren mit den besten Intentionen? Natürlich.

Sind die meisten Mitglieder von guten Absichten beseelt? Zweifellos.

Existieren Opus Dei-Kliniken, in denen den Ärmsten der Armen geholfen wird? Ja.

Gibt es Opus-Dei-Bildungsprogramme, in deren Rahmen man sich um Aufklärung bemüht hinsichtlich Hygiene, Kinderpflege und der Gesundheitsvorsorge? Ja.

Was aber bedeutet das unter dem Strich betrachtet?

DAS PAPSTTUM VOR GERICHT

Man kann keine Kritik an Opus Dei üben, ohne das Papsttum gleichzeitig ins Visier zu nehmen. Es gab im Laufe der Geschichte mindestens ebenso viele Schurken auf dem Papstthron wie edle Gestalten, wir haben bereits darauf aufmerksam gemacht.

Es gab hervorragende Päpste, die sich sogar für die religiöse Toleranz gegenüber Andersgläubigen und Sekten einsetzten und Juden schützten. Es gab feinsinnige, hoch kultivierte Päpste, die die Wissenschaften und Künste förderten und allgemein die Moral auf ein höheres Niveau hoben. Aber es gab auch völlig verachtenswerte Figuren auf Petris Stuhl, wenn sie beispielsweise Kriege führten, den Vatikan in ein Bordell verwandelten und die Gläubigen wie Schafe schoren – und sich dabei nur selbst den Beutel füllten.

Das Papsttum gewann immer dann, wenn es echte Integrität und wahre Ethik förderte. Es verlor umgekehrt stets, wenn es den Faktor „Ethik" beiseite schob. Das war unausweichlich der Fall, wenn sich der Papst mit politischen Großverbrechern verbündete oder sie auch nur tolerierte, anstatt mutig gegen sie Stellung zu beziehen.

Es gibt kein schamvolleres Kapitel des Papsttums als das Kapitel über seine Schaukelpolitik gegenüber den Nazis. Und nichts diskreditierte das Papsttum mehr als der Umstand, Massenmörder wie Franco oder Pinochet hofiert zu haben – via Opus Dei.

Im 15. und 16. Jahrhundert verlor das Papsttum rund die Hälfte seines weltweiten Einflusses, weil es „vergessen" hatte, was Ethik und Integrität wirklich bedeuten.

Fast immer, wenn sich das Papsttum mit Massenmördern verbündete und vor den Mächtigen zu Kreuze kroch, verlor es himmelhoch – zumindest mittel- und langfristig gesehen. Mit destruktiven Persönlichkeiten im Gleichschritt zu marschieren, nur, weil sie die Kirche nicht verfolgten oder sogar förderten, war nicht nur falsch, unmoralisch und dumm, die Päpste erwiesen damit überdies dem Katholizismus einen Bärendienst. Denn eines Tages schlug das Pendel um, und eben diese destruktiven Persönlichkeiten verschwanden von der Bildfläche. Was übrig blieb, war eine verkorkste Kirchengeschichte, die die Menschen davon abhielt, an die Lauterkeit des Papsttums zu glauben. Die katholische Kirche verlor immer dann an Reputation und Zulauf, wenn sie sich von kurzfristigen politischen Vorteilen blenden ließ.

Über aller Theologie, so lernen wir, steht wahre Ethik und Integrität, die sich nicht verbiegt, nur weil es die politischen Zeitläufe opportun erscheinen lassen.

„Hohe Politik" ist gewöhnlich ein schmutziges, mörderisches, verachtenswertes Geschäft, in dem der gewinnt, der mit genügend machiavellistischen Winkelzügen aufwartet. Wenn Religion sich in diese Niederungen hinab begibt, stirbt sie jedes Mal ein bisschen. Denn früher oder später erblicken die Untaten ja doch das Licht der Welt und verursachen, dass Gläubige irre werden und sich von Religion generell und vom Katholizismus speziell abwenden.
Während „Politik" kurzzeitig auch mit unlauteren Mitteln *Macht* aufrechterhalten kann, verliert „Religion" immer auf Dauer mit dieser „Denkart".
Religion steht für Werte wie Frieden, Wahrheit, Anstand, Hilfsbereitschaft und Integrität – nicht für „geschicktes Lavieren", um hohe und höchste Pöstchen zu ergattern.
Jede Religion verliert und stirbt, wenn sie die „ewigen Werte" in die zweite Reihe stellt. Man studiere nur sorgfältig beispielsweise das Schicksal der Brahmanen im alten Indien, der Priesterkaste im alten Ägypten oder der „Seher" und Priester im alten Griechenland.
Sie alle verschwanden von der Bildfläche, als sie in Kategorien von „Macht" und „Besitz" zu denken begannen, anstatt in den Kategorien der Ethik und echter Hilfeleistung. [9]
In geschichtlichen Dimensionen gedacht ist genau das der Fehler des Vatikans und des Ordens Opus Dei, dessen gute Taten man jedoch ebenfalls nie außer Acht lassen darf. [10]

5. DIE HINTERMÄNNER DER AMERIKANISCHEN REVOLUTION

Die Welt begann sich vollständig zu verändern, der Globus begann, sich schier in eine andere Richtung zu drehen, als einst eine ungeheure Machtverschiebung im 18. und 19. Jahrhundert auf Planet Erde stattfand.
Was war geschehen? Nun, die bisherige Weltmacht Nummer 1, Großbritannien, die die Meere beherrschte und von Südafrika bis Hongkong präsent war, wurde plötzlich abgelöst von einer anderen Macht, geradezu über Nacht. Die Engländer fanden sich eines Tages weit abgeschlagen hinter den USA wieder, den Vereinigten Staaten von Amerika. Sie rieben sich erstaunt die Augen und fragten sich ungläubig, was eigentlich passiert war.
„Politik" änderte sich von einem Tag auf den anderen vollkommen. Alles, alles geriet in Bewegung, auch militärische und ökonomische Gegebenheiten änderten sich mit einem Schlag.
Wie konnte es zu dieser plötzlichen, ungeheuren Machtverschiebung kommen? Nie hatte Planet Erde eine derartig brutale, unvorhersehbare Ablösung einer alten Weltmacht gesehen, die doch scheinbar so sicher im Sattel saß!
Innerhalb von ein paar läppischen Monaten erklärten 13 *United States* ihre Unabhängigkeit vom Mutterland England.
Was niemand wusste: Der Coup war hinter den Kulissen höchst sorgfältig eingefädelt worden. Es handelte sich bei der Loslösung der 13 US-Staaten von England keineswegs um ein historisches Ereignis, das mit einer gewissen „geschichtlichen Notwendigkeit" stattfand, ausgehend von den „Massen". Es handelte sich im Gegenteil um einen genau abgekarteten, raffiniert ausgeklügelten, von langer Hand vorbereiteten Coup. Die Loslösung der USA von Großbritannien wurde von einigen mutigen, draufgängerischen Persönlichkeiten in Szene gesetzt, die nahezu ausnahmslos Mitglieder eines bestimmten Geheimbundes waren …

WELTMÄCHTE

Versucht man, in unzulässigem Schnelldurchgang die gesamte Geschichte des Planeten Erde zu begreifen, in puncto *Macht*, so erkennt man sehr rasch, dass zunächst die alten **Ägypter** das Heft des Handelns in der Hand hielten – zumindest in unseren Breiten. Niemand kam ihnen gleich, was Bautechniken, die Schriftsprache, medizinisches Know-how, Mathematik und Astronomie etwa betraf.

Nach ihnen traten die **Perser** auf den Plan, die einstmals fast die halbe „Welt" beherrscht hatten – die halbe bekannte Welt, muss man einschränkend hinzufügen.
Vormals kam niemand den Persern gleich. Sie galten als unbesiegbar und herrschten (mit Unterbrechungen) fast ein Jahrtausend lang (!) über ein gewaltiges Reich, in dem die politische Organisation so hoch entwickelt war wie in keinem anderen Land der Erde. Auf der Höhe ihrer Macht beherrschten die Perser Ägypten, Syrien, die Länder des (heutigen) Israel und Libanon, Teile Nordostafrikas, Teile Griechenlands, die Landmassen der (heutigen) Türkei, Afghanistan, Teile Westasiens, Nordwestindien und das eigentliche Persien, das wir heute als „Iran" kennen. Das „Persien" der Geschichte umfasste also einst eine hundertmal größere Landmasse als der Iran!
Sie übernahmen das umständliche Alphabet der Babylonier und verbesserten es, indem sie dreihundert Zeichen auf sechsunddreißig reduzierten, die allmählich zu Buchstaben mutierten, was den letzten großen Durchbruch in Sachen Schrift darstellte. Hinsichtlich des Verkehrs- und Transportwesens waren die Perser Genies. Ihre Ingenieure bauten Straßen und Wege, die uns noch heute staunen lassen. Eine ihrer Straße war 2.400 Kilometer lang – im Altertum!
Mehr als ein Historiker spricht davon, dass das Persische Weltreich das erfolgreichste Regierungsexperiment der Geschichte bis zu diesem Zeitpunkt war. Es überdauerte mit Unterbrechungen wie gesagt rund 1.000 Jahre, aber wir sind geneigt, die Herrschaft der Perser sehr viel länger zu veranschlagen.
Nach den Persern (teilweise zeitgleich) machten die alten **Griechen** von sich reden. Niemand erklomm damals einen so hohen Gipfel wie die Griechen in der Philosophie, Literatur, Kunst und in verschiedenen Wissenschaften.
Danach war das **Römische Weltreich** an der Reihe, das ebenfalls rund 1.000 Jahre Bestand hatte. Die Römer beeindruckten durch ihre hohe Baukunst und ihre Agrartechniken unter anderem. Als Rom starb, beherrschte kurzzeitig im 16./17. Jahrhundert erst **Spanien** die „Welt", dann **Frankreich** und schließlich **England** – etwa ab dem 18./19. Jahrhundert.
Die Fackel der *Macht* wurde also ständig weitergereicht ... von den alten Ägyptern an die Perser und Griechen, von diesen an die Römer, und von jenen (mit der kurzzeitigen Unterbrechung durch die Spanier und die Franzosen) an die Engländer.
Die Engländer besaßen einen uneinholbaren Vorsprung in der Schifffahrt. Die meisten heute zivilisierten Teile Afrikas waren einst englisch, die Briten

beherrschten Indien und halb Fernost sowie Australien. Die Engländer traten in gewissem Sinne das Erbe des Römischen Weltreiches an, sprich die Herrschaft über die „Welt". Das Geldwesen nahm zuerst in Großbritannien einen ungeheuren Aufschwung (wenn wir von den Niederlanden absehen), und damit die Wirtschaft ebenso. Der Wohlstand hielt auf ihrer Insel Einzug, denn der englische Kaufmann beherrschte die Meere. Niemand anders als die Engländer hatten einst einigen Kolonien in Amerika geholfen, sich gegen die Franzosen und die Indianer zur Wehr zu setzen. Die Engländer, ho!, well, well, das waren die Bahnbrecher des Freihandels, die Erfinder des Kapitals, die Schrittmacher der Freiheit und die Pioniere der Gerechtigkeit – sie waren das fortschrittlichste Volk der Welt. Glaubten sie.

Und doch wurden sie eines Tages eiskalt abserviert.

Was war passiert?

Wie konnte es geschehen, dass die verdammten **Amerikaner**, denen man doch jenseits des Großen Teichs gerade erst aufs Pferd geholfen hatte, auf einmal den übermächtigen Engländern eine lange Nase zeigten?

DER BRUDERKRIEG

Die Ereignisse überstürzen sich in einer atemberaubenden Geschwindigkeit. Die Führer von 13 britischen Kolonien, allesamt an der Ostküste der heutigen USA gelegen, mucken auf. Die 13 Kolonien wollen sich vom Mutterland lossagen. Andere britische Besitzungen zeigen sich dagegen der britischen Krone gegenüber loyal – später werden sie in „Kanada" aufgehen. Auch Ost- und Westflorida bleiben loyal, hier fürchtet man die Soldaten Englands.

Aber 13 Staaten versuchen, ihr eigenes Süppchen zu kochen. Eine erste Flagge der „Vereinigten Staaten" entsteht, mit 13 Sternen und 13 Streifen, die die 13 Kolonien repräsentieren.

Was ist passiert?

Der englische König Georg III. versucht, durch eine Erhöhung der Abgaben und Steuern das Geld, das er investiert hat, um die Kolonisten zu schützen, wieder hereinzuholen. Georg III. (1738–1829), der Führer des „Vereinigten Königreiches" will also die 13 Kolonien zur Kasse bitten. Schließlich hat man in vielen Indianerkriegen die Kolonisten beschützt. Die verhassten Rotröcke, seine Soldaten, sind auf einmal überall präsent.

Auf der anderen Seite aber stehen die Kolonisten, inzwischen furchtlose „Amerikaner", gestählt durch zahlreiche Kriege. Sie sagen: „No!"

Die 13 Kolonien, in dunkelroter Farbe, die gegen England 1775 rebellieren. Sie entsprechen heute ungefähr den US-Bundesstaaten New Hampshire, Massachusetts, Maine, Rode Island, Connecticut, New York, Vermont, New Jersey, Pennsylvania, Delaware, Maryland, Virginia, North und South Carolina sowie Georgia.
Quelle der Illustration und Copyright: Wikipedia

Zu ihnen zählt der hoch gewachsene Thomas Jefferson, ein Geistesriese und ein Organisationstalent ohnegleichen und jetzt schon ein weitblickender Staatsmann. Weiter zählt zu den „Aufrührern" Benjamin Franklin, ein homo

politicus, Erfinder und Genie ohnegleichen, sowie zahlreiche Männer, die nicht mehr vor der englischen Krone das Knie beugen wollen. Zum Teufel mit den eingebildeten, hochmütigen, blutsaugerischen Engländern!
Seine Majestät in London versteht die Welt nicht mehr. Ist er, Georg III., nicht der rechtmäßige König des mächtigsten Staates auf dem Erdball?
Um wen handelt es sich bei diesem englischen König, bei Georg III.? Nun, Georg ist ständig krank, er führt pausenlos Kriege. Dabei ist er im Grunde seines Herzens nur ein einfacher Farmer. Sein Spitzname lautet „Farmer Georg" – „Bauer Georg", weil er das Landleben liebt. Er unternimmt kaum Reisen, was seinen Horizont einschränkt. Historiker beschreiben ihn als selbstherrlichen Autokraten, der wortwörtlich an seine monarchische Mission glaubt und das Königtum über alles stellt. Ferner ist er tief gläubig und betet manchmal stundenlang. Und please! Wurde die Monarchie nicht von Gott selbst eingesetzt? Kritiker tadeln ihn für seine Verschwendungssucht und seine Schaukelpolitik, denn zu oft ändert er wetterwendisch seine Meinung. Aber er glaubt unverbrüchlich an seine monarchische Mission. Ein paar neue Steuern in den 13 Kolonien sind nur recht und billig, so argumentiert er, denn schließlich müssen seine Soldaten bezahlt werden.
1765 erblickt deshalb das „Stempelgesetz" das Licht der Welt, das King Georg in Richtung Neue Welt schleudert. Auf sämtliche Druckerzeugnisse in den nordamerikanischen Kolonien soll nun eine Gebühr erhoben werden.
Die „Amerikaner" jaulen auf wie getretene Hunde. Besonders Thomas Jefferson ist mit nichts einverstanden, dieser rührige, hoch intelligente Freigeist, der unvorstellbar intensive Recherchen angestellt hat, was die „richtige" Regierungskunst anbelangt. Er ist der gebildete, gelehrte und mutige Vertreter der Demokratie. Zwei Seiten stehen sich unversöhnlich gegenüber: Die Demokratie tritt an gegen die Monarchie. Nicht nur zwei Mächte prallen aufeinander, auch unterschiedliche politische Glaubensbekenntnisse, ja sogar unterschiedliche Vorstellungen über die „richtige" Religion …
Ferner stehen auf der (US-)Seite Großgrundbesitzer, reiche Kaufherren und Händler, die mit allen Wassern gewaschen sind, kurz erfolgreiche Amerikaner, schier ein neuer Menschenschlag, der es bereits zu beträchtlichem Wohlstand und Einfluss gebracht hat. Die Rebellen sehen nicht ein, warum sie sich ständig von dem englischen König melken lassen sollen wie Kühe. Ein unbändiges Freiheitsgefühl, das viele Kolonisten ursprünglich dazu veranlasst hatte, überhaupt aus Europa auszuwandern, beseelt diese Amerikaner. Die Luft der politischen Freiheit wird tief eingeatmet. Längst hat man sich in Amerika an

eine freiheitliche Selbstverwaltung gewöhnt. Man ist nicht gewillt, sich länger von London in Fragen der Handelsgesetzgebung bevormunden zu lassen. Speziell die englische Steuer und die Zollgesetzgebung werden als unterdrückerisch empfunden. Warum soll man den Engländern immer alles in den Rachen stopfen?
Georg III. aber verlangt uneinsichtig, dass für alle Urkunden, Anzeigen, Zeitungen, Bücher und Spielkarten sogenannte *Stempelmarken* gekauft werden müssen – verkürzt gesprochen eine Art Steuer, eben die Stempelsteuer.
Ein stürmischer Protest ist die Folge. Die Rebellen wittern Morgenluft. Was kann dieser frömmelnde König in England schon ausrichten, wenn ihm ein selbstbewusster Amerikaner zeigt, was eine Harke ist?!
König Georg reagiert panisch. Schnell wird die neue Steuer wieder aufgehoben. Aber die königliche Kasse ist einfach leer, damned! 1767 versucht England deshalb wiederum, neue Zölle einzuführen. Der amerikanische Truthahn muss gerupft werden, auf irgendeine Art.
Die Kolonialbevölkerung in den 13 Staaten aber antwortet darauf mit einem Boykott der englischen Waren. Ha, soll dieser europäische Super-Monarch sich doch die Nägel abbeißen vor Zorn.
England hebt deshalb auch diese Regelung auf. Der König lässt nur den *Teezoll* bestehen. Aber auch dieser Zoll, an sich bedeutungslos, wird als Kampfansage empfunden.
Jetzt geht es ums Prinzip. Die Amerikaner beratschlagen. Unter der Decke brodelt es. Und dann schlagen die Rebellen völlig überraschend zu.
Die Aktion wird höchst sorgfältig geplant, es handelt sich keineswegs um eine Spontanreaktion. Im Hafen der Stadt Boston (Massachusetts), am 16. Dezember 1773, verkleiden sich mehrere Bostoner Bürger zu nächtlicher Stunde als Indianer. Sie stecken sich eine Feder an den Hut, malen das Gesicht schwarz an, werfen sich einen indianischen Überwurf über, einen Poncho, und erklären ein Beil, das sie in die Faust nehmen, zum Tomahawk. Dann begeben sie sich schnellen Schrittes zum Hafen. Dort liegen verschiedene britische Schiffe mit Tee beladen vor Anker. Die Rebellen stürmen drei britische Schiffe und überraschen die Kapitäne und die Mannschaften. Daraufhin werfen sie 342 Kisten Tee ins Hafenbecken, immerhin 45 Tonnen. Der Streich geht als „Boston Tea Party“ in die Geschichte ein. Gleichzeitig stoßen sie wilde Drohungen gegen den Kapitän und die Matrosen aus. Tausende von Gaffern schauen dem nächtlichen Treiben zu, aber sie greifen nicht ein. Einige wenige feuern die Rebellen an. Ja, sollen sie den verdammten Engländern doch zeigen, dass sie,

die Amerikaner , *balls* haben, Mut, Eier in der Hose, spektakeln einige, in die Niederungen der Sprache hinabsteigend.
Um wen handelt es sich bei den Rebellen? Oh, alles ist hoch geheim. Sie nennen sich *Sons of Liberty, Söhne der Freiheit.* Hinter ihnen steht eine Geheimgesellschaft, auf die wir noch zu sprechen kommen werden. Die „Söhne der Freiheit" sind jedoch eine Geheimgesellschaft in sich selbst, ein Zweig einer anderen, größeren mysteriösen Bruderschaft. Andere lokale amerikanisch-patriotische Gruppierungen nennen sich später ebenso, es ist nicht nur eine bloße, hohle Bezeichnung. Es handelt sich um eine Untergrund-Organisation, die sich bislang anonym in Boston unter dem „Liberty Tree" versammelt hat, wenn sie ihre verschwörerischen Meetings abhielt – unter einem riesigen, berühmten Baum, der für sie die Freiheit symbolisiert. Aber jetzt greifen die *Söhne der Freiheit* aktiv in die Geschichte ein. Der Tee versinkt in den Strudeln der See.
In den anderen Kolonien sprießen ähnliche Geheimorganisationen aus dem Boden. Der Ausdruck „Sons of Liberty" mutiert zum Schlachtruf. Aber die Aufständler in Boston sind die Ersten, die Mutigsten. Neben *John Hancock* und *Samuel Adam* sind *Benedict Arnold, Patrick Henry* oder *James Otis* die großen Namen. Als Gründer wird *Samuel Adams* betrachtet. *Samuel Adams* (1722–1803), ein Jurist und Kaufmann von Haus aus, wird später einer der Gründungsväter der Vereinigten Staaten sein und noch später Gouverneur von Massachusetts. Er ist einer der neuen Helden, er organisiert die Bewegung. Aber noch ist er nichts als ein Rebell, ein Revoluzzer, der offenbar einen Staatsstreich plant – in den Augen der Briten ist er nichts als ein Verräter. *John Hancock* (1737–1793), später ebenfalls zur Legende hochstilisiert, ist ein hoch vermögender Kaufmann und zählt desgleichen zu den Drahtziehern und Hintermännern des Aufstandes. Zu den „Sons of Liberty" gehören Schmiede, Kaufleute, Schmuggler, Rechtsanwälte, Händler, Federfuchser und Finanzleute. Da sie die Rebellion gegen England anfänglich nicht offen zeigen dürfen, gehören sie praktisch alle geheimen Bruderschaften an … wir werden sie sogleich beim Namen nennen.
In der Folge kommt es auch in anderen Kolonien zu Aktionen gegen den britischen Tee, der eigentlich völlig unwichtig ist, aber er stellt ein Symbol dar, ein Symbol der Unterdrückung durch die Briten. Englische Wanderhändler werden gezwungen, ihre Waren zu verbrennen, speziell den Tee. Ein anderer amerikanischer Rebellentrupp – die Mitglieder sind wieder als Indianer verkleidet, denn das unterstreicht die eigenständige amerikanische Identität –

demoliert ein Wirtshaus; ein Gerücht besagt, der Besitzer verkaufe britischen Tee. In einigen Städten verbrennen Bürger ihre privaten britischen Teevorräte öffentlich auf einem Scheiterhaufen. Schwüre gegen den Konsum des englischen Tees werden abgelegt. Zeitungsjournalisten schreiben, der britische Tee sei schädlich für die Gesundheit und lügen wie gedruckt. Der britische Teeimport purzelt um 90 %.

In England schäumt die politische Klasse, die wir hier, unzulässig verkürzt, mit Georg III. gleichsetzen. Der König tobt, er versteht die Welt nicht mehr. Das ist Hochverrat! Vertreten durch seinen Premierminister fordert er Strafaktionen gegen die Bostoner Bürger. Die vollständige Zerstörung der Stadt Boston wird erwogen. Dann entscheidet man, den Hafen von Boston einfach zu schließen. Man wird den Revolutionären die Suppe gehörig versalzen! Die Emotionen kochen so hoch wie nie. Georg schleudert schließlich eine Reihe von Gesetzen in Richtung der Revolutionäre. Bostons Hafen wird abgeriegelt und wichtige Freiheiten werden eingeschränkt, allen voran die Freiheiten im Staate Massachusetts, der Brutstätte des Aufstandes.

Die Reaktion der Rebellen lässt nicht lange auf sich warten.

In Philadelphia (Pennsylvania) trifft man sich zu einem ersten *Kontinentalen Kongress*, der über die künftigen Aktionen der amerikanischen Rebellen entscheiden soll. Man beschließt, eine eigene (amerikanische) *Kontinentalarmee aufzustellen, darüber hinaus erwägt man wirtschaftliche Sanktionen gegen England, das einstige Mutterland, das jetzt seine Kinder nicht mehr säugen will, weil sie ungehorsam geworden sind.*

Noch heute bezeichnen sich politische Rebellen in den USA, die für niedrige Steuern eintreten, als *Tea Party,* nebenbei bemerkt.

Der sogenannte *Amerikanische Unabhängigkeitskrieg* bricht aus, im April 1775.

Es entsteht erstmalig so etwas wie eine eigene amerikanische Identität, ein amerikanisches Selbstbewusstsein. Man ist nicht nur das Schoßhündchen der britischen Fatzken, dieses komischen Königs.

Die Engländer auf der anderen Seite mobilisieren nun alle Kräfte einer Weltmacht – Schiffe und Soldaten, Juristen und Politiker. Dann schlagen sie zu. Die Beute ist zu fett. Man kann sich „Amerika" nicht durch die Lappen gehen lassen. Straf- und Zwangsmaßnahmen seitens der englischen Regierung werden in Szene gesetzt. Man wird die Rebellen schon Mores lehren! Die Rotröcke der Engländer marschieren jetzt gegen eine eilig zusammengestoppelte amerikanische Armee. Die britische Regierung erklärt Massachusetts zur abtrünnigen Provinz. Die Rebellen dagegen bemühen sich verzweifelt um Verbündete. Waffen werden organisiert. Die Franzosen, gestern noch „der Feind", wandeln sich zu Freunden. Der französische König unterstützt die Aufständischen mit Geldern und Waffen. Er hat nie vergessen, dass die verdammten Engländer, die die Welt beherrschen wollen, Frankreich an allen Ecken und Enden zurückgedrängt haben.

Der Krieg tobt rund acht Jahre lang. 13 Kolonien kämpfen gegen die Weltmacht Nummer 1. Hinter den Kulissen wird fieberhaft an der *Unabhängigkeitserklärung* gearbeitet, dem wichtigsten Dokument der amerikanischen Geschichte. Thomas Jefferson entfaltet eine unvorstellbare Aktivität, er ist federführend, was dieses Dokument angeht. Er strengt hierfür eine Recherchenarbeit an, wie es sie nie zuvor in der Geschichte gab! Die Frage aller Fragen lautet: Wie muss die bestmögliche Regierungsform aussehen? Nie ist eine wichtigere Frage aufgeworfen worden!

Gleichzeitig nimmt der Krieg immer größere Ausmaße an.

1775 finden die ersten Scharmützel statt, zwischen einer amerikanischen Miliz und britischen Truppen. 2,5 Millionen amerikanische Siedler besitzen jedoch weder gut ausgebildete Truppen noch die notwendigen finanziellen Mittel, um die Engländer in die Knie zu zwingen. George Washington wird schnell zum Oberbefehlshaber der „amerikanischen Kontinentalarmee" gekürt. Truppen werden angeworben. Der Widerstand wird organisiert.

Auf der anderen Seite stehen jedoch hervorragend ausgebildete britische Truppen. Ihnen helfen rund 30.000 Söldner aus deutschen Ländern, die von ihren Fürsten an die Engländer verhökert und verkauft worden sind wie Vieh. Der Fürst von Hessen-Kassel, ein elender Geizkragen und Geldfuchs, macht sich hierbei einen besonders schlechten Namen. Aber auf Seiten der Engländer stehen auch einige „Loyalisten", wie sie genannt werden, sprich englandtreue Siedler, ja sogar einige englandtreue Indianerstämme. Die Aktien stehen also gut für die „Königstreuen", für die „Loyalisten".

Und so verwundert es nicht, dass die frechen Amerikaner zunächst eine ganze Reihe von bitteren Niederlagen einstecken müssen. Aber das mächtige Frankreich versorgt die Rebellen nun mit Waffen, Geld und Schiffen. Der König von Frankreich hasst England inbrünstig. Und so wechseln Siege mit Niederlagen ab, auf beiden Seiten.

Längst ist das Heer der Rebellen noch nicht diszipliniert, die Ausbildung lässt zu wünschen übrig. Ein gewisser *Friedrich Wilhelm von Steuben*, ein preußischer Offizier, der den Drill kennt, wird hinzugezogen, später avanciert er

zum amerikanischen General. Er bringt dem ungeordneten amerikanischen Haufen die Flötentöne bei. Mit eisernem Willen baut er eine schlagkräftige, disziplinierte Armee auf, die der Feind fürchten muss. Mit Hinterwäldlern kann man keinen Staat machen, mit Heugabeln keinen Krieg gewinnen.
Die Briten dagegen sind gezwungen, ihre Kräfte zu zersplittern, denn schon bald toben die Kämpfe an verschiedenen Fronten. Außerdem machen sich mittlerweile Nachschubprobleme bemerkbar, schließlich liegt ein Ozean zwischen den beiden Kontinenten, eine Welt aus Wasser. Der Konflikt wird zudem sogar auf hoher See ausgetragen.
Aber Frankreich engagiert sich immer stärker auf Seiten der Rebellen.
Und so erleiden die Briten zunehmend Verluste. Washington, der alte Haudegen, läuft zur Hochform auf.
An allen möglichen Schauplätzen tobt nun der Krieg. Aber die Amerikaner haben die Vorteile auf ihrer Seite. Sie kennen das Gelände wie ihre eigene Westentasche, zudem steht die Mehrzahl der Bevölkerung auf ihrer Seite. Nur rund 15 bis 20% der Bevölkerung, so schätzen Historiker, sind Königstreue, der Rest jubelt den Revolutionären zu.
Auch die amerikanischen Schreiberlinge spitzen ihre Federkiele wie Dolche. Die *Unabhängigkeitserklärung der Vereinigten Staaten* von Amerika („Declaration of Independence“) erblickt das Licht der Welt. 13 britische Kolonien erklären am 4. Juli 1776 offiziell, dass sie das Recht besitzen, einen eigenen Staatenbund zu bilden. Es handelt sich um die Gründungsurkunde der USA, nichts ist emotionaler, nichts wertvoller. Jefferson hat ganze Arbeit geleistet, wir werden auf seine ungeheuren großartigen Leistungen gleich zu sprechen kommen.
Die *Declaration* heizt den Krieg nur noch mehr an. Trotzdem verlieren die Engländer überall an Boden. 1776 finden deshalb bereits die ersten Friedensgespräche zwischen den Briten und einer amerikanischen Delegation statt, angeführt von den legendären Benjamin Franklin und John Adams. Aber sie verlaufen ergebnislos. Die Amerikaner wollen keinesfalls auf ihre Unabhängigkeit verzichten. So gehen die Gefechte weiter, zahlreiche Schlachten werden geschlagen. Jede einzelne Schlacht, die von den Amerikanern gewonnen wird, wird von ihnen als Etappensieg gefeiert, der zur Freiheit führt.
1777 erblicken hoch offiziell die *Vereinigten Staaten von Amerika* das Licht der Welt, die *United States of America*, die USA.
1781 müssen die britischen Offiziere zugeben, dass sie den Krieg verloren haben, die Amerikaner mit den Franzosen im Verbund sind einfach zu stark.

In Virginia kapituliert die britische Armee. Im *Frieden von Paris* erkennt Großbritannien die Unabhängigkeit der ehemals britischen Kolonien an. Die Weltmacht Nummer 1 ist besiegt.

DIE UNABHÄNGIGKEITSERKLÄRUNG

Aber jetzt endlich: Warum war die *Unabhängigkeitserklärung* eigentlich so unglaublich bedeutungsvoll? Inwiefern veränderte sie vollständig das politische Denken? Und welche Rolle spielte der legendäre Thomas Jefferson?
Nun, als Jefferson die Ärmel aufkrempelte, um die bestmögliche Regierungsform aus der Taufe zu heben, studierte er tatsächlich das Thema „Regierungskunst" von Rom bis Griechenland, von England bis Frankreich, ja er analysierte zahlreiche weitere Länder und Zivilisationen. Systematisch wurde Detail um Detail zu einer vernünftigen „Regierungstechnologie" zusammengetragen, wie man das nennen könnte. Jefferson las, übersetzte, recherchierte und forschte, bis seine Gehirnzellen wund waren, um herauszutüfteln, was das Beste für das Volk sei. Brennend interessiert war er besonders an den

PHYSIOKRATEN

Schon die französischen *Physiokraten* hatten über das gleiche Problem philosophiert, Denker wie Turgot, Dupont, de Nemours, Mirabeau der Ältere, Gournay und Quesnay.
Physiokraten? Sie suchten der „Physis", der *Natur* also und damit natürlichen Gesetzen auf die Spur zu kommen. „Naturgesetze" sollten „herrschen", denn *kratein* bedeutet *herrschen* im Griechischen.
Die Überlegung, die die „Physiokraten" anstellten, lautete: Niemand als die Menschen selbst, die die eigentliche Arbeit ausführen, das heißt, die Bauern, die Kaufleute und die Händler, wissen besser, was ihnen förderlich ist und was nicht. Wenn man nun versucht, innerhalb eines Staates das Zusammenspiel zu stark zu reglementieren und in ein Korsett einzupressen, so funktioniert das selten oder nie. Ein Außenstehender kann nie einen so intensiven Einblick in die inneren Zusammenhänge besitzen wie die Betroffenen. „Laisser faire, laisser aller!", lautete daher der erste Grundsatz der Physiokraten, „Lasst [die Regierten, das Volk] doch frei schalten und walten!" – und schon werden sie die vernünftigsten Regelungen selbst entdecken.
Es handelte sich um einen Schrei nach Freiheit!

Es waren jedoch nicht nur das Prinzip der Freiheit, das von den Physiokraten propagiert wurde, sondern auch die Maximen der Eigenständigkeit, der Selbstverantwortung und der Selbstbestimmung. Erstmalig wurde darüber hinaus das Prinzip von Angebot und Nachfrage formuliert. Angebot und Nachfrage, so lautete die Theorie der Physiokraten, balancieren sich mit der Zeit gegenseitig aus, wenn Freiheit gegeben ist. Preise werden auf natürliche Weise geschaffen, sie benötigen keine Reglementierung. Der Staat, so wurde von den Physiokraten gefordert, solle und dürfe nur eingreifen, wenn die Freiheit, das Leben oder das Eigentum anderer in Gefahr seien. Im Übrigen solle er lediglich Quantität und Qualität der Produktion durch Auszeichnungen belohnen – mehr nicht! [2]

Wir können heute nur staunend vor diesen Theorien stehen, die damals eine Revolution begründeten. Sie stellten einst eine völlige Neuheit dar, heute sind sie (theoretisch) eine Selbstverständlichkeit.

Die Physiokraten veröffentlichten ihre Theorien nebenbei bemerkt zum Teil unter Pseudonymen, damit sie (in dem monarchisch regierten Frankreich) nicht angeklagt werden konnten. Sie forderten, Straßen, Kanäle und Flüsse zu verbessern, die Zölle abzuschaffen und die Handelsbeschränkungen aufzuheben. Umgekehrt brandmarkten sie jede Form von Verschwendung. *Wirtschaft* wurde erstmals als ein eigenständiges Fachgebiet betrachtet, also als etwas, das durch bestimmte Erkenntnisse gefördert werden kann.

In Büchern und Zeitschriften wurde die physiokratische Theorie niedergelegt, die in ganz Europa verbreitet und auch in Amerika gelesen wurde. In Schweden fanden physiokratische Prinzipien Eingang unter Gustav III., in der Toskana (Italien) unter Großherzog Leopold, in Spanien unter Karl III., in den Vereinigten Staaten unter Jefferson. Der wichtigste Einfluss war mit Sicherheit die Befruchtung der amerikanischen Köpfe jenseits des großen Teiches. Das heißt, niemand macht so intelligenten Gebrauch von der physiokratischen Theorie wie die Amerikaner und Jefferson.

Fragen wir uns also: Um wen handelte es sich bei diesem interessanten Mann?

DAS PHÄNOMEN JEFFERSON

Thomas Jefferson war ein Theoretiker *und* ein Pragmatiker, eine Kombination, die selten ist. Er hatte glücklicherweise Griechisch und Latein gelernt, so dass er auch die alten Philosophen auf ihre Weisheiten hin abklopfen konnte. Ferner war er in den Fächern Philosophie und Geschichte zu Hause. Er kannte aber auch das Altenglische und war versiert in Theologie und Mathematik. Außerdem war er ein gelehriger Schüler des Gouverneurs Francis Fauquier, des Mannes, der dem Staat Virginia vorstand.

Weiter studierte Jefferson die Rechte. Er lernte politische Geschichte und studierte Französisch und Italienisch. Er beschäftigte sich mit den Naturwissenschaften, der Landwirtschaft, der Chemie, der Zoologie, der Botanik und der Rhetorik. Und immer und immer wieder vertiefte er sich in die alten Griechen und die Physiokraten.

Thomas avancierte später nicht nur zum 3. Präsidenten der Vereinigten Staaten, er reformierte außerdem persönlich das Bildungswesen, beeinflusste die Menschen bezüglich der Religion, forderte Toleranz ein und er reformierte das Recht. „Nebenbei" war er Linguist, Botaniker, Geograf, Architekt, Paläontologe, Ethnologe, Sprachwissenschaftler, Landwirt, Ingenieur und Ökonom. Kurz gesagt war er ein amerikanischer Leonardo da Vinci.

Noch im hohen Alter ließ es sich Jefferson angelegen sein, eine Universität (in Virginia) zu gründen, wo er als Rektor persönlich vorgab, welche Literatur zu studieren sei, was das Fach „Regierungskunst" anbelangt. Jefferson wollte etwas Ewiges in politischer Hinsicht schaffen, sprich, er wollte eine Regierungsmethode entwerfen, die der ganzen Welt letztlich von Nutzen sein sollte.

Sein konkretes Leben? In einem Satz: Jefferson wurde 1743 geboren, er lebte zumeist in Virginia, der ältesten der dreizehn Kolonien Großbritanniens, erbte dort eine große Plantage, baute sich ein herrliches Haus, liebte Musik und Tanz, spielte die Violine, hatte sieben Geschwister, heiratete, erlernte den Beruf des Rechtsanwaltes, war ein guter Reiter und Wandersmann, war körperlich gesund, Ärzten gegenüber skeptisch, liebte seinen Garten, errichtete auf seinem Herrensitz eine Garnspinnerei und verschiedene Mühlen, vergötterte seine Frau und starb im Jahre 1826.

Auch sein politisches Leben war ungewöhnlich. Seine Karriere begann als Abgeordneter im Parlament der Kolonie Virginia – mit 26 Jahren!

1779 wurde Thomas Jefferson schließlich zum Gouverneur Virginias gewählt. 1784 ernannte ihn der Kongress zum Botschafter. Am Hofe Ludwigs XVI. kümmerte er sich um bessere Handelsbeziehungen.

Daneben forschte er ständig weiter, was vernünftige politische Prinzipien anging . Das war seine Mission, hiervon war er im besten Sinne besessen.

Im Schicksalsjahr 1789, dem Beginn der Französischen Revolution, verließ Jefferson Paris. 1790 bis 1793 diente er als Minister im Kabinett George Washingtons, 1797 bis 1801 war er Vizepräsident der Vereinigten Staaten und

1801 bis 1809 deren Präsident. In dieser Funktion brachte er erneut vieles auf den Weg. Spektakulär bleibt bis heute der Kauf von Louisiana – für lumpige 15 Millionen Dollar, wodurch er das Territorium der USA verdoppelte. Gleichzeitig sparte er im höchsten politischen Amt wie kein Präsident vor oder nach ihm. Er verringerte die Staatsschulden, senkte die Steuern, lehnte eine Armee in Friedenszeiten ab und setzte sich immer und immer wieder vehement für Religions- und Pressefreiheit ein. Er förderte die Landwirtschaft und den Handel, sicherte die Bürgerrechte und befürwortete Expeditionen zur Landerforschung – der Grund, warum US-Amerika auf die Größe anwachsen konnte, die es heute besitzt.

In seinen letzten Jahren zog er sich auf seinen Landsitz in Virginia zurück, wo er der „Weise von Monticello“ genannt wurde und wo er von 1809 bis 1826 wirkte.

Die auf ihn folgenden Präsidenten ließen sich von ihm inoffiziell beraten. Wie schon angedeutet gründete er in diesem erfüllten Leben sogar noch eine Universität. Er kümmerte sich persönlich um den Bauplatz, entwarf die Architektur, ließ sich zum Rektor wählen und legte selbst den Lehrplan fest. Speziell für das Studium der *Regierungskunst* bestimmte er alle Bücher, die für dieses Fach zu lesen seien. Damit schuf er einen Ort, wo die Frage nach der bestmöglichen Regierungsform immer wieder neu gestellt wurde und wird – bis heute.

Was wir vergessen haben zu erwähnen: Jefferson stand einem bestimmten Geheimbunde nahe …

DAS POLITISCHE GLAUBENSBEKENNTNIS DER USA oder DIE ERFOLGREICHSTE VERFASSUNG DER WELT

Aber worin bestand und besteht eigentlich das politische Glaubensbekenntnis der Vereinigten Staaten von Amerika, das bis heute die Welt beeindruckt? Die Gründungsväter, allen voran wie gesagt Jefferson, verfassten eine vollständig neue Konstitution. Sie postulierten, dass es durchaus möglich sein müsse, eine neue Zivilisation zu gründen, in der Freiheit, Gleichheit und Gerechtigkeit für *alle* keine Utopie sind. Die Vision der US-amerikanischen Gründungsväter bestand darin, einen *Commonwealth der Freiheit* mit letztlich zwei- oder dreihundert Millionen freien Menschen zu schaffen. Gleichzeitig sollten die Wirtschaft und der Handel auf ein völlig neues Niveau gehoben werden.

Die ursprünglichen Postulate zauberten tatsächlich eine unglaubliche Blüte auf dem US-amerikanischen Kontinent, die in der bekannten Geschichte in dieser Art nie vorher existierte. Aber wie wurden die verschiedenen Prinzipien gewichtet?

An erster Stelle stand das Postulat der *Freiheit*, der politischen und individuellen Freiheit. Amerika wurde in der Folge sogar ein Synonym für Freiheit, man kann sich diese Maxime gar nicht intensiv genug vor Augen führen. Möglicherweise ist *Freiheit* Ursache, Anlass und Plattform für alle anderen Prinzipien und vielleicht handelt es sich dabei um die wichtigste politische Erfolgsformel aller Zeiten.

Ein zweites Prinzip hieß: *Prosperity, Wohlstand* also – als persönliches, nie als nationales Ziel definiert. Niemand bekannte sich je so rückhaltlos zu materiellem Wohlstand wie die Amerikaner. Das Bekenntnis der US-Bürger zum guten Geldverdienen war so offen, so direkt, so unmittelbar, wie es keine andere Nation auf diesem Planeten wagte.

Frieden hieß das dritte Ziel. Es ist bemerkenswert, dass diese drei Ziele den Ausgangspunkt bildeten, wobei Freiheit an erster Stelle stand, Wohlstand an zweiter und Frieden an dritter. Wir finden also eine klare *Gewichtung* von Zielsetzungen oder Prinzipien. [4]

Halten wir uns noch einmal vor Augen, dass sich diese drei Prinzipien vergleichsweise sachlich anhören. Aber dahinter stehen tausende und abertausende von Stunden ernsthaftester Forschungsarbeit! Es steht dahinter das unerbittliche Postulat, die bestmöglichen aller Prinzipien für das Zusammenleben der Menschen zu etablieren. Es steht dahinter eine Gedankenrevolution von einer Größenordnung, die man nur dann begreift, wenn man sich vor Augen hält, dass eine gute Regierungsform das Glück für Millionen von Menschen bedeuten kann. Es steht dahinter eine der größten intellektuellen und moralischen zivilisatorischen Leistungen auf dem Gebiet der Politologie und der Regierungskunst!

Versuchen wir deshalb, noch weiteren Erkenntnissen auf die Spur zu kommen:

- ♦ Die Gleichheit im Recht und vor dem Recht, die Gleichheit vor Richtern und überhaupt Gerechtigkeit waren ein weiteres Prinzip, das Jefferson und die Gründungsväter fanden und formulierten.
- ♦ *„Among the most important of the unalienable rights are the right to live, the right to liberty and the right to pursue whatever cause of live a person may*

desire in search of happyness." Das Recht zu leben, das Recht auf Freiheit und das Recht, sich seinen eigenen Weg zu wählen, waren ebenfalls von Bedeutung – mit einer einzigen Einschränkung: So lange dadurch nicht die Rechte anderer beschnitten wurden.

- *"And because this is so, it follows that no office of government has any right to exist, except with the consent of the people or their representatives."* Keine Regierung sollte ein Existenzrecht besitzen, wenn sie nicht der Zustimmung der Menschen oder ihrer Repräsentanten sicher waren.
- *"It also follows that, if a government ... fails to protect those rights or even worse if the government itself begins to violate those rights – then it has the right and duty of the people to regain control over their affairs and set up a form of government which will serve the people better."* Eine Regierung konnte also zum Teufel gejagt werden, wenn sie die Rechte der Menschen verletzte.
- Jefferson plädierte außerdem dafür, die Sklaverei abzuschaffen, innerhalb einer Generation, aber auf friedvolle Art.
- Er wirkte darauf hin, dass die Todesstrafe aufgehoben wurde, außer bei Mord, Verrat und bestimmten militärischen Verbrechen während Kriegszeiten.
- Er initiierte, dass grausame, ungewöhnlich harte Bestrafungen durch milde Strafen ersetzt wurden.
- Er forderte die prinzipielle Gleichheit aller Religionen. „ *Niemand soll dazu gezwungen werden, irgendeinen Gottesdienst zu besuchen oder Gotteshäuser und die Geistlichkeit zu unterstützen, noch soll jemand gezwungen werden, eingeschränkt, belästigt, noch leiblich oder an seinem Gut geschädigt werden oder sonst irgendwie wegen seines Glaubens oder seiner religiösen Anschauung leiden, sondern allen Menschen soll es freistehen, zu bekennen und durch Argumente zu unterstützen, was ihre religiöse Meinung ist, wodurch ihre bürgerlichen Rechte in keiner Weise verringert oder vergrößert werden sollen.* [5]
- Jefferson favorisierte weiter die Idee der Dezentralisation der Macht und damit die Idee der Bundesstaaten.

Das Ergebnis kennen wir: Die einzelnen Staaten von US-Amerika wurden souverän. Diese Staaten schlossen sich zwar zusammen, aber jeder regierte sich selbst weitgehend. Nicht ein allmächtiger, allgewaltiger Staat sollte existieren, sondern die einzelnen US-Länder, wie sie heute existieren, behielten wichtige Rechte selbst. Nur einige wenige Rechte sollten an die Gesamtregierung der Vereinigten Staaten abgegeben werden. Die Gründungsväter urteilten, dass es wichtig sei, starke, lokale, föderative Regierungssysteme zu haben. Theoretisch (und praktisch) konnte sich dann dieses System nach unten fortschreiben. Unter dem föderativen Staat sollte es kleinere Gruppen von Selbstregierungen geben (die Countries), darunter kleinere Verbände (die Communities) und darunter schließlich die Familien, die die Gründer als die wichtigste Einheit der Gesellschaft betrachteten.

Die Regierung in Washington sollte aus dem *House* und dem *Senat* bestehen. Im *House of Representatives* sollten die Menschen aus den einzelnen Staaten proportional repräsentiert sein. Wenn es um Geld ging, musste eben das *House* gefragt werden. Das Prinzip, dass das Volk über das Geld entscheidet, wurde hiermit betont.

Aber über diesen ganzen Details stand immer wieder die Sorge der Gründungsväter, die verschiedenen Freiheiten nicht zu kurz kommen zu lassen: die Freiheit der Sprache, die Freiheit der Presse, die Freiheit sich zu versammeln, wo immer man Lust hatte und die ökonomische Freiheit.

DAS SPEKTAKULÄRE ERGEBNIS

Das Resultat war atemberaubend: Mit weniger als 6 Prozent der Population der gesamten Bevölkerung der Erde produzierten die Amerikaner schließlich mehr als die Hälfte aller Waren auf diesem Planeten! Freie Unternehmungen machten es nun möglich, dass unglaubliche technologische Fortschritte erzielt wurden. Freie Unternehmer konnten anderen Arbeit und Brot geben. Freie Handelshäuser verkauften ihre Waren rund um den Planeten. Diese Freiheit, alles zu versuchen, was man wollte, alles zu kaufen, alles zu verkaufen, war begeisternd. Völlig neue Perspektiven taten sich auf. Die Amerikaner waren eine der ersten Nationen, die das Wort *Profit* nicht verteufelten, sondern den Begriff als eine Positivvokabel verstanden. Wettbewerb war begrüßenswert. Sie lehnten Preiskontrollen ab und private Monopolgesellschaften, die dieser Freiheit hinter den Kulissen einen Riegel vorschieben konnten. Der typische Selfmademan wurde das neue Ideal. Plakativ ausgedrückt: Millionäre waren sympathisch, Milliardäre unsympathisch. Hochinteressant war weiterhin, dass der Wohlfahrtsstaat von den Founding Fathers abgelehnt wurde. Das heißt, die Idee, dass man für nichts etwas kassieren kann und dass der Staat den Armen umsonst Güter oder Geld zur Verfügung stellen muss , wurde von den Gründern nach sorgfältigem Studium der Geschichte abgelehnt.

Benjamin Franklin wies später noch einmal darauf hin, dass kostenlose Geschenke „counterproductive" sind, dass Abhängigkeit hieraus erwachse und Schwäche. Die Notwendigkeit zu arbeiten höre auf. Der Instinkt zu überleben werde geschwächt. Er wies darauf hin, dass *Mitleid* auch eine negative Seite besitzt und politisch äußerst ungünstige Auswirkungen zeitigen kann. Das alles bedeutete nicht, dass die Gründungsväter nicht Unterprivilegierten und Armen Hilfe leisteten. Aber es hieß, dass sie es ablehnten, Hilfe *kontinuierlich* zu leisten, als ständige Einrichtung. Franklin betonte später, dass man nie Faulheit unterstützen dürfe oder Nichtarbeit. Konkret kultivierten die Gründungsväter folgende Einstellung: Man sollte den Armen nur helfen, sich *selbst* zu helfen. Man darf selbst Armen auf Dauer nur etwas geben, wenn sie es *verdient* haben. In einer Notsituation sollte man Hilfe leisten, ja, aber man sollte die Hilfe nicht automatisch verlängern zu einem Punkt, wo Hilfe selbstverständlich wird. Das heißt, gemäß den Gründungsvätern sollte man überhaupt keinen Wohlfahrtsstaat, wie wir ihn heute kennen, kreieren.

Mit all diesen Prinzipien sind wir dem „Geheimnis" der USA, der erfolgreichsten Nation der Welt, ein wenig auf die Spur gekommen.

Damit wurde auch der Monarchie eine klare Absage erteilt.

Die Briten und Georg III. verloren den Krieg gegen die Amerikaner und Jefferson sehr einfach deshalb, weil die Demokratie der Monarchie weit überlegen war. Die Überlebensfähigkeit eines Staates wurde durch die Demokratie auf ein völlig neues Plateau gehoben. Und so verstehen wir schlagartig, warum die Weltmacht Nummer 1, England, den Kampf verlor: Das politische Glaubensbekenntnis der USA war meilenweit über dem politischen System Englands angesiedelt.

Doch jetzt endlich: Wer stand eigentlich *hinter* den Rebellen, *hinter* den Revolutionären und den *Sons of Liberty, hinter* Jefferson, Franklin und wie sie alle hießen?

Welcher Geheimbund?

Wir nähern uns des Pudels Kern.

HOCH GEHEIME MACHENSCHAFTEN

Nun, hinter der amerikanischen Revolution standen – die Freimaurer. Historiker recherchierten später minutiös, welcher Rebell genau zu welcher Loge gehörte. Die Amerikanische Revolution konnte nur gelingen, weil zuvor unter der Decke die Freimaurer die Bevölkerung mit völlig neuen Ideen befruchtet hatten. Schließlich nahmen die Freimaurer sogar die Zügel in die Hand, als es darum ging, in der Praxis den Umsturz herbeizuführen.

Erinnern wir uns zunächst noch einmal an *John Hancock* und *Samuel Adams*, den Gründer der „Sons of Liberty" in Boston. Über *Samuel Adams*, den späteren Gouverneur von Massachusetts, gehen die Meinungen auseinander. Es ist nicht zu 100 % erwiesen, dass er der Freimaurerei angehörte. Aber er stand den Freimaurern zumindest nahe, denn viele seiner engsten Freunde waren Maurer.

Und: Als sich die Rebellen als Indianer tarnten, dienten die Räume der Freimaurerloge in Boston sogar als Verkleidungsraum. [6]

Es handelte sich bei den „Tea-Party-Rebellen" und bei den „Sons of Liberty" mithin um einen Club *innerhalb* der Freimaurer-Loge.

John Hancock, der hoch vermögende Kaufmann, der ebenfalls zu Drahtziehern und Hintermännern der „Tea-Party" zählte, war dagegen mit Sicherheit ein **Freimaurer.** 1762 wurde er auf einer Geschäftsreise in Quebec in der *Marchants Lodge No. 277* als Freimaurer aufgenommen. Er gehörte außerdem zu den *Sons of Liberty.* [7] Später war er Mitglied der *St. Andrew's Lodge* in Boston.

Benedict Arnold (1741–1801), ebenfalls Tea-Party-Member und später ein General der *Continental Army* der 13 rebellierenden Kolonien, war ebenfalls unzweifelhaft ein **Freimaurer.** [8]

Kurz gesagt waren viele Boston-Tea-Party-Member, die den Bruch mit England herbeiführten, **Freimaurer**.

Zwei weitere Namen:

Paul Revere stieg später sogar auf zum Großmeister der Massachusetts-Loge. Er war mit höchster Wahrscheinlichkeit einer der verkleideten „Indianer".

John Otis war ein Bruder der St. John's Loge … und zählte zu den „Sons of Liberty".

Und so könnte man ein Mitglied nach dem anderen der „Söhne der Freiheit" und der „Tea-Party-Member" unter die Lupe nehmen und käme doch nur immer wieder zu dem gleichen Schluss, nämlich dass etwa 80 bis 90 % dieser Rebellen nachgewiesenermaßen der **Freimaurerei** zuzurechnen sind. Insgesamt, so urteilen neutrale Historiker heute, war die *Boston Tea Party* eine sorgfältig geplante Aktion durch freimaurerische Elemente.

Wie steht es nun um die anderen großen Namen – vor und nach der Amerikanischen Revolution?

Der große Benjamin Franklin (1706–1790), der erstmals versuchte, Frieden mit den Engländern zu schließen, war ebenfalls ein **Freimaurer**. Franklin war

Drucker, Verleger, Autor, Naturwissenschaftler, Erfinder und Staatsmann – alles in einer Person. Franklin war am Entwurf der Unabhängigkeitserklärung beteiligt und einer der Unterzeichner. Er arbeitete ferner an der Verfassung der USA, aus der wir einige Prinzipien auszugsweise zitiert haben. Franklin war einer der führenden

Köpfe und sogar **Großmeister der Freimaurer** in Pennsylvania – konkret der *Tun Tavern Loge* in Philadelphia. Er war schlussendlich federführend im Frieden von Paris.

Thomas Jefferson war möglicherweise ein Freemason, mit Sicherheit gibt es Beweise für zahlreiche masonischen Konnexionen, das heißt, er stand der Freimaurerei zumindest nahe. Da er später Franklin als Gesandten in Frankreich einsetzte und dort Kontakte zu einer bestimmten französischen Loge unterhielt, in der viele Fäden zusammenliefen, spricht vieles dafür, dass auch er Freimaurer war.

George Washington, der alte Haudegen, war dagegen mit Sicherheit ein **Maurer**, desgleichen wie von Steuben, der die amerikanische Armee disziplinierte und reorganisierte.

Es gibt inzwischen höchst präzise Untersuchungen über die „20 größten Namen der Amerikanischen Revolution". Das Ergebnis: 10 davon waren mit Gewissheit **Freimaurer**, 3 aller Wahrscheinlichkeit nach und 2 zumindest Advokaten der Freimaurerei. [9]

Das Beweismaterial ist also erschlagend, dass es sich bei der Amerikanischen Revolution um einen Coup der Freimaurerei handelt.

Was die Unterzeichner der „Declaration of Independence" angeht, so waren acht davon **Freimaurer,** sieben standen der Freimaurerei nahe, das heißt, es gab und gibt gewisse Anzeichen für ihre Mitgliedschaft.

Weiter war die Verbindung der Amerikaner zu den Franzosen auf einen **Freimaurer** zurückzuführen. Darüber hinaus waren die meisten Offiziere der *Continental Army* **Freimaurer** und Mitglieder der „Army Lodges". Fast alle Generale Washingtons waren Freimaurer.

George Washington wurde später als der erste Präsident der Vereinigten Staaten von Amerika eingeschworen, von Robert Livingston, dem **Großmeister der Loge in New York**. [10]

Trotzdem gibt es auch Quellen, die vehement leugnen, dass die Freimaurer die Drahtzieher hinter den Kulissen der Amerikanischen Revolution waren. Immerhin ist so viel richtig, dass es auch Freimaurer gab, die als „Loyalisten" und „Königstreue" galten. [11]

Aber die Gegenargumente sind überwältigend: Zu viele Freimaurer hatten bei dieser Revolution ihre Finger im Spiel, ihre Beteiligung kann unmöglich abgeleugnet werden. Zudem muss man in Rechnung stellen, dass sich viele Drahtzieher nie öffentlich zur Freimaurerei bekannten und alles taten, um ihre Verbindung zu diesem Geheimbund nicht publik werden zu lassen.

Wahr ist weiter, dass später zahlreiche Präsidenten der Vereinigten Staaten **Freimaurer** waren, so unter anderem James Monroe, Andrew Jackson, James Polk, James Buchanan, Andrew Johnson, James Garfield, William McKinley, Theodore Roosevelt, Howard Taft, Warren Harding, Franklin Roosevelt, Harry Truman und Gerald Ford. Abraham Lincoln war kein Freimaurer, aber er versuchte, in die *Tyrian Loge*, Springfield , III., aufgenommen zu werden, kurz nachdem er zum Präsidenten nominiert worden war. Später wurde er zum Ehrenmitglied gekürt. Ronald Reagan war kein Freemason, aber ein „Honorary Member of the Imperial Council of the Shrine“ – einer Freimaurerloge. Auch eine „Certificate of Honor“ der Großloge von Washingtont D. C. wurde ihm verliehen. Die Mitgliedschaft von George Bush ist ebenfalls umstritten.

Auch das sind Indizien, dass die Amerikanische Revolution ein Werk der Freimaurer war.

Historiker heute sollten also aufhören, dieses Faktum zu unterdrücken, auszulassen oder seine Bedeutung herunterzuspielen, indem etwa nur verschämt am Rande auf diesen Geheimbund hingewiesen wird.

Auch die Auslassung einer Tatsache ist eine Geschichtsfälschung, jedenfalls wenn sie von solcher Bedeutung ist.

Dabei haben wir noch nicht einmal von den *Vordenkern* gesprochen, die die amerikanischen Freimaurer überhaupt dazu verführten, die Rebellion in Szene zu setzen. Auch in dieser Beziehung gibt es mehr als ein Geheimnis.

DAS MYSTERIÖSE BEZIEHUNGSGEFLECHT DER AMERIKANISCHEN REVOLUTIONÄRE

Die Französische Revolution im Jahre 1789 – die später auf die Amerikanische Revolution folgte – war ebenfalls ein Werk der Freimaurerei, wie wir bereits in dem Buch „Die größten Fälschungen der Geschichte“ [12] dargelegt haben. Der bedeutendste aller (intellektuellen) Revolutionäre, Monsieur Voltaire, war zweifelsfrei ein Freimaurer, desgleichen viele seiner Mitstreiter. Vor und während der Französischen Revolution gab es in Frankreich 629 Logen, man muss sich eine solche Zahl vor Augen halten! Überall wurde heimlich über die neuen Ideale (Liberté, Egalité, Fraternité – Freiheit, Gleichheit, Brüderlichkeit) diskutiert, die alle lupenrein freimaurerisch waren. Nahezu die gesamte französische Elite (zu denen d`Alembert gehörte, Diderot, Helvetius, d`Holbach, Condorcet und viele andere) … waren Freimaurer. Sie alle trafen sich in der Loge der *Neuf Soers* – der *Neun Schwestern*, wo die Drähte zusammenliefen.

Die Loge befand sich in Paris. Ihr Name war den griechischen neun Musen nachempfunden und wurde auch die *Loge der Philosophen* genannt. Die neun Musen symbolisierten die Wissenschaft und die Kunst. Ihre Mitglieder unterstützten nachweislich die Aktivitäten, die später zu der Amerikanischen Unabhängigkeitserklärung führten, aber sie hatte ebenfalls ihre Hand im Spiel bei der Französischen Revolution. Gegründet worden war die Loge der *Neuf Soers* 1776 von dem Gelehrten Jérôme de Lalande, dem ersten Logenmeister, dem es gelang, die gescheitesten Köpfe in dieser geheimen Bruderschaft zusammenzutrommeln. 1778 kürte der Logenmeister Benjamin Franklin und Voltaire zu Ehrenmitgliedern. Ein Jahr später wurde Franklin gar zum neuen Logenmeister gewählt. Als Benjamin Franklin nach Amerika zurückkehrte, wurde Thomas Jefferson in Frankreich Abgesandter der Vereinigten Staaten und selbst in die Loge aufgenommen, behaupten zumindest einige Quellen. [13]

Voltaire, der größte aller französischen Denker, engagierte sich nach seiner Ehrenmitgliedschaft ohne Zweifel ebenfalls innerhalb der Freimaurerei.

Ein Mitglied der Loge der *Neuf Soers* war ferner der Marquis de La Fayette (1757–1799), der die Verbindung zwischen den Franzosen und den Amerikanern aufrechterhielt. La Fayette war vom ersten Präsidenten der Vereinigten Staaten, George Washington – der selbst ein Freimaurer war, wie wir bereits wissen – zuvor in eine Loge der Vereinigten Staaten aufgenommen worden; in Frankreich gehörte er außerdem den Logen *Contrat Social* und *Suprême Conseil* an.

Weitgehend unbekannt ist darüber hinaus, dass die Drahtzieher der französischen Revolution (unter anderem also der Herzog von Orléans, Desmoulins, Mirabeau, Sièyes, Bailly, Talleyrand, Condorcet, Guillotin, Brissot, Marat, Danton und wahrscheinlich auch Robespierre) ebenfalls … Freimaurer waren. Mit anderen Worten, bei allen wichtigen Akteuren der Französischen Revolution handelte es sich um Mitglieder dieses Geheimbundes oder um Persönlichkeiten, die Freimaurern nahe standen!

Dem Freimaurer Desmoulins, der zur „spontanen" Gewalt aufrief und mit dem Sturm auf die Bastille das Fanal zu der Französischen Revolution gab, gingen zwei weitere Brüder zur Hand (Moreton und Chabrillan), die zur „Loge der Redlichkeit“ gehörten.

Der katholische Geistliche Abbé Sièyes (1748–1836), der immerhin zeitweilig Mitglied der französischen Nationalversammlung und anderer Regierungsorgane war, war der Loge der *Neun Schwestern* verbunden und also Freimaurer. Bailly (1736–1793), ein berühmter Astronom, der ebenfalls der Revolution das Wort redete, der intrigante Talleyrand (1754–1838), der später als Außenminister fungierte und Brissot (1754–1793), ein einflussreicher Jakobinerführer, waren allesamt Strippenzieher der Revolution und Freimaurer. Condorcet, der zeitweilige Präsident der französischen Nationalversammlung war ein Logenbruder genauso wie der berüchtigte Dr. Guillotin, der Erfinder der „Abkürzungsmaschine“; er gehörte zur *Grand Orient de France* und zwei weiteren Logen, eine davon war die berühmte *Les Neuf Soeurs*, die wir längst kennen und in der sich offenbar alles aufhielt, was Rang und Namen besaß.

Die Freimaurerei spielte also ebenfalls eine beträchtliche Rolle vor und während der Französischen Revolution. Und sie beeinflusste die amerikanische Freimaurerei.

Selbst der Club der Jakobiner war aller Wahrscheinlichkeit nach eine *Freimaurer-Vereinigung*, die immerhin über 50 % des Verlaufes der Französischen Revolution bestimmte. Der Club war geradezu eine Brutstätte freimaurerischen, revolutionären Gedankengutes. Zahlreiche Mitglieder der französischen Nationalversammlung waren *Freimaurer.*

Der Kopf der Französischen Revolution, zumindest zu Beginn, war der Herzog von Orléans. Bei ihm handelte es sich sogar um einen *Großmeister der französischen Freimaurerei*, er dirigierte die *Grand Orient Lodge.* Vorgeblich kaufte der Herzog im Jahre 1789 das gesamte Getreide auf, verhökerte es im Ausland oder versteckte es, womit er zu der Hungersnot in der Bevölkerung beitrug, die ohnehin bereits durch schlechte Ernten geplagt war – nur um den Hass auf den König weiter zu schüren. [14]

Als es endlich zum „Knall“ kam, sprich zum Sturm auf die Bastille, das berühmte Gefängnis in Paris, so geschah das also aller Wahrscheinlichkeit nach nicht durch einen Mob, der spontan losmarschierte, wie das immer wieder in vielen Geschichtsbüchern kolportiert wird, sondern durch Leute, die vorher bezahlt und regelrecht angeheuert worden waren, von revolutionären Führern, von *Freimaurern*!

Gleichzeitig hinterbrachten Kuriere der Freimaurer allen möglichen Städten in Frankreich die Nachricht, dass eine Verschwörung gegen die französische

Nation im Gange sei. Man hetzte also gegen den König und gegen die Aristokraten, die sich auf ihren Burgen und Landsitzen versteckt hielten. Und so züngelten die revolutionären Flammen schließlich überall in Frankreich haushoch auf.
Was aber bedeutet das?

KLEINES BRISANTES ERSTES FAZIT

Nun, es bedeutet zunächst sehr einfach, dass die Amerikanische Revolution ganz zweifelsfrei ein Werk der Freimaurerei war. Die amerikanischen Freimaurer (Freemasons) wurden von den französischen Freimaurern (Francmaçon) inspiriert. Da die neuen Ideen, die sich teilweise gegen die Monarchie richteten und gegen das Christentum, nicht in aller Öffentlichkeit diskutiert werden konnten, sondern nur hinter verschlossenen Türen, sprossen freimaurerische, verschwörerische Gruppierungen in den 13 Kolonien allerorten aus dem Boden. Nicht nur in Frankreich, auch in den USA gab es zahlreiche Zirkel, „feine Salons" und Debattierclubs, wo über eine „neue Politik" nachgedacht wurde. Es existierte noch kein Fernsehen, kein Radio und nur einige wenige Zeitungen. Die ehemaligen „Kommunikationszentren" waren eben diese Zirkel.
Wir werden auf die explosive gesamte Geschichte und die Beurteilung der Freimaurerei an späterer Stelle noch ausführlicher zu sprechen kommen, aber an dieser Stelle bereits so viel: Viele der aufgeklärtesten und der intelligentesten Geister dieser Epoche bemühten sich damals darum, die alten Zöpfe abzuschneiden und dem mittelalterlich-allgewaltigen Königtum einen Riegel vorzuschieben. Sie machten gegen den Aberglauben mobil, den die Priester dem Volk einhämmerten, gegen eine falsche und tendenziöse Geschichtsschreibung und gegen die absolutistische Monarchie.
Es gab innerhalb der Freimaurerei allerdings auch „königstreue" Vertreter, „Loyalisten", wie wir bereits gehört haben. Aber die Mehrzahl der Freimaurer debattierte aufgeregt über die neuen Ideen eines Monsieur Voltaire zum Beispiel, dessen Schriften fieberhaft in diesen geheimen Zirkeln und Salons gelesen wurden.
Doch wie haben wir letztlich über die Amerikanische Revolution zu urteilen? Nun, Geschichte beweist wieder und wieder, dass „Evolutionen" blutigen „Revolutionen" bei weitem vorzuziehen sind. Dennoch müssen wir zugeben, dass die Amerikanische Revolution einen unglaublichen Aufschwung herbei-

führte, nicht nur in den Vereinigten Staaten. Noch einmal: 6% der Weltbevölkerung (= Amerikaner) produzierten schließlich 50% aller Güter auf dem Erdball! Wir können die Anstrengungen eines Thomas Jefferson und eines Benjamin Franklin also nicht hochmütig ignorieren und sie als „Rebellen" und „Vaterlandsverräter" abqualifizieren. Die nobelsten Anstrengungen wurden von ihnen unternommen, um die „Kunst des Regierens" auf ein höheres Niveau zu heben.

Zugegeben: Fast alle Revolutionen, wenn man sie ohne Scheuklappen betrachtet, zeitigten mehr Unheil als Vorteile. Friedrich Schiller, einer der edelsten Vertreter deutscher Zungen, wandte sich später angeekelt von der Französischen Revolution ab, als er der Mordlust und des Blutdurstes der Akteure gewahr wurde.

Außerdem war das Ergebnis der Französischen Revolution beschämend: Ein Tyrann, ein Massenmörder, gelangte auf den Thron – Napoleon.

Dem Resultat in Amerika konnte man dagegen nur applaudieren: Ein britischer König, der die amerikanischen Kolonien nur ausnahm wie einen Truthahn, wurde zum Teufel gejagt. Man hob eine der fortschrittlichsten Verfassungen der Welt aus der Taufe. Blitzgescheite Gehirne, Genies ohne Frage, stellten sich die Aufgabe, eine neue Regierungsform zu etablieren, die das „größte Wohl für die größte Zahl" im Auge behielt.

Selten wurde ein wichtigeres Unterfangen im „Fach Politik" in Szene gesetzt. Diese Genies und Denker trugen die erstaunlichsten Weisheiten und Einsichten zusammen und unternahmen ein kühnes Experiment, wie es seit Aristoteles und also seit rund 2.500 Jahren nicht mehr unternommen worden war. Vor Jefferson kann man sich nur verneigen.

Ob eine blutige Revolution eine Notwendigkeit war – hierüber kann man sich allerdings bis ans Ende aller Tage streiten. Mehr als einmal versuchte der brillante Benjamin Franklin den Krieg zu vermeiden und ihm später die Spitze abzubiegen. Aber es misslang. Auf beiden Seiten war man nicht bereit, auch nur einen Zollbreit zurückzuweichen. Die Weltmacht Nummer 1 konnte sich einen so fetten Braten nicht vom Teller nehmen lassen. Und so versank Amerika zunächst im Blut, bevor es mit Blut die Amerikanische Unabhängigkeitserklärung schrieb.

Ein intelligenterer König, nicht dieser frömmelnde Georg III., hätte vielleicht all das Blutvergießen verhindern können – aber auch vielleicht klügere Köpfe im Rahmen der Freimaurerei, die die eigenen Hitzköpfe und Krakeeler hätten massiver in ihre Schranken weisen müssen. Denn die Bostoner Tea Party war ein offener Aufruf zur Gewalt. Die Gewalt rief „Gegengewalt“ auf den Plan und so schaukelte sich das Ganze wechselseitig hoch und eskalierte.

Die neuen Ideale waren also richtig, die Vorgehensweise falsch. Die Theorie war göttlich, die Praxis teuflisch.

Aber verurteilen kann man deshalb die Freimaurerei nicht. Ja, sie operierte im Verborgenen und ja, sie zündete eine Rebellion an – ein Umstand, den wir in vielen unserer Geschichtsbücher sorgfältiger und systematischer aufarbeiten müssen, denn es stellt eine Unterlassung dar und ist damit eine lupenreine Geschichtsfälschung. Aber es bleibt auch das Verdienst der Freimaurerei, über eine intelligentere, überlebensfreundlichere Methode der Regierungskunst nachgedacht zu haben.

Beenden wir mit diesen Zeilen unser vorläufiges Fazit über die Freimaurerei, über die wir später noch sehr viel mehr zu berichten haben. Wenden wir uns nun einer anderen schier unerklärlichen, mysteriösen Figur zu und dem Geheimbund, der sich hinter ihr verbarg.

6. DER MYSTERIÖSE GRAF VON SAINT GERMAIN

Wechseln wir übergangslos die Zeit und den Ort, begeben wir uns nach Europa, schippern wir von Amerika zurück über den Großen Teich und untersuchen wir hier einige Geheimbünde – genauer gesagt zur Abwechslung einmal eine einzige *konkrete* Figur, über die eine Zeitlang in allen Salons die wildesten Vermutungen angestellt wurden: Es handelte und handelt sich um niemand Geringeren als um den mysteriösen Grafen von Saint Germain (ca. 1710–1784).

Dieser Mann gibt uns wenigstens drei Rätsel auf, die wir alle im Laufe dieses Kapitels lösen werden.

Die unglaublichsten Anekdoten und Geschichtchen wurden über den Grafen von Saint Germain kolportiert, es summte in der Gerüchteküche, was diese schillernde Persönlichkeit anging. Niemand vermochte sich wirklich einen Reim auf den geheimnisvollen Grafen zu machen. Es wurde vermutet, dass er Gold machen und Edelsteine herstellen könne. Ferner nahmen einige Zeitgenossen an, dass er über ein Elixier verfüge, welches die Unsterblichkeit garantiere. Und schließlich wurde hinter vorgehaltener Hand geflüstert, dass er ein Hexenmeister und Magier sei, der mehr als 3.000 Jahre alt wäre, denn er konnte packende, intime, persönliche Details aus dem Leben verschiedener hochgestellter, historischer Persönlichkeiten berichten, die längst das Zeitliche gesegnet hatten.

Die einen hielten ihn für einen Scharlatan, Aufschneider und Hochstapler, während andere in ihm den geheimen, mit metaphysischen Kräften ausgestatten Magier sahen, eingeweiht in die höchsten Grade verschiedener Bruderschaften. Es wurde gemunkelt, er habe tatsächlich ein Wasser entdeckt, das unsterblich mache oder zumindest ein sehr langes Leben ermögliche.

Wieder andere hielten ihn für einen Spion und Geheimagenten und erneut andere für einen Sprössling, der den höchsten Adelskreisen entstammte.

Die Frage aller Fragen lautet also: Um wen handelte es sich bei dem Grafen von Saint Germain wirklich?

DIE LEGENDE

Um dem mysteriösen Grafen auf die Spur zu kommen, müssen wir zunächst ein wenig in seiner Biographie herumstöbern. Fest steht, es handelte sich um einen *Aventurier*, wie man zu seiner Zeit sagte, um einen Abenteurer. Der

Graf selbst bediente sich bei seinen zahlreichen Abenteuern vieler Namen: *Algarotti* nannte er sich in Berlin, *Bellamare* in Venedig, *Montferrat* in Italien, *Solar* auf Malta, *Welldon* (oder Welldone und Weldone) in Preußen und St. Petersburg und *Wolf* in London – um nur einige seiner Inkognitonamen, Decknamen, Tarnnamen und Künstlernamen zu nennen. Saint Germain benutzte während seines Lebens mehr als 30 Pseudonyme. Darüber hinaus verfügte er über verschiedene „Brudernamen" in diversen Geheimzirkeln, die seine wahre Identität jedoch nur noch mehr verschleiern.

Wiederholen wir: Einen Gauner, Glücksritter und Gaukler nannten ihn seine Feinde, einen edlen, hochbegabten, ewig jungen Weltweisen, Erfinder und Naturwissenschaftler seine Freunde.

Er trat auf als Alchemist, Arzt, Chemiker, Dichter, Mechaniker, Musiker, Philosoph, Physiker und Schriftsteller – ein bunt schillerndes Chamäleon.

Bemerkenswert und auf den ersten Blick unerklärbar ist der Umstand, dass er von vielen Souveränen Europas empfangen wurde, von Fürsten und Königen gleichermaßen, von Friedrich dem Großen ebenso wie von Prinz Heinrich von Preußen, dem Bruder des Preußenkönigs, von Ludwig XV., dem allmächtigen Franzosenkönig und von Wilhelmine, der Markgräfin von Bayreuth. Prinzessin Amalie, und Äbtissin im Stift zu Quedlinburg, Schwester Friedrichs des Großen war von ihm bezaubert und hingerissen, desgleichen der Markgraf Karl Alexander von Brandenburg-Ansbach/Brandenburg-Bayreuth. Hochrangige Damen suchten seine Nähe genauso wie mächtige Herrscher, denen man sich eigentlich kaum nähern durfte.

Das alles machte ihn zu einer der undurchsichtigsten Figuren des 18. Jahrhunderts. Was auch immer der Graf gewesen sein mag oder auch nicht, fest steht, er war ein Abenteurer und von zahlreichen Geheimnissen umwoben.

Leuchten wir weiter in die verborgenen Winkel seines bewegten Lebens. Wie sein Zeitgenosse Casanova, der berühmte Frauenheld, der sich viel darauf einbildete, als sein Schüler zu gelten, war der Graf ständig auf Reisen. Manchmal nannte man ihn deshalb auch abschätzig den „Kutscher Europas". Seine Vaterstadt konnte nie mit Sicherheit eruiert werden. Seine Verteidiger machten geltend, dass die Herkunft des Grafen deshalb im Dunklen bleiben müsse, weil es die politischen Umstände einforderten. Es hielt sich hartnäckig das Gerücht, dass sein Vater *Franz II. Rákóczy* sei, ein Fürst aus Transsylvanien. (Sein genauer Titel – oder zumindest ein Teil davon: *Franciscus II. Dei Gratia Sacri Romani Imperii & Transylvaniae princeps Rákóczy)* Dessen erstgeborener Sohn Leopold Georg sei angeblich mit dem Graf von Saint Germain identisch. Die Befürworter dieser These behaupteten, dass der Graf deshalb als Kind von der Bildfläche verschwinden musste, weil Franz II. Rákóczy an der Spitze der siebenbürgisch-ungarischen Freiheitsbewegung gestanden habe – ein Stachel im Fleisch der Dynastie der Habsburger. Die Habsburger fürchteten angeblich, dass ihnen ein Teil ihres Herrschaftsgebietes abspenstig gemacht werden würde. Um seinen erstgeborenen Sohn zu schützen, soll Saint Germain deshalb durch eine falsche Todesurkunde frühzeitig offiziell aus dem Verkehr gezogen worden sein – aus Gründen der persönlichen Sicherheit, um das Geschlecht derer von Rákóczy aufrechtzuerhalten. Unter abenteuerlichen Umwegen sei das Kind nach Florenz in die Obhut des Herzogs von Medici gebracht worden, berichtet das Gerücht weiter. Die falsche Todesurkunde datiere angeblich um das Jahr 1700. Das Geburtsjahr Saint Germain sei in Wahrheit das Jahr 1696. In Italien habe sich der junge Adelsspross in relativer Sicherheit vor den Häschern des Hauses Habsburg befunden. Hier soll er aufgewachsen sein und seine Kindheit verbracht haben.

Erleuchtete Biographen wissen weiter zu berichten, dass der junge Flüchtling sich bei der Firmung einen neuen Namen habe aussuchen dürfen. Spontan soll er auf eine entsprechende Frage hin geantwortet haben, dass er *Germanus* heißen wolle – weil seine Mutter deutscher Herkunft gewesen sei. Aber sein Medici-Ziehvater habe den Namen umgewandelt in *Saint Germain*, was wörtlich so viel wie *Heiliger Deutscher* bedeute. [1]

Aber, verflixt, es gab auch andere Gerüchte.

Eines besagte, dass er der Sohn der letzten spanischen Habsburger-Königin Maria Anna von Pfalz-Neuburg und eines jüdischen Bankiers sei, eines Comte Adanero –zuvor der Finanzminister der Königin. Niemand geringerer als der französische Außenminister Choiseul machte eine Andeutung in dieser Richtung. Aber auch Baron Carl Heinrich von Gleichen, ein dänischer Gesandter in Paris, hielt diese These für wahrscheinlich. Seine Quelle war Philipp von Stosch – ein deutscher Kunstsammler in Florenz, ein Doppelagent, der von Saint Germain als einem *Marquis von Montferrat* sprach – ein Deckname, den später Saint Germain tatsächlich benutzte.

Madame de Pompadour dagegen, die berühmt-berüchtigte Mätresse Ludwigs XV., behauptete steif und fest, Saint Germain sei ein Bastard des Königs von Portugal.

Casanova hingegen kolportierte, bei dem Grafen handele es sich um einen italienischen Geigenspieler namens Catalani. Der Minister des Markgrafen von Baden, von Gemmingen, gab jedoch zum Besten, Saint Germain sei der

Sohn eines Steuereinnehmers aus San Germano im Piemont (= eine Region im Nordwesten Italiens) … [2]
Gerüchte, Gerüchte, Gerüchte! Wir sehen sehr rasch, dass sich die Gerüchteküche überschlug. Für all diese Vermutungen gibt es indes eine sehr einfache Antwort, eine bestechend logische Antwort tatsächlich, die wir uns jedoch bis zum Schluss aufsparen wollen. Unzweifelhaft richtig ist, dass Saint Germain perfekt Italienisch sprach, Deutsch, Spanisch, Portugiesisch, Englisch und Französisch, mit Piemonter Akzent allerdings, weiter beherrschte er einige tote Sprachen.
Allein die Anzahl der Theorien über seine Herkunft verwirrte Bewunderer wie Feinde. Wichtiger aber war, dass sich aufgrund dieser Vermutungen die noble Welt von ihm angezogen fühlte, deutete doch alles auf eine vornehme und hohe Abstammung hin, zumindest auf eine besondere Familie. Und da sich Fürsten und Fürstensöhne gerne verkleideten und inkognito unter das Volk begaben, bestand durchaus die Möglichkeit, dass man es hier mit einem hohen Herrn zu tun hatte, der außerdem durch eine gepflegte, gelehrte und gekonnte Konversation bestach.
Schon früh scheint der spätere Hexenmeister und Goldmacher Reißaus genommen zu haben oder jedenfalls auf große Reise gegangen zu sein. Obskure und seriöse Quellen nennen gleichermaßen die unterschiedlichsten Destinationen. Bei aller Zurückhaltung darf man annehmen, dass er Russland besucht hat und Malta, vielleicht sogar Persien, verschiedene europäische Länder auf jeden Fall.
Es handelte sich um die wildesten, die abenteuerlichsten Reisen. Im 18. Jahrhundert waren die Straßen holprig, es gab Wegelagerer und Diebe, denen ein Menschenleben nichts galt. Reisen war gefährlich, die Kutschen eine Zumutung. Die fernen Länder dagegen waren genauso aufregend und exotisch wie heute. Die Welt wimmelte von Prinzen, Lokalfürsten, Baronen, Aristokraten, Zauberern und Schwindlern.
Genaueres Datenmaterial über diese Reisen zusammenzutragen ist indes vergebene Liebesmühe. „Dingfest" machen können wir Saint Germain jedoch mit Sicherheit im Jahre 1731 in Paris, wo er plötzlich am Hof des Königs von Frankreich auftaucht. Eingeladen wurde er von dem französischen Kriegsminister, Marschall von Belle-Isle, den er mit einigen hochfliegenden Invasionsplänen unendlich beeindruckt hatte, die in Richtung England zielten.
In Paris tummelte er sich in allen möglichen Zirkeln, auf Soirees und in Abendgesellschaften der feinen Gesellschaft. Der Graf beeindruckte nicht

nur durch erstaunliche historische und politische Kenntnisse, sondern auch durch allerlei esoterische, mysteriöse Reden und Andeutungen, die ihn zu einem Magnet dieser Gesellschaften machten, die immer auf der Jagd waren nach dem neuesten Klatsch und Unterhaltungskünstlern. Und so lernte der Graf von Saint Germain auch die Pompadour (1721–1764) kennen, die mächtigste Frau ihrer Zeit am Hof Ludwigs XV., des Franzosenkönigs.

Jeanne-Antoinette Poisson, die spätere Marquise de Pompadour und Duchesse, hatte selbst eine erstaunliche Karriere hinter sich. Bevor sie zur Mätresse des Königs aufstieg, war sie nichts als das unbedeutende Töchterlein eines bürgerlichen Heereslieferanten und Verwalters. Doch es mag sich auch sehr wohl so verhalten haben, dass ihr leiblicher Vater in Wahrheit ein reicher Bankier war, der sie nach einigen Skandälchen, die sie sich leistete, jedenfalls unter seine Fittiche nahm. Zunächst wurde Jeanne-Antoinette durch eine Heirat mit einem reichen Untersteuerpächter „versorgt", aber schon früh versuchte sie, die Aufmerksamkeit Ludwigs XV. auf sich zu ziehen – der höchste Preis für eine hübsche Frau in diesem Zeitalter, die in allen Liebesfinten und -finessen bewandert war. Sie begab sich wieder und wieder genau in das Wäldchen, wo der König mit seinem Gefolge zu jagen pflegte. Hier fiel sie zuerst dem Kardinal de Bernis auf, der sie 1745 zu einem Maskenball bei Hof einlud. Erstmalig traf sie hier Ludwig höchstpersönlich, mit dem sie sofort anbändelte und den sie offenbar so gut „bediente", dass er sie später nicht nur zu seiner offiziellen Mätresse machte („maîtresse en titre"), sondern sie auch überreichlich mit Titeln, Geld und Gütern belohnte. Da sie nur bürgerlicher Herkunft war, handelte es sich dabei jedoch erneut um einen Skandal. Die feinen Damen bei Hof zerrissen sich die Klatschmäuler. Die Pompadour hatte Zeit ihres Lebens deshalb mit Neidern zu kämpfen, die alles taten, um sie dem König zu entfremden. Aber offenbar machten ihre körperlichen Vorzüge und Einfälle im Schlafzimmer alles wett. Darüber hinaus besaß die Pompadour genug Intelligenz und Ehrgeiz, sich selbst in diesem Schlangennest, genannt der Hof, zu behaupten. Sie knüpfte geschickt ein ganzes Beziehungsnetz und gewann sogar die Königin zur Freundin. Darüber hinaus befriedigte sie stets das Unterhaltungsbedürfnis des Königs, nicht nur in intimen Belangen, sondern sie vertrieb auch die Langweile Ludwigs mit allerlei Gestalten und Figuren, die Abwechslung versprachen. Deshalb war sie stets auf der Suche nach neuen, aufregenden Paradiesvögeln, die in den feinen Salons von sich reden machten.

Auf diese Weise wurde die Pompadour auch auf den Grafen von Saint Germain aufmerksam. Sie hatte nichts Eiligeres zu tun, als ihn unmittelbar dem König zu empfehlen, um ihrer Rolle als Unterhalterin gerecht zu werden.
Und so sehen wir schließlich den Grafen in persönlichem Kontakt mit dem fünfzehnten Ludwig, der dem Charme des Magiers ebenfalls verfiel. Wir können die königlichen Debattierstunden nicht im Detail nachvollziehen, aber fest steht, dass der Graf Seine Majestät so beeindruckte, dass ihm Ludwig schließlich sogar ein eigenes Alchimisten-Labor zur Verfügung stellte.
Alle, alle waren sie in diesem Zeitalter besessen von der „Goldmacherkunst", über die zahlreiche Gerüchte kursierten. Und hier hatte der König von Frankreich offenbar eines dieser seltenen, wertvollen Exemplare eingefangen, das möglicherweise genau diese Kunst beherrschte, aber auf jeden Fall über handfestes, chemisches Wissen verfügte.
Später stellte der König dem Grafen weitere Räume in einem seiner Schlösser zur Verfügung, wo Saint Germain zusätzlich an Methoden herumexperimentierte, die mit der Einfärbung von Textilien zu tun hatten.
Aber am faszinierendsten waren die Goldmacherkunst und das Vermögen des Grafen, „Fehler" in Edelsteinen beseitigen zu können, sprich Einschlüsse in Diamanten beispielsweise, wodurch diese einen sehr viel höheren Wert erhielten. Auch behauptete der Tausendsassa, kleine Diamanten zu größeren Diamanten verschmelzen zu können. Saint Germains Bedeutung stieg dadurch schier unermesslich, denn vielleicht konnte er der ewigen Ebbe in der Kasse des Königs eines Tages abhelfen? Der mysteriöse Graf schlug jedenfalls Ludwig XV. vor, für ihn Diamanten und Gold herzustellen. Da die Staatsfinanzen heillos zerrüttet waren, [3] war Ludwig leicht zu überzeugen.
In den Laboratorien des Grafen zischten nun die Dämpfe, es brodelte in den Glaskugeln und siedete in den Töpfen. Wir sehen Saint Germain vor unserem geistigen Auge, in einer schönen, weißen Lockenperücke, zwischen all diesen Düften und Dämpfen, zwischen Rauchschwaden und Blasen und hören all die gluckernden, schmatzenden, sabbernden Geräusche. Wir sehen, wie er Versuche anstellt, wie er zähflüssige und schnellläufige Flüssigkeiten miteinander vermischt. Wir sehen ihn in uralten, dickleibigen Folianten Geheimschriften entziffern und hören, wie es in seiner Hexenküche brodelt und dampft. Und wir können nachvollziehen, wie er sich bemüht, Gold, Gold und nochmals Gold herzustellen – der uralte Traum aller Alchemisten.
Kurz gesagt gewann der Graf von Saint Germain das Vertrauen eines der mächtigsten Könige seiner Zeit, denn nichts ist verführerischer als die

Hoffnung. Darüber hinaus war der Graf auch in der Pharmazie bewandert. Manchmal verabreichte er einigen Damen, die sich mit Falten oder Verstopfungen herumplagten, verschiedene Mittel. Regelrechte Berühmtheit erlangte sein *Aqua benedetta,* das angeblich sogar das Altern aufhalten konnte.
Noch bedeutsamer aber wurde die Beziehung zwischen dem Alchemisten und dem König, als Ludwig ihm eines Tages eine brisante politische Mission anvertraute.

STRENG VERTRAULICH: DER SECRET DU ROI oder DAS GEHEIMNIS DES KÖNIGS

Erinnern wir uns: Damals herrschte der sogenannte *Siebenjährige Krieg* (1756–1763), der von Preußens Gesichtspunkt aus auch als *Dritter Schlesischer Krieg* bezeichnet wurde.
Preußen (plus Großbritannien, Portugal, Hessen-Kassel, Braunschweig-Lüneburg und Schaumburg-Lippe) standen auf der einen Seite, auf der anderen Seite befand sich die *österreichische Habsburgmonarchie* (plus Frankreich, Sachsen, das Russische Kaiserreich, Schweden und das Heilige Römische Reich).
Auf deutschem Territorium kämpfte in erster Linie Friedrich II. (Preußen also) gegen Maria Theresia (Österreich). Der Krieg wurde jedoch auch in vielen anderen Ländern ausgetragen (in Portugal, Nordamerika, Indien, in der Karibik und auf den Weltmeeren überhaupt), aber direkt vor der Haustür lag dieses brandgefährliche Preußen, mit dem Frankreich im Clinch lag, denn die Franzosen hatten sich in dieser Auseinandersetzung auf die Seite der Österreicher geschlagen.
Was war passiert?
Nun, Preußen hatte (unter der Führung Friedrich II.) die österreichische Provinz Schlesien einkassiert und versuchte nun, sie mit Zähnen und Klauen in seinem Besitz zu halten. Österreich (mit Maria Theresia auf dem Thron) plagten dagegen Rückeroberungsgelüste, was Schlesien anging, das sich dieser freche Preußenkönig einfach unter den Nagel gerissen hatte.
Großbritannien, das auf der Seite Friedrichs stand, wollte in Wahrheit nur Frankreich eins auswischen, auf den Weltmeeren, in Amerika und in den Kolonien.
Von einem übergeordneten Standpunkt aus kämpfte also Großbritannien gegen Frankreich um die „Weltherrschaft“, dieser preußisch-österreichische Bruderkrieg war nur ein Nebenschauplatz.

An der Spitze Frankreichs stand zu dieser Zeit Ludwig XV., später der *Ungeliebte* genannt (frz. *le Mal-Aimé*), weil er schwere politische Fehler beging, die indirekt zu der blutigen Französischen Revolution führten. Aber die Zügel in der Hand hielt in dieser Periode Étienne-François de Choiseul d'Amboise, kurz *Choiseul* genannt, der führende französische Staatsmann. Er war es gewesen, der die Allianz zwischen Frankreich und Österreich geschmiedet hatte, die sich zuvor spinnefeind gewesen waren. Choiseul steuerte also die gesamte Politik Frankreichs.

Ludwig XV., vom Ehrgeiz geplagt, neidete jedoch Choiseul den Einfluss, seinem eigenen ersten Mann. *Er* wollte die „große Politik" bestimmen. War *er* nicht der König von Frankreich, von Gottes Gnaden? Und war *er* nicht der Urenkel des Sonnenkönigs?

Der fünfzehnte Ludwig verlor später durch die erfolglose Teilnahme am Siebenjährigen Krieg den größten Teil der französischen Kolonien in Nordamerika und Indien, ja sogar ganz Kanada. Planet Erde wäre heute weitgehend „französisch", wenn Ludwig XV. und Choiseul andere, bessere Entscheidungen getroffen hätten.

Unter Choiseul war jedenfalls der Jahrhunderte währende Konflikt zwischen Frankreich und Österreich beigelegt worden – so dass es Frankreich auf einmal mit dem erstarkten Preußen zu tun bekam und England fürchten musste. Ludwig XV. wollte das Ruder jedoch herumreißen. Ohne Wissen Choiseuls entfaltete er deshalb heimlich rege dipomatische Aktivitäten. Hierfür gründete er den „Secret du Roi" (wörtlich = „das Geheimnis des Königs", aber eigentlich handelte es sich um eine Art Geheimdienst), der ihm dabei helfen sollte. Ludwig regierte damit zu einem gewissen Grad an seinem eigenen ersten Staatsmann vorbei.

Der *Secret du roi* beinhaltete nicht nur die Geheimkorrespondenz des französischen Königs, sondern in seinem Rahmen fanden auch diplomatische Kontakte statt, ferner wurde in alle Richtungen hin spioniert.

Ein Ziel des Secret du roi bestand darin, „vorzufühlen", ob man aus dem unseligen Dritten Schlesischen Krieg (oder Siebenjährigen Krieg) aussteigen konnte. Es galt also, bei den Fürsten und gekrönten Häuptern vorsichtig anzufragen, durch die Blume gewissermaßen. Es ging bei diesem königlichen Geheimdienst, der offiziell nicht existierte, mithin nicht nur darum, brisante Informationen einzuholen, über Stimmungen und Truppenstärken etwa, es handelte sich um einen regelrechten Spionage- und Informationsdienst mit diplomatischer Mission. Grundsätzlich sollte der französische Einfluss in Europa ausgeweitet werden. Der Secret du roi konnte dabei ohne die strenge Etikette, die normalerweise an den Höfen herrschte, operieren. Indirekt richtete sich der Geheimdienst vor allem gegen England, aber auch gegen den zunehmenden Einfluss Russlands in Europa. Wenn es gelang – so die Überlegung Ludwigs – aus dem vermaledeiten Siebenjährigen Krieg auszusteigen, war viel gewonnen.

Auf diese Art und Weise entwickelte sich eine zweite inoffizielle Schiene der französischen Außenpolitik.

Eine mögliche Allianz mit Preußen (sowie der Türkei, Polen und Schweden) war das hoch geheime, fernere Ziel. [4]

Sollte Choiseul mit seiner Liebe zu Österreich und seinem Hass auf Preußen doch zum Teufel gehen!

GEHEIMDIPLOMAT UND TOP-SPION

Es ging mithin um Politik in den obersten Rängen, wo das Pflaster heiß war. Genau an dieser Stelle kam Saint Germain ins Spiel, denn dieser Mann besaß ein erstaunliches Geschick, allerorten Kontakte zu knüpfen, selbst in den feinsten Zirkeln.

Der König von Frankreich instruierte Saint Germain entsprechend – vermuteten jedenfalls später einige Historiker. Seine Mission bestand darin, in Den Haag in aller Heimlichkeit vorzufühlen, ob ein Frieden mit England in die Wege geleitet werden konnte. Und so sehen wir auf einmal Saint Germain in die geheimsten politischen Aktivitäten verstrickt. Und wir sehen den „Kutscher Europas" wieder reisen.

Doch die Spuren, die schon damals kaum sichtbar waren, aus ersichtlichen Gründen, wurden von der Geschichte noch mehr verwischt. Wir sehen die Umrisse des Grafen bestenfalls da und dort aufscheinen und aufblitzen, aber nur um sofort wieder im Dunkel der Historie zu verschwinden.

Kaum haben wir eine Ecke des Grafen erhascht, kaum haben wir ihn sozusagen am Rockzipfel festgehalten, entgleitet er uns auch schon wieder – in den Schwaden der Gerüchteküchen und der unbewiesenen Mutmaßungen. Immerhin steht fest, dass er in der Folge an zahlreichen Freimaurer-Kongressen teilnahm, ein Umstand, der uns aufhorchen lässt. Es ist unzweifelhaft, dass er in diesem Kontext bestimmte politische Ziele verfolgte und es steht weiterhin fest, dass er im Auftrag des Königs von Frankreich tätig war. Wir finden ihn zunächst – laut Quellen, für die wir allerdings nicht die Hand ins alchemistische Feuer legen können – als Abgesandten in Den Haag. Später begegnen wir ihm, schemenhaft, schattenhaft, als Gesandten auf Malta. Ferner stolpern wir sozusagen über ihn, wenn wir den (ein)gefärbten Quellen glauben dürfen, in Sankt Petersburg, Bordeaux, Metz, Rom, London und Wien. Und jetzt wird es wirklich interessant: Denn einige der ohnehin spärlich und nicht hoch aufsprudelnden Quellen nennen einmal Ludwig XV. (und also Frankreich) als Auftraggeber, ein anderes Mal Friedrich II. (und also Preußen) und wieder ein anderes Mal die Kaiserin Maria Theresia (Österreich).

Seine Anhänger und Bewunderer behaupten bis heute steif und fest, dass er damals bei verschiedenen Friedensmissionen eine wichtige Rolle gespielt, dass er als Geheimdiplomat die unglaublichsten Winkelzüge ausgeführt und dass er das damals von Kriegen, Scharmützeln und Machtkämpfen geschüttelte Europa vor dem Schlimmsten bewahrt habe. Ja, einige Verteidiger weisen dem Grafen sogar eine Schlüsselrolle zu, was die Friedensverhandlungen zwischen Österreich und Preußen sowie zwischen England und Frankreich anbelangen. Es scheint nur festzustehen, dass der Graf, dass Algarotti, Bellamare, Montferrat, Solar, Welldone oder Wolf – oder welchen Namen man auch immer bevorzugt – in geheimer Mission tätig war.

Aber nichts ist sicher.

Einige Quellen behaupten, dass *er* es gewesen war, der dem König von Frankreich die Gründung eines Geheiminstitutes der Diplomatie anempfahl, aber auch das ist nicht zu verifizieren. Doch es weckt erneut unser Interesse, wenn wir wieder und wieder hören, dass er ständig an den verschiedensten Freimaurer-Kongressen teilnahm, ja, dass er Freimaurer-Logen sogar mitbegründen half und ständig an vielen Fürsten- und Königshöfen Europas zugegen war.

Wir finden Saint German jedenfalls an so vielen Orten, dass wir nur staunen können. Wir begegnen dem Grafen in Rom, Neapel, Mailand und Bayreuth und wir können ihn aufspüren in Braunschweig, Wiesbaden, Hamburg und zahlreichen anderen Städten. Außer Frage steht also seine Reisetätigkeit. Wir hören wieder und wieder von Logen-Gründungen und einmal von seinem überraschenden Auftauchen bei einem Kongress der Freimaurer in Wilhelmsbad (Hessen). Seine politischen Missionen können wir indes kaum nachvollziehen.

Doch bleiben wir zumindest ansatzweise der Chronologie treu. Immer wieder hören wir, dass der Graf die geheimen Friedensverhandlungen 1760 in

Den Haag leitete und angeblich auch die Fäden hinter den Kulissen bei den Friedensvorverhandlungen im Jahre 1762 zog. Aber die Orte sind ungewiss, die Ergebnisse noch ungewisser. Wie wir es auch drehen und wenden: Die Fakten, die harten, nachvollziehbaren, unbestechlichen Fakten sind mager. Immerhin sind sich Historiker hierüber einig: Als der französische Botschafter d'Affry von Saint Germains Friedensverhandlungen erfuhr und in heller Aufregung darüber Choiseul berichtete, dem ersten Staatsmann Frankreichs, war der Teufel los. Choiseul befahl die sofortige Verhaftung von Saint Germain, weil er sich seiner Meinung nach in Dinge einmischte, die ihn nichts angingen.

Saint German suchte (vielleicht) Rückhalt bei König Ludwig, von dem er schließlich und endlich angeblich den Auftrag erhalten hatte. Aber Ludwig XV. ließ ihn fallen wie eine heiße Kartoffel und stellte sich unwissend. Er mochte es sich nicht mit Choiseul verscherzen, den er bewunderte, beneidete und vielleicht auch ein wenig fürchtete. Ludwig fühlte sich zwar ertappt, spielte aber das Unschuldslamm. Saint German sah sich gezwungen, nach London zu fliehen, um dem Zugriff der Häscher Choiseuls zu entkommen.

All das ist zumindest die Meinung einiger St.-Germain-Verehrer, hieb- und stichfest belegen lässt es sich nicht.

Nur die Flucht ist unzweifelhaft. Danach mied der Graf eine Weile Frankreich, der Boden dort war ihm zu heiß geworden.

DICHTUNG UND WAHRHEIT

Wilde Gerüchte besagen, dass St. Germain eine Rolle beim Putsch Katharina II. spielte, im Jahre 1762 in Sankt Petersburg. Katharina befand sich damals gerade dabei, ihren ungeliebten Ehemann vom Thron zu stoßen und in Russland die Zügel selbst in die Hand zu nehmen. Wahrscheinlich handelt es sich hierbei jedoch wieder nur um eine weitere der vielen Verschwörungstheorien, die schon damals wohlfeil zu haben waren und kaum durch Tatsachen abgestützt werden können.

1763 kaufte sich Saint Germain schließlich ein Gut bei Nijmeggen (oder Nijmegen, im Osten der Niederlande gelegen), wo er sich erneut ein Labor einrichtete. Plötzlich schwamm er im Geld.

Was war passiert?

Er hatte eine reiche Brüsseler Geschäftsfrau (des Bankhauses Nettine) gewinnen können, ihm finanziell unter die Arme zu greifen, weiter seifte er einen

österreichischen Adligen ein (Graf Philipp von Cobenzl). Eine Manufaktur erblickte später sogar das Licht der Welt, die beiden Finanziers streckten stattliche Geldsummen vor. Erneut ging es um Farben und Textilien. Ein großer Auftrag winkte, als Kaunitz, der österreichische Superminister, vorfühlte, um eine riesige Bestellung bei ihm aufzugeben. Aber die (Farb- und Qualitäts-) Tests fielen negativ aus und das Geschäft löste sich in Luft auf.
Wenig später verschwand Saint Germain auf Nimmerwiedersehen aus den Niederlanden, hinter sich einen turmhohen Berg von Schulden zurücklassend.
1774 hielt er sich am Hofe des Markgrafen Karl-Alexander von Brandenburg-Ansbach/Brandenburg-Bayreuth auf. Auch hier experimentierte er wieder mit Farbstoffen – die Chemie und Alchemie waren sein Lebenselixier.
Im gleichen Jahr führen die Spuren wieder zurück in die Niederlande und weisen nach Italien.
1777 verfiel der Herzog von Braunschweig dem Charme des Alchemisten im Rahmen der Freimaurerei.
1778 schwelgte Saint Germain mit Karl von Hessen-Kassel, dem Statthalter des dänischen Königs, in verschiedenen geheimnisvollen Freimaurermythen – und konnte ihn dazu veranlassen, ihm ein Alchemistenlabor einzurichten. Beide gründeten später eine Seidenfärberei. [5]
All das sind jedoch nur Punkte auf der Landkarte, willkürlich herausgepickt. Ständig ist der „Kutscher Europas" auf großer Reise. An verschiedenen Orten lässt er seine Spuren zurück – und immer die unglaublichsten Geschichten. Sie sind so widersprüchlich, gegensätzlich und außergewöhnlich, dass man rot im Gesicht anlaufen müsste, wollte man nur eine einzige als „wahr" bezeichnen.
Aber immer ist es faszinierend, wenn wir hören, der Alchemist habe auf die Frage, welches Alter er habe, geantwortet, dass er viele hundert Jahre oder gar 2.000 oder 3.000 Jahre alt sei. Ist es nicht erregend, wenn wir hören, dass er einst mit Sokrates persönlich Streitgespräche führte? Dass er die heilige Familie und Jesus Christus mit eigenen Augen erblickte? Und kann man nicht den Kitzel nachvollziehen, den er verursacht haben muss, wenn er über sein *aqua benedetta*, sein Lebenswasser, geheimnisvolle Andeutungen machte?
Stellen Sie sich vor, wie aufregend es wäre, auf Dauer jung zu bleiben und das Geheimnis des ewigen Lebens zu kennen! Er selbst, so wurde kolportiert, sah selbst im hohen und höchsten Alter ständig frisch und jung aus! Ist es nicht weiter absolut fabelhaft, wenn wir hören, dass St. Germain über

prächtige Gemmen verfügte, funkelnde, riesige, faustgroße Edelsteine? Dass er Diamanten und Rubine und so fort mit Einschlüssen und Rissen „reparieren" und ihren Wert dadurch um das x-fache steigern konnte? Ja, dass es ihm gelungen war, Gold zu machen? Oh, Rätsel über Rätsel! Wir werden sie sogleich lösen!

Man könnte an dieser Stelle tatsächlich die unglaublichsten Histörchen wiederholen, die wildesten Räuberpistolen und die unerhörtesten Abenteuergeschichten. Dabei ist ihm keines seiner „Talente" nachzuweisen. Einige Zeitgenossen glaubten tatsächlich, dass der Graf von Saint Germain unsterblich wäre.

1784 jedoch starb der Unsterbliche. Die Sankt Nicolai-Kirche in Eckernförde (Schleswig-Holstein) rühmt sich seines Grabes.

NICHTS ALS DIE WAHRHEIT

Halten wir endlich ein. Und kommen wir dem Burschen auf die Schliche, der ein ganzes Jahrhundert zum Narren hielt. Packen wir aus! Welche Fakten muss man in Rechnung stellen, wenn wir St. Germain beurteilen wollen?

RÄTSEL Nr. 1

Nun, das erste Rätsel des Grafen von Saint Germain haben wir bereits zu einem gewissen Grad gelöst. Es löst sich vollständig in Wohlgefallen auf, wenn wir uns noch einmal vor Augen halten, dass er für den französischen König, für Ludwig XV. sowie für die Pompadour, die sich ebenfalls nur allzu gern in politische Belange einmischte, offenbar *spionierte*. Dabei ist es völlig unerheblich, ob ihn tatsächlich Ludwig XV. beauftragte oder nicht, ob Ludwig ein doppeltes Spiel spielte oder über die Aktivitäten seines Alchemisten nicht informiert war, wie einige Autoren zu wissen glauben. [6]

Wir halten dafür, dass er geradezu ein klassischer Geheimagent und Geheimdiplomat Ludwigs war und durchaus mit dessen Erlaubnis agierte.

Geht man genau davon aus, so wird auf einmal St. Germains Manie, ständig mit Tarnnamen, Inkognitonamen und Decknamen zu operieren, verständlich. Erinnern wir uns noch einmal: *Algarotti* nannte er sich in Berlin, *Bellamare* in Venedig, *Montferrat* in Italien, *Solar* auf Malta, *Welldon* (oder Welldone und Weldone) in Preußen und St. Petersburg und *Wolf* in London. Wie schon gesagt: Saint Germain benutzte während seines Lebens mehr als 30 Pseudonyme. Die Methode, verschiedene Geburtsorte anzugeben und eine hohe Abkunft vorzutäuschen, fällt ebenfalls in diese Kategorie. Sie machte ihn nicht nur interessant, sie verschleierte darüber hinaus erneut seine wahre Identität. Niemand kolportierte eifriger all diese „Legenden" als der Graf selbst! *Er* erfand alle diese Märchen, *er* „verriet" sie hinter vorgehaltener Hand.

Darüber hinaus verfügte er über verschiedene „Brudernamen" in diversen Geheimzirkeln. Ständig verwischte St. Germain jede Information, die die eigene Person betrafen.

Man braucht sich nur die Definition zweier Wörter aus dem Geheimdienstbereich vor Augen halten und schon versteht man mit einem Schlag die Vorgehensweise eines Spitzels. Die Wörter? *Legende* und *Cover.*

Unter einer „Legende" versteht man im Spionageslang eine künstlich aufgepfropfte, erfundene Identität. Heute werden Spione tagelang, ja monatelang trainiert, um eine „Legende", eine falsche Identität also, zu erlernen und um sie später aufrechterhalten zu können. Sie müssen im Schlaf den falschen Namen, die falschen Eltern, den falschen Geburtsort und so fort ausspucken können, selbst wenn ihnen zum Beispiel eine Pistole in ein Nasenloch gesteckt wird. Man spricht auch von einem „Cover" im angloamerikanischen Raum. Als „Schutz" wird eine angenommene Identität, ein falscher Name, ein falscher Beruf und so fort systematisch antrainiert.

Natürlich war diese Spitzeltechnik auch schon im 18. Jahrhundert bekannt, zumindest ansatzweise. Und so verstehen wir mit einem Schlag, warum St. Germain ständig mit so vielen Covernamen hausieren ging: Er musste einfach ständig neue Identitäten erfinden, neue „Legenden", um unerkannt zu bleiben und spionieren zu können.

Nach dem sorgfältigen Studium vieler Quellen und nach der Entdeckung eines ständig auftauchenden roten Fadens, den man herauszwieseln kann – eben die kontinuierlich wechselnden Namen – glauben wir, gute Argumente dafür vorbringen zu können, dass St. Germain nichts als ein hochbegabter Spitzel war, möglicherweise sogar ein *Doppelspion.*

Sein ursprünglicher Auftraggeber und seine erste Loyalität galten ganz zweifellos der Pompadour und Frankreich, aber wir können nicht ganz ausschließen, dass er auch für andere spionierte – vielleicht für Friedrich II., vielleicht für Maria Theresia. Möglicherweise verhökerte er sein Wissen um die wahren Absichten einiger Herrscher auch meistbietend und füllte sich nur selbst den Beutel, wie das Spione bis heute tun. St. Germain besaß jedenfalls alle Anzeichen eines klassischen Spions:

1) Er verkehrte stets in den höchsten Kreisen.
2) Er schnüffelte in jeder Ecke Europas herum.
3) Und er log das Blaue vom Himmel herunter. Vor allem flunkerte er, wenn es galt, seine „wahre“ Identität zu enthüllen.
4) Darüber hinaus bekommt man diese Figur nie zu fassen. Aber es ist ein Markenzeichen eines Spions, stets unerkannt zu bleiben. Ein Spion ist per definitionem ein Geheimniskrämer. Es ist sein Sport, seine tägliche Routine, ständig die Tarnkappe zu tragen.

Und so kann man das ganze „Geheimnis“ dieses St. Germains mit einem einzigen Lufthauch wegblasen, wenn wir erkennen und zugeben, dass er eben ein Agent war, der ständig und nahezu zwanghaft mit falschen Identitäten und fremden Namen allerorten auftrat.

Mit an Sicherheit grenzender Wahrscheinlichkeit spionierte St. Germain also für Frankreich. Ferner betätigte er sich möglicherweise für Ludwig als Geheimdiplomat. Wir kennen diese Doppelfunktion bis heute. Hochrangige KGB-Funktionäre oder auch CIA-Offiziere traten während des Kalten Krieges nach außen hin gern als Diplomaten auf, während sie in Wahrheit Spione waren. St. Germain führte offenbar einige brandgefährliche Missionen aus. Möglicherweise verfügte er über ein ganzes Netz von Zuträgern, denn allein die Menge seiner hochrangigen Kontakte waren atemnehmend.

Manchmal hören wir sogar von „Sonderaufträgen“ – ohne sie wissenschaftlich belegen zu können. Selbst der eiskalte, kluge, berechnende Friedrich der Große beschäftigte ihn möglicherweise, wie gerade erwähnt. Darüber hinaus gibt es gewisse Anzeichen, dass er für Russland spionierte. Wir glauben deshalb sogar – man gestatte die Wiederholung – dass St. Germain ein *Doppelspion* war, der wie gesagt in erster Linie Ludwig XV. diente, aber nichts dagegen einzuwenden hatte, wenn ihm auch andere Herrscher den Beutel füllten. Loyal war er letztlich nur sich selbst gegenüber und seinem eigenen Geldsäckchen, wie das bis heute bei vielen Spionen der Fall ist. Die ganze Geheimniskrämerei des Grafen wird jedenfalls damit plötzlich verständlich.

Als er sich jedoch zu weit aus dem Fenster lehnte, was seine Funktion als „Geheimdiplomat“ anging, ließ ihn Ludwig (oder die Pompadour oder beide) eiskalt über die Klinge springen. Der französische König konnte unmöglich öffentlich zugeben, dass er ein doppeltes Spiel spielte, er hätte sich im Ausland unsterblich blamiert – gegenüber Choiseul ohnehin.

Die Eitelkeit verführte St. Germain, sich als „Geheimdiplomat“ in allen möglichen Kreisen einzuführen – ein fataler Fehler, denn ein „Geheimdiplomat“,

dessen Cover geplatzt ist, ist nichts mehr wert. Wenn im Kalten Krieg ein KGB-Offizier, der nach außen hin den Diplomaten gab, enttarnt wurde, schickte man ihn sofort in die Wüste und zurück nach Moskau.
Das gleiche Schicksal widerfuhr dem Grafen.
Sein Drang, überall zu glänzen, verursachte, dass sein Cover platzte. Durch seine Manie, allerorten die öffentliche Aufmerksamkeit auf sich zu ziehen, schaufelte er sich sein eigenes Grab; denn in der Folge distanzierte man sich von ihm in den höchsten Kreisen, zum Teil sogar öffentlich – den Souveränen blieb gar keine andere Wahl.
Hinzufügen muss man jedoch, dass all dies nichts als eine Vermutung ist. Ausgezeichnete Autoren, wie Thomas Feller, machten darauf aufmerksam, dass keine unumstößlichen Beweise für die Spionage- und Diplomatentätigkeit des Grafen existierten. Aber man muss zugeben, dass viele Details in diese Richtung weisen.

RÄTSEL Nr. 2

Verzichten wir auch nicht darauf, auf all die verschiedenen Aussagen über die Freimaurerei genauer einzugehen. Der wichtigste Geheimbund der Welt sah im 18. Jahrhundert gänzlich anders aus als heute. St. Germains Zugehörigkeit zu verschiedenen Geheimbünden passt natürlich wie die Faust aufs Auge zu der Identität eines Spions. Der Graf tummelte sich angeblich bei den Deutschordensrittern, bei den Maltesern, bei den Rosenkreuzern und vielen anderen Freimaurer-Vereinigungen. Alle diese Geheimbünde und Bruderschaften verfolgten *politische* Ziele. Zugegeben, zum Teil vertraten sie völlig gegensätzliche Intentionen. Aber *dass* politische Absichten vorlagen, bestreitet heute kein ernsthafter Geschichtswissenschaftler. [7]
Halten wir folgendes fest: Niemand anders als Will Durant, seines Zeichens der vielleicht renommierteste Historiker US-Amerikas, konstatierte, dass die Freimaurer in dieser Zeit einen ungeheuren Einfluss besaßen. Er kommentiert trocken, dass im 18. Jahrhundert nahezu auf oder hinter jedem europäischen Königsthron ein Freimaurer saß oder stand. [8]
Aufgrund der gegensätzlichen Intentionen und Ziele, Riten und geheimen Einweihungszeremonien innerhalb der Freimaurerei bekämpfte man sich jedoch teilweise bis aufs Messer. Aber Logen gab es beispielsweise in Altenburg, Bayreuth, Bernburg, Braunschweig, Dresden, Greifswald, Halle, Hamburg, Jena, Königsberg, Kopenhagen, Leipzig, Prag, Rostock, Stettin, Stutt-

gart, Warschau und Zweibrücken. Es gab Logen in Franken, Hessen, Holstein, Thüringen, Schlesien und in Schwaben. Logen existierten in England, Frankreich und in den englischen und französischen Kolonien.

Man stelle sich dieses geballte Netzwerk vor, das vor allem deshalb so interessant war, weil diesen Logen hochrangige Persönlichkeiten angehörten: Fürsten, einflussreiche Administratoren, Aristokraten, Literaten und berühmte Künstler. Mozart, Goethe, Herder, Fichte und Lessing … alle, alle waren sie Freimaurer. Die intellektuelle Elite, die Finanzelite und die politische Elite waren in Geheimbünden organsiert. Hier wurde debattiert, hier wurden Informationen ausgetauscht und über hohe Politik gefachsimpelt und entschieden. Auf keine andere Weise kam man schneller in Kontakt mit den politischen Entscheidungsträgern, mit den Mächtigen dieser Welt – man musste nur einem Freimaurerbund angehören.

In diesen Kreisen verkehrte Saint Germain gezielt und sehr berechnend. Dadurch konnte er seine Spionagetätigkeiten leicht ausweiten und sich bis in die höchsten Zirkel emporschwindeln. Über all diese Geheimorden, ob sie sich nun Rosenkreuzer, Goldkreuzer oder („wiederstandene“, moderne) Templer nannten, konnte man etwas bewegen. Man konnte Informationen abschnappen und bis vor den Thron von Königen gelangen. Es handelte sich um die Kommunikationszentralen des Zeitalters. Es konnte Einfluss genommen werden, Dinge wurden in Gang gesetzt.

Anfang des 18. Jahrhunderts gab es bereits drei Grade der Freimaurerei (Lehrling, Geselle und Meister). Das Maurerwesen breitete sich ab der Mitte des 18. Jahrhunderts in rasender Geschwindigkeit in alle Himmelsrichtungen aus. In fast allen europäischen Ländern war es schließlich vertreten, aber auch jenseits des Großen Teiches und in einigen asiatischen Ländern.

Die Logen selbst drifteten teilweise völlig auseinander. In Frankreich entwickelte sich die Hochgradfreimaurerei mit vielen Stufen, aber auch in der englischen Freimaurerei gab es schließlich eine beträchtliche Anzahl von Graden. Die höchsten Stufen versprachen Einweihung in die geheimsten Geheimnisse. Alle Logen waren hierarchisch strukturiert.

Relativ früh hagelte es gleichzeitig Verbote und Strafen, wenn man der Freimaurerei angehörte. Vor allem die Kirche und ein paar Päpste machten gegen die Freimaurer mobil. Aber ach! Nichts liebt das Menschengeschlecht mehr als die Geheimniskrämerei. Und so gelang es zu keiner Zeit, die Freimaurerei auszurotten, im Gegenteil, es bildeten sich immer mehr „Clubs“ und Geheimgesellschaften.

Weiter drang durch die Hintertür mystisches und esoterisches Gedankengut in die heiligen Hallen der Logen ein. Es wimmelte schließlich in ihnen von erleuchteten Geistern, von Okkultisten, Spiritisten und „Eingeweihten". Es gab Teufelsaustreibungen, unerklärliche Heilungen und Wunder zuhauf. Die Rosenkreuzer widmeten sich vor allem alchemistischen Experimenten. Aber es gab auch kabbalistische (= geheime jüdische Lehren), christliche und ägyptische Geheimlehren, sowie alle möglichen Richtungen und Riten, Pfade und Grade. Es gab sogar römisch-katholisch orientierte Freimaurer, obwohl die Kirche im Allgemeinen in der Freimaurerei ein Werk des Teufels sah und sie heftig bekämpfte. Es existierten Freimaurer, die die Monarchie guthießen und in den Himmel lobten und es gab Freimaurer, die das Königtum hassten und verdammten.
Freimaurerlogen standen jedoch immer inmitten eines interessanten Beziehungsgeflechtes. Hier traf „man" sich, vornehmlich Aristokraten, reiche Bürger, Intellektuelle und berühmte Künstler, wie schon gesagt. Die meisten Logen ließen ihre Mitglieder auf brisante Kontakte hoffen – nicht anders als heute – sprich auf den Zugang zu den besseren Kreisen der Gesellschaft. Man knüpfte Konnexionen, erhoffte sich insgeheim wirtschaftliche Vorteile und nahm an, dass man vielleicht sogar ein neues, einträgliches Pöstchen ergattern konnte. Als Freimaurer war man sofort bestens vernetzt.
Und so erkennen wir sehr rasch, dass sich der Graf von Saint Germain einfach skrupellos all dieser Kontaktbörsen bediente, in denen allerlei angeblich „verbotenes Wissen" verbreitet und feilgeboten wurde, denn die Zeit war besessen von jeder Art von Geheimniskrämerei. Die Freimaurer-Verbände waren ein Vehikel, in dem sein Stern als Alchemist besonders hell leuchten konnte, da sich die Geheimbündler von auffallenden „Talenten" stets angezogen fühlten. Da der Graf zusätzlich von verschiedenen Rätseln umwoben war, war er gleich zweimal attraktiv.
Und so tummelte sich der gewiefte, gerissene Graf sehr einfach in zahlreichen unterschiedlichen Freimaurer-Geheimbünden, die sich oft widersprachen, manchmal bekämpften, mitunter hassten, manchmal aber auch an einem Strang zogen – aber immer den Zugang zu den höheren Kreisen eröffneten.

RÄTSEL Nr. 3

Das letzte Rätsel löst sich, wenn wir zugeben und annehmen, dass der Graf von Saint Germain nichts als ein gnadenhaft begabter Schauspieler, Schwindler und Scharlatan war.

Der Trick, sich mit zahlreichen Geheimnissen zu umgeben, mit intellektuellen Labyrinthen, funktionierte hervorragend in diesem Zeitalter, das trotz der Aufklärung noch immer abergläubischer war, als es Horoskopleser heute sind. Die meisten Anekdoten und Geschichten über den „geheimnisvollen" Grafen erfand niemand anders als Saint Germain selbst. Er brachte mit höchster Raffinesse gezielt Gerüchte über sich in Umlauf, indem er ein paar Dummköpfe mit einigen Taschenspielertricks namenlos beeindruckte. Er konnte außerdem ausgezeichnet parlieren in verschiedenen Sprachen, er konnte den Weltmann herauskehren und den Eindruck eines (einfluss-)reichen Mannes erwecken, der selbst mit Königen korrespondierte.

Doch was waren seine konkreten Finessen und Methoden?

Erstens: Angeblich sah er erstaunlich jung aus für sein Alter. Dieser Umstand wurde immer wieder in der Literatur und den zugänglichen Dokumenten hervorgehoben und bezeugt.

Die Wahrheit? Saint Germain war ein Gesundheitsfanatiker. Er ernährte sich verantwortungsvoll und wusste um allerlei Mittelchen, die der Gesundheit zuträglich waren. Er hielt streng Diät, trank nur Wasser, selten Wein und nahm angeblich nur ein einziges leichtes Mahl pro Tag zu sich. Wie Pythagoras hielt er sich an die Regel, Speise und Trank nur in Maßen zu genießen. Fleisch verzehrte er selten, dagegen viel Gemüse und Fisch. Sein *Thé de Russie* oder sein *Aqua benedetta*, sprich sein Lebenswasser, verursachte, dass ihm zahlreiche Aristokraten nachliefen. Es handelte sich dabei aller Wahrscheinlichkeit nach nur um einen Reinigungstee, gemischt mit Sennesblättern, die die Verdauung anregten. [9]

Saint Germain war ein Gesundheitsapostel, der sich mitunter als allwissender Doktor und Heiler ausgab, der um spezielle geheime „Heilmittel" wusste. Half er einmal dieser oder jener Person versehentlich auf die Sprünge, hatte der Graf nichts Eiligeres zu tun, als die „gute Nachricht" zu übertreiben und in alle Windrichtungen hin zu verbreiten. Es ging ihm immer nur und ausschließlich darum, seinen Ruf zu begründen und ein „Geheimnis" um sich zu weben. Trat jemand in die Falle, die er aufgestellt hatte, fiel die Klappe herunter und die Person war gefangen wie eine Maus in der Mausefalle.

Zweitens: Nehmen wir noch einmal das *Aqua benedetta* genauer unter die Lupe, das angeblich Unsterblichkeit verleihen konnte oder zumindest ein Methusalemsches Alter garantierte – der uralte Traum der Menschheit. Natürlich ließ ein solches Versprechen leicht den Geldbeutel aufspringen. Dabei handelte es sich bei dem „Lebenswasser" um eine glatte, unverschämte Lüge. Friedrich der Große nannte St. Germain deshalb ironisch einen „Mann, der niemals stirbt und alles weiß". [10]

Aber die Story eines Unsterblichen, hundertmal in der Literatur benutzt, lud zur Legendenbildung ein. Sie eignete sich hervorragend als Grundlage einer literarischen Erzählung. Und so sprossen bis heute die wildesten Geschichten aus dem Boden, die sich alle um diese angebliche „Unsterblichkeit" rankten.

Vielfach nahm man an, in allen möglichen Kulturen nebenbei bemerkt, dass sich der Geist oder die Seele einer Person ständig in neuen Körpern reinkarnieren könne. Madame Blavatsky, die Begründerin der Theosophie, glaubte in diesem Sinne, dass Saint Germain einst ein „geheimer tibetischer Weiser" gewesen sei. Rudolf Steiner, der Begründer der Anthroposophie, hielt ihn für den wiedergeborenen Christian Rosencreutz und behauptete, Saint Germain würde auch heute noch umgehen und ständig neu inkarnieren.

Die Vorstellung der Wiedergeburt wollen wir nicht verdammen, es gab und gibt tiefgründige, edle Seelen, die an sie glauben, aber das „Lebenswasser" war mit Sicherheit reine Scharlatanerie.

Drittens: Hochinteressant ist ferner des Grafen angebliche Fähigkeit, Gold zu machen. Selbstverständlich handelte es sich auch hierbei ebenfalls um einen Schwindel, aber man darf nicht vergessen, dass das gesamte Zeitalter von der Vorstellung besessen war, mittels alchemistischen Geheimwissens unendlich reich zu werden.

Einige Chemiker nehmen inzwischen an, dass St. Germain tatsächlich ein goldähnliches Metall „herstellen" konnte, dass heute als *Carsgold* oder *Neu-Platinum* durchgeht. Der Glanz war jedoch nicht von Dauer. Aus Carsgold gegossene Gegenstände liefen im Gegenteil mit der Zeit sogar schwarz an. Doch selbst wenn der Graf nur für einen kurzen Moment scheinbar einen Gegenstand in Gold verwandeln konnte, beeindruckte dies die Zeitgenossen ungeheuerlich.

Ein anderer Trick nahm sich möglicherweise wie folgt aus: St. Germain bat einen Besucher, den er von seinen übernatürlichen Fähigkeiten überzeugen wollte, mit großer Geste, ihm ein Geldstück aus billigem Metall zu geben.

Daraufhin legte er das Geldstück auf eine Metallplatte. Obenauf platzierte er danach ein schwarzes Körnchen brennende Kohle. Nun erhitzte er die Kohle weiter, indem er mit einem gläserneren Rohr dagegen blies, woraufhin das Geldstück langsam aufglühte. Er bat jetzt den Besucher, eine kurze Zeit zu warten. Daraufhin lenkte er die Aufmerksamkeit des gespannten Besuchers geschickt auf einen anderen Gegenstand und kehrte dann zu dem Geldstück zurück. Es hatte sich tatsächlich – in Gold verwandelt!

Die Wahrheit? Während des Ablenkungsmanövers hatte der Graf das Geldstück aus billigem Metall blitzschnell mit einem goldenen Geldstück vertauscht. Der Besucher staunte sich die Augen aus.

Wieder mit großer Geste schenkte nun der Graf seinem Besucher das goldene Geldstück. Die Wirkung war ungeheuer, die Nachricht verbreitete sich in Windeseile.

Auch ein kupferreicher Gulden zum Beispiel ließ sich auf diese Weise recht rasch „in das reinste Silber" verwandeln.

Viertens: Was die „sagenhafte" Fähigkeit mit Diamanten anging, so ist hierzu folgendes zu kommentieren: Offenbar verfügte der Graf über eine riesige Sammlung wertvollster Edelsteine, die auf den ersten Blick unschätzbar waren. Die Wahrheit? Es ist bekannt, dass St. Germain regelmäßig Halbedelsteine sammelte und falsche Edelsteine – aus Glas und wertlosem Material. Einen Nichtexperten konnte der Graf also ungeheuerlich beeindrucken, wenn er ihm seine Sammlung von „Edelsteinen" vorführte. Sofort machte das Gerücht über den ungeheuerlichen Reichtum St. Germains die Runde. Überall flüsterte man sich andächtig zu, wie wohlhabend er sei – obwohl er nachgewiesenermaßen mehrmals seine Schulden nicht beglich, nicht nur in den Niederlanden.

Angeblich vermochte St. Germain darüber hinaus, Risse, Einschlüsse und so fort zu „reparieren" – was keinem anderen Edelsteinexperten seiner Zeit gelang. Wie ging er hierbei vor? Der Graf bat einen Zeitgenossen, den er verblüffen wollte, um einen unvollkommenen Diamanten – und gab ihn ein paar Tage später den Edelstein perfekt und zurück – ohne Einschlüsse.

Die Wahrheit? Es ist nicht auszuschließen, dass der Graf im Falle kleiner Diamanten sie ebenfalls einfach nur austauschte, nachdem er sie entsprechend zurechtgeschliffen hatte.

Weiter behielt St. Germain wahrscheinlich einige echte Edelsteine in seinem Besitz – und übergab dem Vorbesitzer einen falschen, wertlosen „Edelstein",

der jedoch echt wirkte und genau so zurechtgeschliffen worden war wie der ursprüngliche Stein und nun „makellos" wirkte.
Aus der Dummheit und Leichtgläubigkeit seiner Zeitgenossen schlug der Graf mithin prächtig Kapital. Nur einige wenige Kunden waren smart genug, das Gewicht der „verbesserten" Edelsteine von Experten überprüfen zu lassen. Schnell stellten diese fest, dass sie nicht das Gewicht echter Edelsteine besaßen und es sich nicht mehr um die ursprünglichen Steine handelte.
Und so erkennen wir, dass St. Germain nichts war als ein durchtriebener Gauner, der mit ein wenig Hokuspokus seine Zeit an der Nase herumführte.

Fünftens: Es ist wahr, dass der Graf einige erstaunliche Kenntnisse im Rahmen der Chemie besaß und dass er ein Leben lang mit Farben experimentierte. Stets träumte er davon, Holz, Wolle, Seide und Leder sehr viel billiger einfärben zu können als die Konkurrenz und ein Vermögen damit zu machen. Tatsächlich gelangen ihm offenbar einige Versuche mit neuen Einfärbmaterialien. Diesen winzigen Wissensvorsprung nutzte er schamlos aus, um einige Zeitgenossen zu beeindrucken und ihnen Unsummen Geldes aus der Tasche zu ziehen. Er köderte sie mit wolkigen Versprechungen, gaukelte ihnen ein Luftschloss vor und machte ihnen weis, dass man lediglich eine entsprechende Manufaktur aufbauen müsse – und schon würde man zum Millionär avancieren. Selbst in dieser Beziehung benahm sich der Graf also wie ein Betrüger. Stets ging es ihm nur darum, Vorschüsse, Vorteile und Gelder abzuschnappen für seine „Färberei-Geheimnisse". Heute würde St. Germain dafür in einem Knast voller Ungeziefer 20 Jahre lang verschimmeln.

Sechstens: Um sich aufzuplustern wie ein Auerhahn nutzte der Graf verschiedene Tricks: Nicht nur wies er ständig auf seine „Einweihungsgrade" und „geheimen Kenntnisse" der Hochgrad-Freimaurerei sowie der „jenseitigen Welten" hin, er war darüber hinaus ein Meister in der Kunst, allen weiszumachen, dass seine Konnexionen bis in die höchsten Kreise reichten. So zeigte er gerne Briefe mit Siegeln hochgestellter Persönlichkeiten vor, alles „unter dem Mantel der Verschwiegenheit", versteht sich. Systematisch näherte er sich gekrönten Häuptern oder wichtigen Entscheidungsträgern und wirkte darauf hin, dass er von ihnen Briefe erhielt – nur, um mit deren Titeln den eigenen Namen aufzupeppen. Er schmückte sich mit Verbindungen wie andere mit feiner, teurer Kleidung. Und so kommen wir zu unserem

ENGÜLTIGES FAZIT über den Grafen von Saint Germain.
Mr. Welldone oder der Marquis von St. Germain war nichts als ein begabter Schwindler und Scharlatan sowie ein Genie in der Disziplin der Public Relations. Er erhob die Lüge zu einer eigenen Kunstform. Zusätzlich war er vielleicht ein Spion. Mit Sicherheit war er ein Hochstapler und Betrüger.
Casanova urteilte über ihn: „Er gab sich in jeder Hinsicht als Wunderknabe. Er wollte verblüffen und verblüffte auch tatsächlich. Er hatte eine entschiedene Art zu sprechen, die jedoch nicht missfiel, denn er war gelehrt, sprach fließend alle Sprachen, war sehr musikalisch, ein großer Kenner der Chemie, besaß angenehme Züge und verstand es, sich bei allen Frauen beliebt zu machen.“ [11]
Wir können uns diesem Urteil nur anschließen, auch wenn Casanova selbst ein Hochstapler und Betrüger war – und auch ab und an spionierte. Aber vielleicht kann niemand einen Hochstapler besser begreifen als ein anderer Hochstapler. Die wahren Fähigkeiten St. Germains bestanden in seiner Eloquenz, seiner Kunst, geziert und gefällig gelehrte Worte aneinanderzukleistern und einigem chemischen Grundwissen, das er als „Geheimwissen“ verkaufte. Er schmeichelte gewissenlos jedem Zeitgenossen, den er einseifen wollte, was uns lehrt, wie hellwach wir sein müssen, wenn uns jemand mit Honig-Worten die Sinne zu vernebeln sucht. St. Germain redete jedem, dem er das Geld aus der Tasche ziehen wollte, nach dem Munde und vermochte es, sich blitzschnell auf eine Person einzustellen.
Die Geheimniskrämerei des Jahrhunderts kam ihm dabei gerade recht. Er beutete die Neigung seiner Zeit zum Mystizismus gewissenlos aus und lernte ein paar Taschenspielertricks – kurz, er tat alles, um sich interessant zu machen. Auf diese Weise erhielt er Zugang zu den einflussreichsten Persönlichkeiten. Speziell die Damen verfielen ihm an vielen Höfen Europas, denn alle wollten sie hübsch, verführerisch und jung bleiben. Die Herren, Fürsten und Könige schnappten leichter nach seinem Angelhaken, wenn er ihnen etwas von unermesslichen Reichtümern vorfaselte.
Dabei war er nichts als ein Aufschneider und Prahlhans. Positiv gewendet: Er war ein begnadeter Schauspieler, der die Kunst der Verstellung und Täuschung bis zur absoluten Perfektion beherrschte. Er log so frech und übertrieb dermaßen, dass man noch heute staunen muss, warum er nicht rascher durchschaut wurde. Er konnte die wildesten Behauptungen mit ernster Miene vorbringen und die meisten Zeitgenossen kauften sie ihm ab. Er war ein hoch begabter Selbstdarsteller und Märchenerzähler.

Seine angeblichen Talente übertrieb er maßlos. In Wahrheit war er nichts als ein mittelmäßig begabter Musiker, der zugegebenermaßen über einige erstaunliche Kenntnisse in der Physik und Chemie verfügte und verschiedene preiswerte Mittel zur Herstellung von Farben entdeckte, die er geradezu verzweifelt zu vermarkten suchte, in den Niederlanden, in Deutschland und Russland, aber nie mit dem gewünschten Erfolg.
Letztlich war er ein Schwätzer und ein Windbeutel. Seine Achillesferse war seine bodenlose Eitelkeit, denn um sich wichtig zu machen, flunkerte er über alle möglichen „Drähte", über die er angeblich verfügte. Seine vorgeblichen Konnexionen waren jedoch nur ein Vehikel, um Eindruck zu schinden.
Ja, vielleicht spionierte er hie und da, aber selbst seine Arrangements mit Ludwig XV. und der Pompadour sind fragwürdig und vielleicht ebenfalls nur erlogen, ganz davon abgesehen, dass es letztlich keinen Separatfrieden zwischen England und Frankreich gab. Der Streich endete mit seiner völligen Demontage als „Geheimdiplomat" und Unterhändler – wenn er denn je überhaupt engagiert worden war. Der Marquis von Saint Germain verlor jedenfalls das doppelbödige Spiel.
Trotzdem können wir diesem Luftikus und Paradiesvogel unsere Zuneigung nicht ganz versagen. Immerhin gelang es diesem genialen Schauspieler, sich mit so vielen Geheimnissen zu umgeben, dass er zuerst sein eigenes Zeitalter und daraufhin noch viele weitere Jahrhunderte an der Nase herumführte, denn bis heute gibt es noch immer begeisterte Saint-Germain-Verfechter, die nach wie vor glauben, dass es sich bei diesem Trickbetrüger um einen „Wundermann" handelte.
Welcher Schauspieler übte je eine derartige Wirkung auf sein Publikum aus, dass es ihm noch Jahrhunderte später applaudierte?

Doch wie verhält es sich mit unserem eigentlichen Thema, den geheimen Bruderschaften? Nun, wir konnten einen beträchtlichen Einblick in die Freimaurerei gewinnen. Auch über diesen Geheimbund können wir jetzt sehr viel besser urteilen.
Wiederholen wir in aller Kürze:

1) Im Rahmen der Maurerei wurde die „Technik des Geheimnisses" ebenfalls manchmal übel missbraucht. Nicht jedes „Geheimnis" war tatsächlich ein „Geheimnis", das es wert gewesen wäre, entschlüsselt zu werden. Oft wurde es nur dazu benutzt, um auf Dummenfang auszugehen und um Leimruten auszulegen.

2) Saint Germain erwies den Logenbrüdern insgesamt also einen schlechten Dienst, als er sich als Freimaurer ausgab. Er war nichts als ein Vampir, der von verschiedenen Brüdern Blut abzapfte. Es gab (und gibt) innerhalb der Freimaurerei also auch Gauner, Ganoven und zwielichtige Gestalten – der Graf belegt dies durch seine schiere Existenz.
3) Darüber hinaus wissen wir nun mit unumstößlicher Gewissheit, dass es alle möglichen Richtungen innerhalb der Freimaurerei gab, sowohl in esoterischer wie in politischer Hinsicht. Es war sogar nicht schwierig, einen Maurerbund ins Leben zu rufen, sein eigenes Süppchen zu kochen und völlig neue Grade und Einweihungszeremonien zu erfinden. Wenn nur mit genügend Geheimnissen gewunken wurden, verfingen sich viele Zeitgenossen darin wie eine Fliege im Spinnennetz.
4) Überdies wurde deutlich, dass viele „Freimaurer-Bünde“ nur Kontaktbörsen waren, Netzwerke, die zum persönlichen Aufstieg genutzt wurden und um finanziell-wirtschaftlichen Gewinn daraus zu ziehen.

Keine kleine Ausbeute!
Dennoch gibt es noch sehr viel mehr über die Freimaurerei in Erfahrung zu bringen, die spätestens ab dem 18. Jahrhundert immer populärer wurde, trotz aller Verbote und Anfeindungen. Wir werden deshalb im Laufe dieses Buches erneut auf sie zu sprechen kommen und einige weitere Kabinettstückchen vorstellen.
Immerhin aber haben wir damit eines der größten Rätsel des 18. Jahrhunderts gelöst und sind der Wahrheit über die Freimaurerei ein wenig auf die Schliche gekommen.
Wenden wir uns also der nächsten mysteriösen Bruderschaft zu, den *Rosenkreuzern* konkret, und versuchen wir auch hier, ein wenig Licht in das Dunkel zu bringen.

7. RÄTSELHAFTE ROSENKREUZER

Eigentlich ist es unvorstellbar: Ein Geheimbund, eine Sekte, eine Bruderschaft – entstand von einem Tag auf den anderen, schier aus dem Nichts. Sie berief sich auf einen gewissen *Christian Rosenkreuz* als Gründer – den es jedoch nie gegeben hatte. Ein ganzer Orden entstand schier von einem Augenblick auf den anderen.

Was war passiert?

Einem Schriftsteller, einem Federfuchser, einem Tintenkleckser, der gekonnt Buchstaben aneinanderpinseln konnte und ein schmales Büchlein veröffentlicht hatte, war es gelungen, dem gelehrten Publikum weiszumachen, dass es tatsächlich vormals eine konkrete Person gab, die den rätselhaften Orden der *Rosenkreuzer* aus der Taufe gehoben hatte – einen gewissen *Christian Rosencreutz.* (Andere Schreibweisen: Rosenkreuz, Rosenkreutz). Ein Autor hatte so gekonnt gelogen, er hatte die Fantasie seiner Leser derart angeheizt, dass sie glaubten, es habe wirklich und wahrhaftig einst diesen *Christian Rosenkreuz* leibhaftig gegeben – obwohl man heute mit Sicherheit weiß, dass er nie existierte.

Immer noch umgeben deshalb den Geheimbund der Rosenkreuzer wenigstens vier konkrete Mysterien, vier Ungeheuerlichkeiten genauer gesagt, vier überraschende Erkenntnisse, die wir am Schluss dieses Kapitels preisgeben werden. Vorerst müssen wir aber festhalten, dass es nur einem hoch begabten Stückeschreiber und Märchenerzähler gelingen konnte, eine so wirklichkeitsnahe Kunstfigur zu schaffen und die Welt glauben zu lassen, sie haben einen ganzen Orden gegründet – der ebenfalls am Anfang nicht existierte.

Die Kunstfigur, fast eine Romanfigur, hieß wie gesagt Christian Rosenkreuz, weshalb ein Symbol der Rosenkreuzer bis heute ein Kreuz mit einer oder vielen Rosen ist. Der Vorname *Christian* weist auf die christliche Ausrichtung der ursprünglichen Rosenkreuzer hin.

Der Autor, der dieses Kabinettstückchen zustande gebracht hatte, trug den Namen Johann Valentin Andreae (1586–1654). Er ist die eigentlich interessante Figur, so wie der Erfinder des Sherlock Holmes (Sir Arthur Conan Doyle) bemerkenswerter ist als sein berühmter Detektiv. Aber jedermann weiß heute, wer Sherlock Holmes ist, während der Schriftstellername Doyle weniger bekannt ist.

Das gleiche Schicksal widerfuhr dem Erfinder des Christian Rosencreutz:

JOHANN VALENTIN ANDREAE

Es handelte sich bei Johann Valentin Andreae, der die Figur das Christian Rosenkreuz aus dem Boden gestampft hatte, um einen deutschen Theologen, Schriftsteller und Mathematiker aus Württemberg und um eine durch und durch ehrenwerte Figur. Wie Luther einst gegen den moralischen Tiefststand des Papsttums mobil gemacht hatte, so gab es inzwischen auch im Lager der Protestanten, die sich ursprünglich ein sehr viel höheres „Ethikniveau" als die Katholiken auf die Fahnen geschrieben hatten, ebenfalls Verfallserscheinungen. Die Moral ließ zu wünschen übrig. Und so krempelte dieser Johann Valentin Andreae die Ärmel auf, um auch die Evangelischen Mores zu lehren und ihnen ins Gewissen zu reden.

Andreae studierte zunächst die *Freien Künste* in Tübingen. Unter den Freien Künsten verstand man Kenntnisse und Fertigkeiten, die eines *freien* Mannes würdig waren, im Gegensatz zu den mechanischen, weniger angesehenen Beschäftigungen der Unfreien, der Bauern zum Beispiel. Zu den Freien Künsten zählten etwa die Grammatik, die Rhetorik, die Musik und die Geometrie, man lernte vernünftig schreiben, reden und rechnen auf gut Deutsch gesagt.

Andreae verfasste außerdem zwei Bühnenstücke, erwarb einige akademische Grade und studierte schließlich zusätzlich Theologie und Mathematik. Der Reformer wird uns sympathisch, wenn wir erfahren, dass er 1607 „wegen eines Studentenstreichs die Universität verlassen musste. Er wurde nicht zum Examen zugelassen und wurde auch vom Kirchendienst zurückgestellt." [1]

Offenbar machen sich selbst edle Gestalten ab und an gewisser Verfehlungen schuldig, was uns erleichtert und unsere eigenen Sünden etwas weniger schwer wiegen lässt.

In Tübingen wurde Andreae von allen möglichen Gestalten intellektuell befruchtet.

Er reiste in der Folge rastlos in viele Länder und Städte, erhielt schließlich eine Anstellung als Hauslehrer und kümmerte sich darum, vielversprechenden Zöglingen ein wenig Bildung und Moral beizubringen.

Sein „Pauluserlebnis" hatte er, als er 1611 in der Schweiz die reformierte Kirche Calvins kennenlernte. Dieser hatte lautstark ein arbeitsames und gottgefälliges Leben eingefordert, eine höhere Ethik und Moral mit anderen Worten. Andreae reagierte wie elektrisiert. Er nahm sein Theologiestudium in Tübingen wieder auf und schloss diesmal sein Examen ab. Man berief ihn zum Diakon. Nun formulierte er ein radikales religiöses Programm und machte wider die Sittenlosigkeit seiner Zeit mobil. Er verdammte das Fluchen, den

Alkohol, den Zank, das Glücksspiel, den Ehestreit und die Entheiligung des Sonntags. Wichtiger: Er unterstützte persönlich Arme und Kranke. Noch wichtiger: Er nutzte seinen Einfluss, als er die kirchliche Karriereleiter weiter nach oben stieg, um das Schul- und Sozialwesen, die Armen- und Krankenpflege zu reformieren und auf ein höheres Niveau zu bringen.

Nach dem entsetzlichen Dreißigjährigen Krieg, der halb Deutschland in Schutt und Asche legte, suchte er tatkräftig dem Elend abzuhelfen, das ihm allenthalben entgegenschlug. Er gründete eine karitative Gesellschaft und half, wo immer er konnte.

1638 stieg er auf zum Hofprediger in Stuttgart und erhielt größere und wichtigere Posten. Wieder trat er für eine Kirchenreform ein. Und wieder suchte er den Lastern das Wasser abzugraben. Als erstes Land Europas erließ er in Württemberg die Anordnung zur allgemeinen Schulpflicht – was ihn auszeichnet. 1650 nahm er seinen Abschied von den meisten leitenden kirchlichen Posten. Er beendete sein Leben als Abt eines Klosters und Leiter einer Klosterschule.

Wir können vor einem solchen Mann nur den Hut ziehen.

EINFLUSSREICHE MANIFESTE

Nichts ist einflussreicher als die Rede und die Schrift, wenn man Veränderungen herbeiführen will.

Andreae hinterließ eine ganze Reihe wichtiger reformerischer Schriften und Predigten. In verschiedenen Traktaten, Büchern, Manifesten und Abhandlungen suchte er seine Zeitgenossen zu einem gottgefälligeren christlichen Leben zu motivieren. Sein Ziel bestand darin, Theologie und Wissenschaft unter einen Hut zu bringen und die Nächstenliebe, die Mildtätigkeit und die Ethik auf den Thron zu heben. Um dieses Ziel zu erreichen, schuf er den Mythos eines geheimen Bundes, eben der Rosenkreuzer, und die Figur des Christian Rosencreutz.

Seine Zeit glaubte wie gesagt wörtlich an die Figur und den Orden.

Der Vollständigkeit halber muss man erwähnen, dass es verschiedene „Programmschriften" oder „Manifeste" der Rosenkreuzer gab. (= *Fama Fraternitatis, Confessio Fraternitatis, Chymische Hochzeit.*) Nicht alle stammen aus der Feder Andreaes, aber in allen wurde gefordert, Wissenschaft und Religion zu reformieren, Theologen und Wissenschaftler sollten gemeinsam ein höheres ethisches Niveau anstreben.

Aber wie gesagt: Christian Rosencreutz hatte nie gelebt. Wir fühlen uns an Orson Wells Streich erinnert, der zwar in einem anderen Jahrhundert stattfand, aber durchaus Vergleichspunkte bietet. Orson Wells (1915–1985), ein kalifornischer Schriftsteller, Schauspieler und Regisseur, inszenierte dieses Lausbubenstück: Er griff sich eines der bekanntesten Werke des Science Fiction - Autors H. G. Wells (*The War of the Worlds -Der Krieg der Welten*), verwandelte es in ein Hörspiel und jagte es dergestalt verändert über den Äther. Im *Krieg der Welten* geht es darum, dass Marsianer in dreibeinigen Kampfmaschinen die Erde angreifen. Die fiktive angebliche „Reportage" strahlte der amerikanische Radiosender CBS am 30. Oktober 1938 aus. Es führte in einigen Staaten US-Amerikas laut Zeitungsberichten zu einer Massenhysterie. Viele Menschen nahmen tatsächlich an, dass Außerirdische (Marsianer) gerade die Erde angriffen, das Hörspiel, als „Reportage" getarnt, suggerierte es. Panik brach aus, zahlreiche Zuhörer glaubten wortwörtlich an eine Invasion. Orson Wells selbst kommentierte damals ungläubig: „Das war für uns ein Schock, dass H.G. Wells alter Klassiker, Vorbild für so viele Stories und sogar Comic Strips, bei den Hörern solche Reaktionen auslöste. Die Invasion von Mars-Monstern war für uns nur ein Märchen." [2]

Auch Wells erkannte, wie unfassbar leichtgläubig Menschen sein können.

Nun, im Falle der Rosenkreuzer verhielt es sich nicht anders. Die Existenz eines Christian Rosencreutz wurde von Lesern für bare Münze genommen. Weiter glaubten sie, der geheime Orden der Rosenkreuzer existiere wirklich. Ein religiöses Märchen war geboren worden, das der Sehnsucht nach einer höheren Ethik und einer sagenhaften, edlen Bruderschaft entgegenkam. Die Idee war im Grunde ein löbliches, literarisches Unterfangen, es war nichts falsch damit. Eine ganz andere Frage ist es, was die Nachfolger Andreaes daraus machten.

POWER oder DER ORDEN DER ROSENKREUZER

Im Umfeld der Freimaurerei wurde rund 140 Jahre nach der Publikation des grundlegenden Manifestes eine tatsächliche Rosenkreuzer-Organisation ins Leben gerufen. Aber ach! Schon frühzeitig gerieten die ursprünglichen, ethischen Postulate des Gründers in Vergessenheit. Sie wurden überwuchert von allerlei mystischem, irrationalem, esoterischem Unkraut. Der unfreiwillige Gründer hatte sich von allen alchemistischen Bestrebungen stets distanziert. Jetzt aber griffen einige schillernde Figuren, die nicht von Ethos und Ethik inspiriert und „verdorben“ waren, ebenso gierig wie rücksichtlos seine Fabel, seine erfundene Figur und fiktive Bruderschaft auf, um ihr eigenes Süppchen zu kochen. Dabei schreckten einige Freimaurer nicht davor zurück, sowohl alchemistische Experimente als auch Taschenspielertricks in Szene zu setzen, um Mitglieder zu gewinnen und Eindruck zu schinden. Zumindest ein Trick ist zu köstlich, als dass man ihn unter den Tisch fallen lassen könnte.

DER TÖRICHTE KÖNIG

Es ist tröstlich zu wissen, dass auch Könige Dummköpfe sein können. Friedrich Wilhelm II. von Preußen, König von Gottes Gnaden, war nicht der Einzige, der sich von den Rosenkreuzern um den Finger wickeln ließ. Aber er war ein hervorragendes Opfer, ja geradezu ein Leckerbissen für einen Betrüger, weil er so leichtgläubig wie ein dreijähriges Kind war, das an den Nikolaus glaubt. Der dickleibige, genusssüchtige Friedrich Wilhelm II. (1744–1799) liebte üppige Speisen und leckere Damen, außerdem empfand er ein unglaubliches Interesse für die Geisterwelt und spirituelle Phänomene. Er galt als Lebemann und vergnügte sich Zeit seines Lebens mit zahlreichen Mätressen. Das Volk bezeichnete ihn gern als *dicken Lüderjahn* (= Taugenichts). Doch noch mehr als Frauen interessierte den Lüderjahn der Okkultismus, ein Grund, warum er sich früh dem Orden der *Gold- und Rosenkreuzer* zuwandte. Hier fand er einen Mix aus Bibel und Kabbala vor, aus christlichen und jüdischen Geheimlehren – und war fasziniert. Ferner gab es spiritistische Elemente und viele geheime Einweihungsgrade, kurz ein hoch aufschäumendes Gebräu von „höheren Weisheiten“, die mit den ursprünglichen Lehren und Intentionen des Gründers nicht mehr das Geringste zu tun hatten.

DIE BERÜCHTIGTEN GOLD- UND ROSENKREUZER

Der Gold- und Rosenkreuzer-Orden erlebte seine Blütezeit etwa um das Jahr 1756. Der Ausdruck „Goldkreuzer“ bezieht sich wahrscheinlich auf die alchemistische Komponente, auf das Bemühen also, Gold zu machen.

Es handelte sich bei diesem Orden nur um einen von vielen rosenkreuzerischen Bünden. Jeder Geheimbund beanspruchte natürlich für sich, der einzig wahre Fackelträger der Wahrheit zu sein. Innerhalb der verschiedenen Rosenkreuzer-Bünde gab es Erleuchtete und Quacksalber, tiefsinnige Philosophen und Gesundbeter, ethisch motivierte Zeitgenossen und alchemistische Scharlatane. Es gab hartgesottene, machtbewusste Führerfiguren und Traumtänzer. Ein Schmelztiegel! Selbst betrachteten sich die Brüder des Rosenkreuz-Ordens als die freimaurerische Elite. Wer nicht in einem anderen Freimaurerbund bereits gewisse höhere Grade erreicht hatte, wurde von den Rosenkreuzern nicht akzeptiert.

Die Gold- und Rosenkreuzer waren streng hierarchisch gegliedert. Über dem Zirkeldirektor – der maximal neun Ordensbrüder beaufsichtigte – stand der Hauptdirektor, dem mehrere Zirkel unterstanden. Er musste wiederum einen Oberhauptdirektor über sich akzeptieren. Darüber gab es ein Groß-Priorat, über ihm das Vize-Generalat und das Generalat. Ganz oben auf dem Treppchen stand der „Magus", der „Hochwürdigst Weiseste". Die wahre Identität des *Magus* war unbekannt, geheimnisumwittert und stand im Fokus endlosen Rätselratens. Niemand wusste, um wen es sich handelte. Die Gold- und Rosenkreuzer verständigten sich mittels Geheimzahlen, Geheimschriften, Abkürzungen und geheimen Kennwörtern, so dass alles unter der Decke blieb. Jedes Mitglied verfügte über einen Ordensnamen.

Als Friedrich Wilhelm II. dem Orden beitrat, erhielt er den Namen *Ormesus.*[3]

MENTALE MANIPULATION

Schnell stieg der König in der Hierarchie des Ordens nach ganz oben. Seine engsten Berater waren selbstverständlich Rosenkreuzer, Woellner und Bischoffwerder mit Namen, die geschickt darauf hinarbeiteten, Macht über den Verstand des Königs zu gewinnen und ihn mental zu beherrschen. Und so inszenierten sie das frechste und dreisteste Lausbubenstück, das man sich vorstellen kann. Sie beraumten eine spiritistische Sitzung an und versprachen dem König, dass er seine verstorbenen Vorfahren kontaktieren und von ihnen Rat einholen könne. [4]

Alles wurde entsprechend vorbereitet für die Séance („Sitzung"). Sie fand innerhalb einer eingeweihten Gruppe statt, um unter Anleitung eines Mediums mit der Welt der Toten in Kontakt zu treten. Der König war aufgeregt bis unter die Haarspitzen.

Séancen waren der wildeste Hokuspokus, der denkbar war. Manchmal materialisierten sich Gegenstände, mitunter schwebten sie durch den Raum. Stühle erhoben sich plötzlich oder wurden von Geisterhand verrückt, ja sogar Tische sowie Bilder und Bücher. Fast immer mussten die Teilnehmer einer spiritistischen Sitzung schwören, keinem Außenstehenden Mitteilung über das Ereignis zu machen. Die Sitzung fand gewöhnlich bei Kerzenlicht oder in fast völliger Dunkelheit statt, was bestenfalls ein schattenhaftes Sehen gestattete. Kerzen verloschen während der Séancen, und allerlei übernatürliche Dinge passierten, die selbstredend mechanisch ausgelöst wurden – es handelte sich um reine Scharlatanerie. Die Geräuschkulisse wurde geschickt manipuliert, so dass eine Person tatsächlich annahm, ein Geist spreche zu ihr aus dem Jenseits. Dünne, unsichtbare Fäden oder Drähte, die gezogen wurden, verursachten, dass sich alles Mögliche bewegte oder schwebte, was das Opfer namenlos beeindruckte. Sphärische Musik und optische Effekte taten ein Übriges.

Auf diesen Hokuspokus ließ sich also auch Friedrich Wilhelm II. ein.

Die Rosenkreuzer (Woellner, Bischoffwerder) inszenierten eben diesen Spuk und manipulierten den törichten König nach Strich und Faden. Der „Rat", den der gerufene Geist erteilte, fiel natürlich stets im Sinne und zum Vorteil der Rosenkreuzer aus.

Und so verwundert es nicht, dass die beiden „Drahtzieher", die Rosenkreuzer Woellner und Bischoffwerder, von Friedrich Wilhelm II. auf höchste Pöstchen gehievt und mit wichtigen Staatsämtern betraut wurden.

Längst kann der pfiffige Leser zumindest eines der vier Mysterien, der vier Ungeheuerlichkeiten, der vier Erkenntnisse im Zusammenhang mit den Rosenkreuzern erraten – aber gedulden wir uns noch einen Augenblick.

DER GRIFF NACH DER MACHT

Woellner und Bischoffwerder, die jetzt den Daumen auf dem König halten, manipulieren Friedrich Wilhelm in der Folge nach allen Regeln der Kunst. Der eine avanciert zum Religionsminister, der andere zum Kriegsminister, vielleicht die beiden wichtigsten Posten innerhalb einer Regierung. Die Gold- und Rosenkreuzer triumphieren. Ein ganzes Land befindet sich damit in ihrer Kralle. Ihr Geheimbund lenkt die Geschicke Preußens – fabelhaft!

Der fette, promiskuitive König reißt sich während seiner Regierungszeit einen Teil Polens unter den Nagel, er fühlt sich unsterblich und unverletzlich.

Er wird regelmäßig weiter mit allen möglichen Tricks eingeseift. Ihm wird suggeriert, dass er angeblich über magische Fähigkeiten verfüge. Amulette werden ihm ausgehändigt. Es handelt sich um die ungeheuerlichste Manipulation, der sich Preußen-Deutschland mit diesem leichtgläubigen König an der Spitze je ausgesetzt sieht. Die Rosenkreuzer versuchen, auch die Religionsgesetze so zurechtzubiegen, dass sie ihnen zum Vorteil gereichen. Jedem Theologen wird verboten, Kritik an irgendeiner Konfession zu äußern. Ein Zensuredikt (1789, im Jahr der Französischen Revolution) läuft darauf hinaus, die Pressefreiheit einzuschränken, denn der dicke Lüderjahn fürchtet um seinen breiten, königlichen Hintern.

Während die Freimaurer in Preußen die Monarchie unterstützen, guillotinieren die Freimaurer in Frankreich ein paar Jährchen später ihren König. Die Freimaurerei deckt also die gesamte Palette politischer Glaubensbekenntnisse ab. In Frankreich bricht das Chaos aus. Freimaurerlogen bekämpfen sich dort unter der Decke bis aufs Messer, aber weitgehend einig sind sie sich in ihrem Hass auf die Monarchie. Einer ihrer Logenmeister, der Herzog von Orléans, der nach der Krone schielt, landet eines Tages selbst unter der Guillotine und wird „abgekürzt". In Frankreich siegt die Republik, in Preußen-Deutschland die Monarchie.

Aber da verfangen sich die preußischen Drahtzieher in ihrem eigenen Netz. Die vollmundigen Versprechungen, die die Rosenkreuzer dem König während der Séancen einflüstern, entpuppen sich als Schwindel, Prophezeiungen erfüllen sich nicht. Und die Amulette sind so viel wert wie Pferdemist. Der König wird misstrauisch. Er erwartet nichts weniger als echte Magie. Längst ist er an der Spitze des Ordens angelangt, jedenfalls pro forma. Friedrich Wilhelm II., erfolgsverwöhnt und teilweise in einer Welt der Irrealität lebend, aber offenbar noch nicht ganz verblödet, erkennt immerhin, dass die alchemistischen Wunder und Wunder überhaupt ausbleiben. Auch die Einsichten über die „höheren Welten" nutzen ihm verteufelt wenig. Und magische Fähigkeiten kann er ebenfalls nicht an sich entdecken, lediglich die Damen hüpfen noch immer bereitwillig in sein Bett, aber dazu braucht er die Rosenkreuzer nicht.

In einem letzten Coup versuchen die Rosenkreuzer, noch mehr Macht zu ergattern. Auf einem Reform-Kongress der Freimaurer in Wilhelmsbad (Hessen, bei Hanau gelegen), im Jahre 1782, bemühen sie sich, die Macht über *alle* Freimaurer-Logen an sich zu reißen.

Dokumente über diesen legendären Kongress existieren nicht. Und so ist man vielfach auf Mutmaßungen angewiesen. Man kann sich jedoch lebhaft vorstellen, wie all die Magiere und Minister, all die Erleuchteten und Eingeweihten vehement gegeneinander kämpfen. Wie Wurfdolche fliegen die Argumente hin und her. Konkret geht es um die Macht innerhalb der Maurerei.

Aber der süße Saft der Macht ist nicht nur verführerisch, er ist auch giftig und gefährlich. Verschiedene Freimaurer-Verbände suchen sich wechselseitig das Wasser abzugraben. Grundsätzlich soll die Freimaurerei reformiert werden. Uneinigkeit, Gewinnsucht und eine namenlose Geld- und Machtgier herrschten in den Reihen der Freimaurer, wie selbst das Internationale Freimaurer-Lexikon der Autoren Lennhoff und Posner bestätigt. [5]

Es kann nicht angehen, dass die Freimaurerei zu einer lebenslangen „Leibrentengesellschaft“ mutiert, argumentieren die „Reformatoren“. Die Unruhe ist ungeheuer. Großmeister treten an gegen Großmeister, Grafen gegen Freiherrn, Doktoren gegen Geheime Räte, Bürgermeister gegen Prinzen. Alles was Rang und Namen hat, ist freimaurerisch. 36 Sitzungen finden statt. Unterschiedliche „Glaubensbekenntnisse“ fechten miteinander.

Das Ergebnis? Nach rund 2 Monaten hitzigster Debatten werden einige freimaurerische Legenden und Märchen zu Grabe getragen. Der Orden der Tempelherren, der inzwischen wieder auferstanden ist, wird abgeschafft. Der Schwärmerei für das Rittertum wird der Todesstoß versetzt. Das Spiel mit den verschiedenen Hochgraden und geheimnisvollen Symbolen bleibt jedoch bestehen. Übernatürlichem Brimborium wird ebenfalls eine harsche Absage erteilt, der Esoterik wird das Grab geschaufelt. Mit all diesen neuen Richtlinien werden jedoch auch die Gold- und Rosenkreuzer entmachtet.

1787 werden Wöllner und Bischoffwerder unmissverständlich aufgefordert, ihre Logenarbeit einzustellen.

1794 wird Wöllners Religionsedikt zurückgepfiffen.

1797 stirbt Friedrich Wilhelm II., der dicke Lüderjahn.

Wöllners Karriere ist damit ebenfalls beendet. Der nächste Preußenkönig gewährt ihm nicht einmal mehr eine Pension, er fällt in Ungnade.

Bischoffswerders Ansehen geht den Bach hinunter, als unter ihm als Kriegsminister der preußische Feldzug gegen Frankreich scheitert – sein Einfluss tendiert daraufhin gegen Null. Den Gold- und Rosenkreuzern pfeifen nicht nur Kanonenkugeln im Feld um die Ohren, sondern auch Kugeln innerhalb der Freimaurerei selbst.

Wenig später verschwindet der Orden sang- und klanglos von der Weltbühne. Die Rosenkreuzer überhaupt, so scheint es, verschwinden daraufhin insgesamt auf Nimmerwiedersehen im Dunkel der Geschichte.

DIE WIEDER-AUFERSTEHUNG

Aber nicht nur Heiligen und Propheten wird nachgesagt, dass sie aus dem Grabe wieder auferstehen können. Ende des 19. Jahrhunderts entstehen neue rosenkreuzerische Logen – in noch größerer Menge als zuvor. Die Romantik, die Esoterik und die Spiritualität sind nicht auszurotten. Der Versuch, das wild wucherende Gewächs, das sich in der Folge als „Rosenkreuzer" bezeichnet, auch nur annähernd beschreiben zu wollen, ist von vorneherein zum Scheitern verurteilt. Zu viele Zweige wachsen an dem Baumstamm der Rosenkreuzer, kaum mehr sind sie auf einen gemeinsamen Nenner zu bringen, abgesehen von der Tatsache, dass sie der Freimaurerei zuzurechnen sind.

Einige Stichwörter, welche die verschiedenen „neuen Glaubensrichtungen" ansatzweise beschreiben: Alchemie, Astrologie, Bewusstsein, Christus, Initiation, Kabbala, Katholizismus, Kirche, Magie, Meditation, Mysterien, Parapsychologie, Satan, spiritueller und kommunikativer Symbolismus, Tod, Unsterblichkeit, Weltreligion, Wiedergeburt, Zahlenmystik. Um jeden einzelnen Ausdruck herum könnte man viele Aufsätze schreiben. Teilweise widersprechen sich die „Lehren" vehement, teilweise bekriegt man sich, aber immer ist alles hoch geheim.

O Gott! Die *Wahrheit* ist eine Hure, mit der jeder ins Bett gehen kann, der sie nur mit genug Geheimnissen umwindet, wie mit Kränzen.

Die Literatur unterscheidet mittlerweile zwischen den „älteren Rosenkreuzern „ (ab 1614), den „mittleren Rosenkreuzern" und den neuen oder modernen Rosenkreuzern.

Inzwischen, man höre gut zu, gibt es sogar Satanisten in einigen Logen, aber es gibt auch Heiden, Katholiken, immer noch Spiritisten sowie Rosenkreuzer mit ausgefallenen Sexualpraktiken.

Alister Crowley (1875–1947), der berühmt-berüchtigte britische Okkultist, ein ausgemachtes Ferkel vor dem Herrn, bezeichnet sich als Antichrist und versinkt in Sexualmagie. Er ist Mitglied eines Ordens mit rosenkreuzerischen Inhalten. (*Order of the Golden Dawn*).

Helena Blavatsky (1831–1891), die US-amerikanische Okkultistin deutsch-russischer Herkunft, die Begründerin der Theosophie, beschäftigt sich ebenso mit den Rosenkreuzern wie Rudolf Steiner (1861–1925), der österreichische Publizist und Esoteriker, der Begründer der Anthroposophie. Beide lassen sich von den Rosenkreuzern inspirieren und übernehmen einige Behauptungen der „mittleren Rosenkreuzer".

Dabei haben wir nicht einmal von den kollektiven Selbstmorden in der Schweiz, in Frankreich und in Kanada gesprochen, ausgeführt von der Sekte der „Sonnentempler", die sich ebenfalls auf die Rosenkreuzer berufen. Deren Gründer oder Co-Founder Joseph Di Mambro (1924–1994) bezeichnet den

Tod als reine Illusion. Er war Mitglied des heute größten Rosenkreuzer-Geheimbundes. Der Skandal geistert 1994 durch die Gazetten.[6]
In zahlreichen Ländern verbreiten sich jedenfalls alle möglichen Varianten des Rosenkreuzer-Glaubens. Dutzende von rivalisierenden Gruppen schießen im 20. Jahrhundert wie Pilze aus dem Boden. Jeder Magus weiß alles, und jeder Logenmeister weiß alles besser. Helena Blavatsky wird des Betruges überführt – mittels mechanisch-technischen Mätzchen und Séancen versucht auch sie, Kontakte zum Jenseits vorzugaukeln. Andere lassen die Ritterromantik wieder aufleben. Wieder andere verstehen sich als Nachfolger altertümlicher oder mittelalterlicher Glaubensbewegungen und Sekten, die längst untergegangen sind. Endlose Kämpfe um Führungsansprüche finden statt, die inneren Streitigkeiten, selbst im Rahmen einer einzigen Loge manchmal, sind zahlreich. Und so bieten die „Rosenkreuzer" heute kein einheitliches Bild mehr.
Das aber führt uns endlich zu unseren angekündigten vier Einsichten über diesen Geheimbund.

ERKENNTNIS NR. 1

Es ist schier unvorstellbar, wie viele unterschiedliche, ja gegensätzliche „Lehren" innerhalb der Rosenkreuzer-Geheimbünde auftauchten – in der Geschichte und im 19., 20. und 21. Jahrhundert. Geradezu zwanghaft wurden alte Ideen abgeändert und neue Ideen aufgesogen. Die ursprünglichen Lehren wischte man schnell beiseite. Ein Hauen und Stechen fand statt. Es kämpften (1) Rosenkreuzer gegen andere Freimaurer-Gruppierungen, (2) ein Rosenkreuzer-Bund gegen den anderen Rosenkreuzer-Bund und (3) oftmals schlug man sich sogar wie gerade ausgeführt innerhalb einer einzigen Loge wechselseitig die Köpfe ein.
Den „richtigen" Weg konnte jeder Logenmeister neu und anders definieren. Die Abspaltungen, Verästelungen und Varianten waren Legionen. Schandbuben, spirituelle Verbrecherhirne, ließen sich zudem neue abergläubische, perverse oder betrügerische Praktiken einfallen.

ERKENNTNIS NR. 2

Es war der nackte Machthunger, der viele Logenmeister oder „Meister vom Stuhl" beseelte. Einige griffen sogar nach der Macht im Staate, wie wir gehört haben, und machten eine Zeitlang einen König zu ihrer Marionette. Hinter der „esoterischen" Komponente verbarg sich zu oft nur eine knallharte „politische" Absicht, die geifernde Gier nach Einfluss. Die Mitglieder der niederen Grade wurden mit Hokuspokus und „Geheimnissen" gefüttert, damit man sie besser kontrollieren konnte. In Wahrheit ging es bei vielen Bünden *nur* um die brutale Macht.

ERKENNTNIS NR. 3

Was uns am meisten staunen lässt, war (und ist) die unvorstellbare Leichtgläubigkeit vieler Menschen. Schon der Gründer, Andreae, war bestürzt, was alles für bare Münze genommen wurde – aufgrund einer bloßen Geschichte, die er erfunden hatte. Eine fiktive Gestalt und ein fiktiver Bund wurden Realität, eigentlich unvorstellbar.

Friedrich Wilhelm II. ist ein weiteres Beispiel für die beispiellose Torheit und Beeinflussbarkeit des Menschen.

Aber auch in der heutigen Zeit ist es um diese Leichtgläubigkeit nicht besser bestellt. Wenn man sich vor Augen hält, dass es (gefühlte) Hunderte unterschiedlicher Systeme gibt, die sich alle widersprechen, die aber alle Alleinanspruch auf die „Wahrheit" erheben, erhält man einen weiteren Einblick in die Torheit der Menschen.

Weiter fallen Tricks wie die Geisterbeschwörung und all der mechanisierte Humbug in die Kategorie Leichtgläubigkeit.

Das Menschengeschlecht insgesamt ist nicht sehr helle.

ERKENNTNIS NR. 4

Die wichtigste Erkenntnis besteht unserer Meinung darin, dass sich die Lehren und Forderungen Andreaes in ihr genaues Gegenteil verkehrten. Während der (unfreiwillige) Gründer gegen die Sittenlosigkeit seiner Zeit mobil gemacht hatte, gegen das Fluchen, den Alkohol, den Zank, das Glücksspiel, den Ehestreit und die Entheiligung des Sonntags, während er Werte wie die Nächstenliebe auf den Thron gehoben hatte, die Mildtätigkeit, die Armen- und die Krankenpflege, ja Anstand und Ethik überhaupt, alles im Rahmen des christlichen Glaubens, so wurde dies später einfach über Bord geworfen. Nicht mehr ein Krümelchen blieb übrig. Im Gegenteil. Die Sittenlosigkeit und Hurerei Friedrich-Wilhelms II. waren sprichwörtlich, die wechselseitigen Kämpfe und der Zank innerhalb und außerhalb der Geheimbünde geradezu an der Tagesordnung. Jede noble Gesinnung wurde besonders von dem Rosenkreuzer Alister Crowley konterkariert und ad absurdum geführt, mit seiner „Sexualmagie“ und seinen perversen Praktiken, aber auch von anderen Verführern wie Joseph Di Mambro.

Nichts, nichts blieb mehr übrig.

Ethik verkehrte sich in Nicht-Ethik, Christentum in Heidentum, Offenbarung in Geheimnis und Sittlichkeit in Schamlosigkeit. Gott wich Satan. Die Nächstenliebe wurde von einer geilen Machtgier beiseite geschoben. Auch die esoterische Komponente stand dem christlichen Denken diametral entgegen. Die Kehrtwende betrug 180 Grad.

Noch einmal: Das Ende war das genaue Gegenteil des Anfangs!

Und so erkennen wir, wie eine Bewegung völlig im Sumpf versank aufgrund mangelnder Integrität, obwohl sie anfänglich die Integrität so hoch gehalten hatte.

Das und nichts anderes ist die wahre Geschichte der Rosenkreuzer.

8. DIE VERSCHWÖRUNGEN DER ILLUMINATEN

Im Lateinischen bedeutete *Illuminati* so viel wie „die Erleuchteten". Nun, wir können ohne Übertreibung so viel versprechen: Die folgenden Zeilen werden auch Sie „erleuchten", denn die Geschichte der Illuminaten ist ein fabelhaftes Lehrstück in Sachen richtiger und falscher Aktionen, bezüglich Erfolg und Misserfolg, hinsichtlich Wahrheit und Lüge ...

Es handelte sich bei den Illuminaten ebenfalls um eine freimaurerische Bruderschaft, die jedoch die *Vernunft* auf den Königsthron zu setzen suchte, im Gegensatz zu den Rosenkreuzern, für die *Gefühl* alles war – ein Grund, warum sich diese beiden freimaurerischen Varianten spinnefeind waren und ständig wechselseitig an die Gurgel gingen. Aber die Illuminaten kämpften auch gegen Aristokraten und Monarchen, sie kämpften gegen Könige, Kirchen und Katholiken. Kein anderer Geheimbund sah sich je so vielen Feinden ausgesetzt – vielleicht, weil er anfänglich unvorstellbar erfolgreich war.

Mit einem Professor an der Spitze, der mit einem rasiermesserscharfen Verstand begabt war, versuchten die Illuminaten zeitweise sogar die gesamte Freimaurerei in die Tasche zu stecken und sich an die Spitze aller Geheimbünde zu setzen, aber eilen wir den Ereignissen nicht voraus. Fragen wir uns zunächst: Um wen handelte es sich bei diesem Professor, bei dem Gründer der Erleuchteten?

EINE AUSSERGEWÖHNLICHE GESTALT

Obwohl er ständig versuchte, im Verborgenen zu agieren und im Dunkeln zu bleiben, weiß man inzwischen, dass der Strippenzieher hinter den Kulissen ein gewisser Adam Weishaupt war.

Johann Adam Weishaupt (1748–1830), ursprünglich ein Jesuiten-Schüler, studierte Philosophie, Politik und Geschichte und zog seine eigenen Schlüsse aus der Historie, was auf eine ausnehmend ausgeprägte Analysefähigkeit hindeutet. Das Geniegehirn promovierte in der Geschichtswissenschaft und avancierte danach zu einem der jüngsten Professoren erst für die Rechte, dann für das Kirchenrecht, konkret in Ingolstadt (Bayern). Grundsätzlich war Weishaupt durch und durch ein Idealist und von den besten Absichten beseelt, denn seine tatsächliche Intention bestand darin, die Moral und die Tugend zu fördern und einen besseren, einen vollkommeneren Menschen zu schaffen. Es ging ihm um die Würde des Menschen, um den Sieg der Vernunft und um die Wissenschaft, weiter um echte Freiheit, die zu seiner Zeit seiner Meinung nach entsetzlich eingeschränkt war. Und so viel ist richtig: Rechts und links hielten pfäffische Schwarzröcke die Zügel in der Hand sowie das faule Adelspack. Der Professor forderte dagegen, dass die Intelligenz regieren sollte, die „Weisheit". Dafür war jedoch Ausbildung nötig und *Aufklärung*. Wer könnte von einem solchen Unterfangen nicht begeistert sein?

Tatsächlich kann man jedoch Weishaupt und die Illuminaten nicht zur Gänze verstehen, wenn man nicht zugleich dem „Zeitgeist" zumindest ansatzweise auf die Spur kommt. Speziell die „Aufklärung" muss man von ihrem innersten Kern her begreifen.

DIE INTELLEKTUELLE REVOLUTION

Mit dem Begriff „Aufklärung" bezeichnet man eine konkrete geschichtliche Periode, eine ganze Epoche – vom 17. bis zum 18. Jahrhundert. In England, in den USA, in Frankreich, in Deutschland, in der Schweiz – überall griff die „Aufklärung" mit einem Mal um sich.

Der Grund? Die bisherigen religiösen Erklärungsversuche der Welt, sprich der Bibel, stellten sich mit einem Mal als falsch heraus. Bisher hatte man beispielsweise angenommen, die Welt wäre im Jahre 3950 vor Christus erschaffen worden, von Gott. Nun erkannte man plötzlich, dass das unmöglich der Wahrheit entsprechen konnte: Es gab den Menschen schon vor Zehntausenden, Hunderttausenden und Millionen von Jahren.

Aber das war nur ein einziger Stein in dem morschen theologischen Gebäude, das auf einmal Stück für Stück abzubröckeln begann. Allenthalben entdeckte man Unwahrheiten in der Bibel. Die Erde drehte sich um die Sonne und nicht umgekehrt, wie in der Bibel behauptet. Weiter konnte die Welt unmöglich in sechs Tagen erschaffen worden sein. Schließlich war die Erde keine Scheibe. Kolumbus und andere Seefahrer hatten das hinreichend bewiesen. Mit Fernrohren konnte man plötzlich den Verlauf der Gestirne beobachten und berechnen. Der Himmel hörte auf, eine Spielwiese eines allmächtigen Gottes und der Engel zu sein, und selbst an der Existenz der Hölle konnte man berechtigte Zweifel anmelden.

Das theologische Gebäude stürzte krachend ein.

Die gesamte politische Philosophie geriet ebenfalls in Wanken: Bisher hatte sich der Monarch auf den Papst sowie auf Gott selbst berufen können, was seine Herrschaftsberechtigung anging. Unversehens stellte es sich jedoch heraus, dass das alles Unsinn war – niemand konnte Gott als Zeugen, Garant und Argument für die eigene Herrschaft benutzen. Es waren lediglich ein paar bestechliche Priester, die den Monarchen bislang die Steigbügel gehalten hatten. Ein Großteil der intellektuellen Welt lehnte sich mit einem Mal gegen die infamen, gewaltigen Lügen der Priester auf, mit denen die Menschen Jahrhunderte lang eingeseift worden waren.

Mit dem Zusammenbruch der priesterlichen Vorherrschaft stürzte jedoch zusätzlich das gesamte Weltbild der Menschen des 17. und 18. Jahrhunderts ein. Die Vernunft gebot es, nach neuen Erklärungen für bestimmte Fragen, Problemen und Phänomenen Ausschau zu halten.

Das Zeitalter der *Aufklärung* begann. Der Mensch fing an, erstmals seit rund 2.200 Jahren, seit den alten Griechen, wieder selbständig zu denken. Eine völlig neue Epoche zog am Horizont auf. Auf allen Gebieten traten auf einmal neue Erkenntnisse zu Tage. Es handelte sich um eine Entfesselung der Vernunft. Der Mensch begann, die Augen aufzumachen, systematischer zu experimentieren und nachzudenken.

In vielen Ländern gab es Persönlichkeiten, die die „Aufklärung" intensiv vorantrieben. In England gehörte dazu beispielsweise John Locke (1632–1704). Seine Bücher beeinflussten unter anderem die Unabhängigkeitserklärung und die Verfassung der Vereinigten Staaten von Amerika, von der wir bereits gehört haben, weiter die Verfassung Frankreichs. Locke stellte fest, dass eine Regierung nur dann eine Existenzberechtigung besitzt, wenn sie der Zustimmung der Regierten sicher sein kann und sie das Leben, die Freiheit und das Eigentum der Untertanen beschützt. Ist das nicht der Fall, besitzen die Untertanen nach Locke das Recht auf Widerstand, sie dürfen sich gegen eine Regierung erheben.

In Frankreich war der führende Kopf der Aufklärung Voltaire (1694–1778). Voltaire verfasste Theaterstücke, Romane, Geschichtswerke, philosophische Traktate, Briefe, Abhandlungen und andere Schriftstücke mehr in reicher Zahl, um der Aufklärung zum Durchbruch zu verhelfen. Auch er wandte sich gegen die Lügen der Priester, gegen Missstände in der Justiz, gegen Ungerechtigkeiten überhaupt und gegen eine von Pfaffen zurechtgestutzte, einseitige Geschichtsschreibung. Kurz gesagt promotete er mit seinem Griffel die Toleranz, die Humanität und die Gerechtigkeit, er war der mutigste Verfechter einer echten Ethik, das frömmelnde Gehabe war ihm zutiefst zuwider.

In Deutschland ist besonders Lessing (1729–1781) zu nennen, was die Aufklärung angeht. Der mutige Lessing machte sich speziell um den Toleranz-

gedanken verdient. Er verteidigte sogar den Judaismus und den Islam. Lessing brach ebenfalls für die Vernunft eine Lanze, er machte gegen die theologische „Buchstabenhörigkeit" mobil und gab einige Schriften heraus, die die Göttlichkeit Jesu und die Offenbarungen der Bibel in Frage stellten.
Darüber hinaus gab es viele weitere Mitstreiter, die die Aufklärung vorantrieben – wie etwa Immanuel Kant. Kant (1724–1804) definierte *Aufklärung* so: „Aufklärung ist der Ausgang des Menschen aus seiner selbst verschuldeten Unmündigkeit. Unmündigkeit ist das Unvermögen, sich seines Verstandes ohne Leitung eines anderen zu bedienen." [3]
Verschiedene Schriftsteller, Philosophen und Naturwissenschaftler trieben die Aufklärung voran – um eine bessere Welt zu schaffen.

DER UMSTURZ

Betrachtet man die späteren Ergebnisse der Aufklärung, so kann man nur staunen: Der Absolutismus trat den Rückzug an, der willkürlichen, ungerechten und inhumanen Herrschaft von Königen und Fürsten wurde eine Absage erteilt. Könige wurden geköpft und/oder von ihren Thronen verjagt. Demokratische Bewegungen entstanden. Die „Macht" wurde neuen Institutionen übertragen. Wichtige Verfassungen wurden formuliert und die Menschenrechte festgeschrieben.
Das Recht wurde auf ein weitaus höheres Niveau gehoben, der Rechtsstaat entstand. Die Folter wurde abgeschafft und eine Milderung des Strafvollzuges eingeleitet. Justizreformen erblickten überall das Licht der Welt.
Im Jahre 1776 erklärten die Vereinigten Staaten von Amerika ihre Unabhängigkeit und errichteten eine Demokratie. Das Ergebnis der Gründung der USA war ein wirtschaftlicher Aufschwung ohnegleichen, der auf den gesamten Planeten schließlich einen positiven Einfluss ausübte – wir haben bereits darüber berichtet.
Eine höhere Toleranz gegenüber anderen Religionen und Weltanschauungen wurde praktiziert. Man ließ zunehmend neue Standpunkte und Gesichtspunkte zu. Die Freiheit der Religionsausübung wurde festgeschrieben.
Handel, Industrie und Landwirtschaft begannen zu boomen.
Die Bildung und Ausbildung erreichten ein völlig neues Niveau. Volks- und Realschulen entstanden. Die Erwachsenenbildung wurde aus der Taufe gehoben und die Bildung der Frau zugelassen. Die Analphabetisierung nahm ab und die Alphabetisierung zu. Alle Klassen begannen, frühzeitig rechnen,

lesen und schreiben zu lernen. Die Buchproduktion explodierte in England, Frankreich und Deutschland. Speziell der Lexikon-Markt erlebte einen ungeheuren Aufschwung. Systematisch wurden nun schriftliche, anwendbare Informationen und wertvolles Wissen zusammengetragen – etwa über die Jagd, die Viehzucht, die Fischerei und so fort. Weiter entstanden Bibliotheken in reicher Zahl, sowie Lesezirkel, Salons und Kaffeehäuser.

Es wurde *sehr* viel mehr und freier kommuniziert – der Duft der Freiheit zog allenthalben durch die Gassen und Straßen.

Die Naturwissenschaften erhielten einen höheren Stellenwert und wurden gefördert. Man entwickelte die ersten Mikroskope und stieß damit erstmalig in den Mikrokosmos vor. Plötzlich gab es die Dampfmaschine, das Dampfschiff, den Heißluftballon und den gusseisernen Pflug. Isaac Newton, selbst ein Aufklärer, begründete die moderne Optik und gewann entscheidende Einsichten hinsichtlich der Gravitation.

Die Geschichtswissenschaft wurde auf ein höheres Niveau gehoben. Die biblische Geschichtsschreibung mit ihren Geschichtsfälschungen wurde beiseitegeschoben, Quellen genauer studiert und ehrlicher über die Vergangenheit berichtet …

Belassen wir es bei diesen dürren Anmerkungen. Kurz gesagt handelte es sich bei der *Aufklärung*, der sich auch Weishaupt verschrieben hatte, um eine Bewegung, der man nur applaudieren konnte.

Kehren wir mit diesem Hintergrundwissen im Kopf nun wieder zurück zu unserem Protagonisten.

GEHEIME ZIELE

Die *Aufklärung* ging nicht von einem Tag auf den anderen Tag über die Bühne. Die alten Mächte (die Kirchen und die Könige) wehrten sich mit Zähnen und Klauen gegen die neue Zeit, die angebrochen war. Ihre Vertreter waren nicht bereit, die Macht einfach aus der Hand zu geben.

Und also entschied sich unser Professor, ein ausgeklügeltes Erziehungssystem aus der Taufe zu heben – ein System, das später in einem geheimen freimaurerischen Orden einmünden sollte – um langsam, aber sicher die Welt zu verändern und zu verbessern. Weishaupt plante nie einen Umsturz. Aber er plante, dass seine Studenten den „Gang durch die Institutionen“ antreten sollten. Er plante, seine Schäfchen auf hohe und höchste Pöstchen zu befördern, damit sie von dort aus die Welt im Sinne der Aufklärung verändern konnten.

Und so entsprang seinem Hirn zunächst die Idee eines Geheimzirkels. Weishaupt verpasste sich später den Geheimnamen *Spartacus,* was erstmals sein revolutionäres Potential sichtbar werden lässt, denn der wahre Spartacus hatte einst im alten Rom einen Sklavenaufstand angezettelt. Aber sein Sklavenheer war besiegt worden, woraufhin man 6.000 Überlebende gekreuzigt hatte. Wenn der Satz „Nomen est Omen" wahr ist, so war dies ein schlechtes Vorzeichen für Weishaupt. Doch der Name *Spartacus* war auch ein Symbol des Widerstandes und des Freiheitskampfes, was wiederum hervorragend passte. Kaum hatte Weishaupt den Entschluss gefasst, nichts weniger als die Welt zu bewegen und in ihren Grundfesten zu erschüttern, wurde er aktiv.

DIE UNTERWANDERUNG

Weishaupt entfaltet in der Folge eine unglaubliche Aktivität. Ein heiliges Feuer lodert in ihm, manchmal ein heiliger Zorn, der sich auch wider die Rosenkreuzer richtet, die ständig versuchen, ihm die besten Studenten vor der Nase wegzuschnappen und für ihren Orden zu rekrutieren. Zeit seines Lebens hasst er die Rosenkreuzer deshalb wie die Pest, mit ihren gefühlsdurchtränkten Lehren, die jeder Ratio Hohn sprechen.

Auch dieser Umstand veranlasst Weishaupt, eine eigene Organisation aus dem Boden zu stampfen. Er verunglimpft die Rosenkreuzer als eine „verderbliche Seuche" und schimpft wie ein Rohrspatz, was ihre alchemistischen Experimente angeht. Er spektakelt wider die „Goldmacherei und andere Thorheiten." [1]

Aber wichtiger ist: Er krempelt selbst die Ärmel auf, bis zum obersten Anschlag, und setzt einen Gegenpol. Er will, er muss seinen Studenten, der künftigen Elite, Vernunft zwischen die Hörner hauen und sie auf die Vorteile und die Überlegenheit des Verstandes hinweisen. Um seine Botschaft einzuhämmern, wählt er die Eule zum Kennzeichen seiner Gesellschaft, denn die Eule symbolisierte schon im alten Griechenland die griechische Göttin Athene und also *Weisheit.*

Um seinem studentischen Zirkel, der entsprechend instruiert, indoktriniert und programmiert werden muss, Attraktivität zu verschaffen, umgibt er ihn mit ganzen Gebäuden von Geheimnissen, denn sein Geschichtsstudium hat ihm verraten, wie magnetisch Mysterien sind. Da er zudem innerhalb der Universität mit seinem „unorthodoxen [Wesen] überall aneckt" [2], gerät er zum Liebling der Studenten. Endlich einmal ein Revoluzzer im Lehrpersonal!

Jeder will dabei sein und mitmachen. Er verbietet seinen Studenten, auch nur ein Wörtchen über den Bund nach außen dringen zu lassen – eine Garantie dafür, dass jeder hinter vorgehaltener Hand darüber redet.
1780 zählt der Geheimbund bereits Dutzende von Mitgliedern.
Das System wird ausgebaut, eine Hierarchie entsteht. Weishaupt verlangt absoluten Gehorsam. Ewiges Stillschweigen und Treue müssen geschworen werden. Weiter muss jeder seiner Jünger seine privatesten Verhältnisse und Sünden offenlegen. Die Mitglieder müssen sich Exerzitien unterziehen und persönlich danach streben, sich zu vervollkommnen und zu verbessern. Weishaupt entwirft ein System, in dem man von ganz unten nach ganz oben krabbeln kann. Jedes Mitglied erhält einen Tarnnamen oder Inkognitonamen. Selbst verschiedene Ortschaften werden mit Geheimnamen ausgestattet. *München* heißt jetzt *Athen*, im Falle von Frankfurt spricht man von *Edessa*.
Sogar ein Überwachungssystem existiert, damit die Tugend nicht in Gefahr gerät. Jedes Mitglied muss sich zudem regelmäßig einer harschen Selbstkritik unterwerfen – eine uralte Technik, die schon bei Pythagoras zu finden ist. Weiter muss ein Mitglied regelmäßig neue Mitglieder rekrutieren, am laufenden Band – ansonsten kann es in der Hierarchie nicht aufsteigen.
Letztlich geht es darum, einen Geheimbund der „Weisen" und „Vollkommenen" zu schaffen, die später die Zügel in den verschiedenen Regierungen der Welt in die Hand nehmen sollen.
Die Methode? Unterwanderung! Durch intellektuelle und moralische Qualifikation, ferner durch Netzwerke, sollen die Mitglieder später auf hohe und höchste Pöstchen gehievt werden, so dass sie entsprechenden Einfluss nehmen und im Sinne der Aufklärung wirken können.
Das Ideal ist eine Elite, wie sie früher schon Platon visioniert hatte, zumindest ansatzweise. Platon hatte davon gesprochen, dass nur ein abgeklärter Philosoph auf dem Königsthron sitzen sollte. Die Stoßrichtung ist hoch politisch.
Weishaupts Zirkel expandiert wie verrückt. Als seinem Geheimbund eines Tages der Freiherr Adolph von Knigge beitritt, der uns allen bekannt ist als ein Autor, der Höflichkeit und gutes Benehmen großschreibt, expandiert der Orden noch stärker. Knigge (1752–1796), bereits ein mit allen Wassern gewaschener Freimaurer, ist ein Tausendsassa, der mit zahlreichen Geheimbünden in Kontakt steht, er ist bestens vernetzt. Er bewegt sich sicher auf dem Parkett vieler Ordenshäuser, denn er gehört zu der Freimaurerloge *Zum gekrönten Löwen* (Kassel), ist Mitglied der Loge *Wilhelmine Caroline* (Hanau) und so weiter. Auch er ist reformwütig, in dieser Beziehung passt er zu Weishaupt.

Und auch er verachtet und schmäht die Rosenkreuzer. Als er sich den radikalaufklärerischen *Illuminaten* anschließt, scheint er endlich angekommen zu sein.
Und also rekrutiert er emsig neue Mitglieder, tatsächlich in einem unvorstellbaren Ausmaß. Der Bund der Illuminaten platzt aus allen Nähten, die Mitgliederzahlen schießen nach oben. Das Märchen von einem „geheimen Oberen, den niemand kennt", entsteht – wodurch die Illuminaten noch mysteriöser erscheinen und also noch mehr Zulauf erhalten. Knigge, der schon bald neben Weishaupt steht, führt allerlei neue Rituale, Grade und Symbole ein, die er von anderen Freimaurer-Bünden übernimmt. Er bedient sich verschiedener Showeffekte, von denen er weiß, wie sehr sie die Gemüter erregen und das Gefühl ansprechen. Anderen Freimaurer- Logen macht er Mitglieder abspenstig. Und er sorgt dafür, dass der Aufstieg bei den Illuminaten rascher vonstattengeht als in anderen Bruderschaften. Die Neuankömmlinge schießen nur so die verschiedenen Grade hinauf. Der Grund? Knigge will den neuen Mitgliedern rasch Erfolgserlebnisse verschaffen, jeder nächsthöhere Einweihungsgrad hebt die Bedeutung einer Person und das Selbstwertgefühl, nur so kann er die Jünger bei der Stange halten.
Die Expansion bricht alle Rekorde. 1.500 Illuminaten existieren in kürzester Zeit, sie breiten sich in verschiedenen Regionen und Ländern aus wie ein Lauffeuer. 70 Prozent sind Akademiker, die „Aristokratie des Geistes", die „Herrschaft der Vernunft" scheint anzubrechen.
In Bayern kriechen tatsächlich viele Anhänger Weishaupts auf einflussreiche Pöstchen. Nach außen hin handelt sich bei den Illuminaten nur um eine „normale" Freimaurerloge, in Wahrheit betrachtet man sich als die absolute Elite. Das Ziel einer Umbildung der Gesellschaft in Richtung Freiheit und Vernunft, rückt in greifbare Nähe. Die Methode der Unterwanderung funktioniert. Immer hochkarätigere Meinungsführer treten dem Illuminatenorden bei. Goethe und Pestalozzi werden Mitglieder, der Beitritt Lessings ist umstritten, seine Nähe zur Freimaurerei nicht. Goethe erhält den Geheimnamen *Abaris* , nach einem alten Magier.
Aber plötzlich weht den Illuminaten der Wind hart ins Gesicht. Sie haben es sich nicht nur mit den Rosenkreuzern verscherzt, die alles andere als begeistert sind, dass ihnen die Mitglieder in Scharen weglaufen und abgeworben werden. Die gesamte Freimaurerei scheint in eine Krise zu geraten – die nur den Illuminaten dient, die immer fetter und einflussreicher werden. Auch die katholische Kirche riecht den Braten, allen voran ihre Speerspitze, die Jesui-

ten. Offenbar soll die Kirche durch die Hintertür entmachtet werden. Knigge veröffentlicht zudem unter einem Pseudonym ein Buch, das sich direkt gegen die Jesuiten und Rosenkreuzer richtet, die er des Betrugs und der Dummheit zeiht. Auch die Obrigkeit, die schließlich unterwandert werden soll, wird hellhörig. Mächtigere Feinde kann man sich nicht schaffen.

DER UNTERGANG

Könige werden aufmerksam, Kirchenfürsten, Aristokraten und Staatsbeamte. Gerüchte machen die Runde. Das Geheimnis bekommt Löcher. Ex-Mitglieder plaudern. Die Illuminaten werden außerdem selbst unterwandert und ausspioniert. Versucht hier tatsächlich jemand, alle Staaten der Welt unter seine Kontrolle zu bringen? Handelt es sich um einen Größenwahnsinnigen? Um Hochverrat?

Öffentlich warnen Regierungsstellen in Bayern auf einmal vor den Illuminaten. Enttäuschte Ex-Illuminaten hetzen weiter gegen den Orden. Sie plaudern alle möglichen Geheimnisse aus und machen gegen den Bund mobil. Knigge zerstreitet sich mit Weishaupt, er spielt mit gezinkten Karten. Er erpresst sogar den Professor, der dagegen ist, dass zu schnell zu viele Mitglieder rekrutiert werden, ohne Prüfung und ohne dass sie entsprechend indoktriniert werden. Knigge droht, alle Geheimnisse des Ordens an die Jesuiten und die Rosenkreuzer zu verraten, wenn Weishaupt sich quer stellt. Der Professor dagegen sieht es ungern, dass Knigge verschiedene absolutistisch herrschende Fürsten in den Orden rekrutiert hat, wie Prinz Karl von Hessen, Ferdinand von Braunschweig, Herzog Ernst von Sachsen-Gotha und Carl August von Sachsen-Weimar. Bestand der Ausgangspunkt seines Ordens nicht darin, allen absolutistischen Bestrebungen eine Absage zu erteilen?

Gerüchte machen die Runde, dass Goethe und Carl August dem Orden nur beigetreten sind, um den Orden auszuspionieren.

Der Streit zwischen Weishaupt und Knigge eskaliert, die Machtfrage wird gestellt. Wer ist der wahre Führer des Ordens? Weishaupt und Knigge umschleichen sich wie zwei Raubtiere. Ein Schiedsgericht wird anberaumt, um den Streit beizulegen. Goethe, Herder und der Herzog Carl August sitzen in diesem Entscheidungsgremium. Das Schiedsgericht fällt das Urteil, dass eine völlig neue Führung notwendig ist. Knigge und Weishaupt sollen beiseitetreten. Knigge schäumt. Er glaubte, Goethe, Herder und Carl August in der Tasche zu haben und Weishaupt beiseiteschieben zu können. Jetzt wird er selbst ausgebootet. Auch Weishaupt gibt die Leitung des Ordens offiziell ab, aber sein Einfluss existiert nach wie vor, immerhin ist er der Gründer. Nach einigen letzten heftigen Machtkämpfen wird Knigge im Jahre 1784 aus der Loge ausgeschlossen.

Der innere Krieg schwächt die Illuminaten mehr als alle Anfeindungen von außen. Aber auch die Feinde außerhalb des Bundes schärfen ihre Schwerter. Und so verwundert es nicht, dass der Orden schon bald mit verschiedenen Mächten seiner Zeit in Konflikt gerät.

Der Professor selbst, der zur Seite gerückt ist, sieht sich plötzlich nur noch von Feinden umringt. Mehr und mehr Geheimnisse werden bekannt, ein Luftschloss nach dem anderen sinkt in sich zusammen, denn hinter vielen Mysterien steht – nichts. Weishaupt opponiert zwar nicht direkt gegen die gekrönten Häupter seiner Zeit, aber sie argwöhnen, dass es ihnen an den Kragen gehen soll. Ferner zücken die Rosenkreuzer ihre Dolche.

Ein zweiter innerer Kampf, diesmal zwischen verschiedenen Freimaurerbünden, steht an. Die Illuminaten verfügen jedoch über weniger Zweigstellen und Verbindungen als die Rosenkreuzer. Ex-Illuminaten sorgen außerdem erneut dafür, dass der Ruf und Leumund der Loge beschädigt wird. Die Rosenkreuzer fahren ihr schwerstes Geschütz auf: Sie beeinflussen Kurfürst Karl Theodor, der Bayern und die Pfalz in seiner Kralle hält, gegen die Illuminaten vorzugehen. Um ihre Absichten durchzusetzen, bedienen sie sich schamlos des Beichtvaters des Kurfürsten, denn Pater Frank, der Beichtvater, ist der Leiter des Münchner Rosenkreuzerordens. Ha, man sollte sie, die Rosenkreuzer, nicht unterschätzen, sie verfügen ebenfalls über Konnexionen in höchsten Positionen! Karl Theodor (1724–1799), einer der mächtigsten Fürsten Deutschlands, stuft alle freimaurerischen Vereinigungen kurzerhand als „landesverräterisch“ und „religionsfeindlich“ ein, aber in erster Linie stehen die Illuminaten im Visier.

Die Obrigkeiten schleudern jetzt nicht nur ein paar Steine gegen den Geheimbund, sondern richten ihre Gewehrläufe auf ihn. Die Unterwanderungspläne und die systematische Besetzung öffentlicher Ämter sind kein Kavaliersdelikt. Wer will schon einen „Vernunftstaat“? Bestimmt kein Fürst! Alle Namen der Illuminaten erblicken auf einmal das Licht der Welt, wodurch ein Geheimnis nach dem andern enthüllt wird. Alles platzt wie eine Seifenblase. Überfallartige Hausdurchsuchungen finden statt. Geheime Papiere des Ordens werden beschlagnahmt. Die wahren Ziele des Ordens sind plötzlich in aller Munde. Papst Pius VI. erklärt in zwei Briefen an den Freisinger Bischof

die Mitgliedschaft bei den Illuminaten als unvereinbar mit dem katholischen Glauben. Die allmächtige römisch-katholische Kirche und der Herrscher Bayerns blasen in das gleiche Horn. Auf zur Hetzjagd! Es gibt regelrechte Verfolgungen. Mehr und mehr Unterlagen werden beschlagnahmt. Hofräte und Offiziere werden enttarnt und verlieren ihre Anstellung. Ordensmitglieder werden des Landes verwiesen. Weishaupt selbst, der wahre Gründer des Ordens, was viele noch immer nicht wissen, muss fliehen. Bei Nacht und Nebel begibt er sich zuerst nach Regensburg. 1787 holpert seine Reisekutsche heimlich weiter nach Gotha (Thüringen). Der Professor versteckt sich „aus Angst vor einem Anschlag drei Tage lang im Kamin seines neuen Hauses." [4]
Seine ganze Welt bricht zusammen.

Alles läuft auf ein Verbot des Ordens hinaus. Ein gewisser Johann Joachim Christoph Bode (1730–1793), inzwischen der Kopf oder zumindest einer der neuen Führungspersönlichkeiten der Illuminaten, ein Musiker, Autor und Verleger, der sich zuvor ebenfalls in verschiedenen Maurerorden getummelt und der durch Knigge ehemals den Weg zu den „Erleuchteten" gefunden hat, versucht, zu retten, was zu retten ist. Trotz der Verfolgung, die nur in Bayern greift, scheint sich der Orden weiter auszubreiten. Es gibt Quellen, die auf Sachsen, die Schweiz, Italien, Frankreich, Dänemark, Russland und die USA hindeuten. In 70 Städten treibt der Orden inzwischen sein (Un-)Wesen. Aber selbst in Bayern sind 1787 ein Zehntel der höheren Beamtenschaft Illuminaten – behauptet jedenfalls Weishaupt von seinem sicheren Versteck aus.

Doch die Französische Revolution 1789 lässt in Deutschland Panik aufkommen. In Frankreich „verkürzt" man schließlich sogar den König. Die Guillotine saust wieder und wieder nieder. Fürsten in ganz Deutschland wollen unter allen Umständen verhindern, dass es auch in Deutschland zu einem Blutbad kommt. Sie klammern sich an ihre Throne und halten nach den wahren Ursachen für all das Revoluzzer-Gehabe Ausschau.

Der Kampf gegen die Illuminaten speziell und gegen die Freimaurer überhaupt wird auf die Spitze getrieben. Ordensmitglieder im bayerischen Staatsdienst werden gezwungen, Geständnisse abzulegen und ihre Mitgliedschaft zu widerrufen. Überall wittert die Obrigkeit Umtriebe. Ein paar theoretische, liberale Schmierstücke kann man gnädig tolerieren, aber wenn sich dahinter umstürzlerische Ideen verbergen, muss man den Rädelsführern aufs Haupt schlagen. Montegelas (1759–1838), ein bayerischer Superminister, obwohl gestern selbst noch Illuminat, jetzt ein treuer Diener seines Fürsten, verbietet 1799 und 1804 alle geheimen Gesellschaften.

Der Plan Weishaupts, den Staat und die Gesellschaft geschickt zu unterwandern und von innen heraus Schlüsselpositionen und die Macht zu übernehmen, der Marsch durch die Institutionen, scheint zum Scheitern verdammt zu sein.

Die Jesuiten sind begeistert. Sie jubeln. Und sie drängen den Kurfürsten, gegen alle Arten von Freimaurerbünden noch härter vorzugehen. Die Hysterie greift immer weiter um sich. Selbst wenn jemand nur versucht, eine Person für einen Freimaurerbund zu rekrutieren, steht auf diesem Umstand schon die Todesstrafe. Die Angst vor den Illuminaten weicht der Wut. Man muss die Freimaurer ausmerzen, wo immer man sie antrifft.

Weishaupt befindet sich inzwischen relativ sicher in Gotha, denn Ernst II., der Herzog von Thüringen, ist selbst ein Freimaurer und hält schützend seine Hand über ihn. Es geht das Gerücht, der Herzog könne Feuer zum Verlöschen bringen, was man auch im Doppelsinne verstehen kann. Aber in Bayern jagt man die Illuminaten wie die Hasen. Der Orden wird ausradiert. Der Herrscher Bayerns ist gnadenlos, er fürchtet das gleiche Schicksal zu erleiden wie die französischen Aristokraten, die man überall aufknüpft, ersticht, erschießt und guillotiniert.

Doch was passiert innerhalb des Ordens selbst?

Das neue Führungsgremium ist rührig. Bode eilt von Stadt zu Stadt, wie gehetzt, selbst Ernst II. schaltet sich ein.

In Bayern muss man zwar den Kopf einziehen, aber Bayern ist nicht die Welt. Doch Bode, wahrscheinlich inspiriert von anderen Freimaurer-Bünden, fordert eines Tages die Auflösung des Geheimbundes. Er will die Illuminaten in einem neuen, übergreifenden „Bund der deutschen Freimaurer“ aufgehen lassen. Ab 1790 hörte der Geheimbund der Illuminaten auf zu existieren, jedenfalls offiziell. Bode stirbt 1793. Ernst II. kann die Illuminaten ebenfalls nicht retten.

WILDE VERSCHWÖRUNGSTHEORIEN

Die unglaublichsten Verschwörungstheorien sprießen in der Folge aus dem Boden.

Die Illuminaten werden auf einmal für alle möglichen politischen Ereignisse verantwortlich gemacht. Hatten sie nicht bei der US-amerikanischen Revolution ihre Hand im Spiel? Standen sie nicht Pate bei der Französischen Revolution? Gerüchte, Gerüchte, Gerüchte, durch nichts zu beweisen!

Ja, es gibt Neugründungen und Fortsetzungsversuche. Wieder und wieder werden die Lehren Weishaupts zitiert, nur um sofort wieder abgeändert zu werden. Angebliche Illuminaten werden später sogar mit dem Judentum in Verbindung gebracht, mit dem „Weltjudentum" sogar, wie das Adolf Hitler eines Tages nennen wird. Sie werden aber auch als Rechtsextremisten denunziert. Eine Verbindung mit den persischen und syrischen Assassinen wird vermutet. Es wird ihnen eine Kontrolle durch führende Bankiers und die Rothschilds angedichtet. Nichts ist historisch beweisbar. Die Wahrheit? Ein gescheitertes politisches Märchen macht sich selbständig und erhält ein Eigenleben.

Wir schätzen, dass von zehn Verschwörungstheorien, die heute im Umlauf sind, neun falsch sind und jeder Grundlage entbehren. Dieses Statement gilt für *alle* Verschwörungstheorien, nicht nur für die Illuminaten.

Immerhin ist dies wahr: Adam Weishaupt wird in Bayern eines Tages rehabilitiert. Man erkennt, dass man überreagiert hat, was die Erleuchteten angeht. Weishaupt avanciert später sogar zum auswärtigen Mitglied der Bayerischen Akademie der Wissenschaften und erhält eine Pension. Montgelas hat hierbei seine Hand im Spiel, vielleicht hat er seine alten Illuminaten-Schwüre nicht vergessen. Aber Weishaupt selbst hat vergessen, dass er sterblich ist und all diese Machtgelüste letzten Endes nichts bedeuten. Der Tod fragt nicht nach dem richtigen Lösungswort, mit dem man sich davonstehlen kann. 1830 stirbt Weishaupt, der Bund der Illuminaten stirbt endgültig mit ihm. Nur einige wenige Verschwörungstheoretiker behaupten steif und fest, dass der Geheimbund der Illuminaten nicht zu Grabe getragen wurde und noch immer existiert. [5]

Auf Weishaupts Grabstein kommen diese Worte zu stehen:

HEIC JACET / WEISHAUPT / VIR INGENIO ANIMO DOCTRINA / PRIMARIUS CIVIUM LIBERTATIS / VINDEX ACERRIMUS / EXSUL OBIIT OCTOGENARIUS [6]

Hier ruht Weishaupt, ein Mann hervorragend an Geist, Mut und Gelehrtheit, glühender Vorkämpfer der bürgerlichen Freiheit. Er starb im Exil als Achtzigjähriger.

Später wird der Grabstein entwendet. Vom wem? Niemand weiß es. Noch im Tod umgibt Adam Weishaupt ein ewiges Geheimnis.

DIE DREI FEHLER

Holen wir nun tief Luft und versuchen wir, dieses interessante Leben zumindest ansatzweise zu erhaschen und auszuwerten.

Festhalten muss man dies: Es war richtig, einen besseren Menschen schaffen zu wollen und die Tugend zu fördern. Es war weiter richtig, auf die *Aufklärung* zu setzen und auf die Erziehung. Und schließlich war es richtig, Locke, Voltaire, Lessing und Kant zu studieren und deren Schriften zu verbreiten.

1) Aber es war falsch, sich mit so vielen Mächten gleichzeitig anzulegen. Der Professor hasste die Jesuiten, lag im Clinch mit dem Papst und den Kirchen und verabscheute die absolutistisch-weltlichen Herrscher. Damit befand er sich im Krieg mit allen mächtigen Institutionen seiner Zeit. Der Vielfrontenkrieg brachte mehr als einen König in der Geschichte zu Fall, geschweige denn einen kleinen Professor einer kleinen Universität. Die Anzahl der Feinde war überwältigend. Zu versuchen, die herrschenden Gewalten einfach beiseitezuschieben, zauberte zu viele Feinde gleichzeitig auf dem Plan, wobei wir die Gegnerschaft zu den anderen Freimaurergruppen noch nicht einmal erwähnt haben oder den Zorn der Ex-Mitglieder und die Kämpfe innerhalb seiner eigenen Truppe. Zuletzt sah sich Weishaupt nur noch von Feinden umgeben. Und also verkroch sich das Supergehirn drei Tage im Kamin seines Hauses, zitternd vor Angst. Die Priester glaubten, die Illuminaten wollten die Religion abschaffen, und die Herrscher nahmen an, er wolle alle Regierungen stürzen. Und so griff eine namenlose Hysterie um sich und verschlang den Orden mit Haut und Haaren.
2) Auch die üppige, verschwenderische Anwendung der Methode des Geheimnisses besaß ihre Achillesferse. Denn Geheimnisse können auffliegen und bekannt werden, sowohl esoterische Geheimnisse als auch politische Geheimnisse, ferner geheime Mitgliederlisten, geheime Codewörter, geheime Grade und geheime Ziele. Weishaupt wurde Effekt einer Ursache, die er selbst geschaffen hatte. Die Methode der Unterwanderung, ebenfalls ein Geheimnis, war ebenfalls nicht smart. Ab einer gewissen Größenordnung musste der Spaß auffliegen. Man kann nicht Tausende von „Geheimnisträgern" kontrollieren. Die erste Lektion der Geheimdienste heute besteht darin, möglichst wenige Personen in eine Geheimoperation einzuweihen. Denn immer gibt es Maulwürfe und Verräter in den eigenen Reihen, von Spionen und Doppelagenten ganz zu schweigen. Teilweise ließ Weishaupt sogar seine eigenen Leute unaufgeklärt, was die wahren Ziele des Ordens anging – nur ein weiteres Geheimnis. Neue Mitglieder wurden getäuscht.

Es wurde ihnen weisgemacht, dass es *nicht* darum ging, die weltlichen und geistlichen Regierungen zu unterwandern. Als die Ordensbrüder jedoch herausfanden, dass genau eben das angestrebt wurde, fühlten sie sich betrogen. Noch einmal: Weishaupt täuschte seine eigenen Brüder. Kaum einer wusste zuletzt, dass *er* an der Spitze der Bewegung stand und der Drahtzieher hinter den Kulissen war. Er bildete sich so viel ein auf seine pyramidenähnliche Kommandostruktur, aber sie versagte. Unter ihm standen zuletzt nur zwei Illuminaten, denen er seine Befehle weitergab, unter diesen beiden wieder je zwei Mitglieder, unter den Vieren schließlich acht Logenbrüder, darunter 16, unter ihnen 32 und so weiter. Auf diese Weise glaubte der Professor, Tausende von Menschen in Bewegung setzen zu können. Er rechnete jedoch nicht mit dem Neid, der Illoyalität und der Machtgier seiner engsten „Freunde", was beweist, wie brüchig ein solches System ist. Diese elende, ausufernde Geheimnistuerei entpuppte sich jedenfalls als die größte Schwäche seines Ordens. Als all die „Geheimnisse" aufflogen, war die ganze Anziehungskraft des Geheimbundes mit einem Schlag dahin.

3) Weishaupt handelte nach dem Motto *Der Zweck heiligt die Mittel.* Aber genau dieses Motto widersprach seinen eigenen ursprünglichen Forderungen, die in Richtung Redlichkeit und Integrität zielten. Man kann kein edles Ziel anstreben und Methoden benutzen, die auf Lügen aufgebaut sind. Man kann nicht nach außen hin mehr Moral einfordern und gleichzeitig in vollständiger Verborgenheit operieren, was immer eine gewisse Unmoral mit sich bringt. Die Täuschung, geschweige denn Mord und Krieg – Methoden, die von anderen Geheimbünden eingesetzt wurden – beweisen immer die Wahrheit dieses Satzes: *Die Mittel entheiligen den Zweck.*

Mit Nicht-Ethik lässt sich Ethik nicht etablieren, mit Lüge nicht Wahrheit und mit Verbrechen nicht Gerechtigkeit.

Und so scheiterte Weishaupt, aufgrund dieser drei Fehler.

Noch einmal: Er kämpfte einen Vielfrontenkrieg, der nur verloren werden konnte, er überstrapazierte die Technik des Geheimnisses, was schließlich furchtbar auf ihn und seinen Orden zurückschlug und er nutzte unlautere Methoden, die nicht zu seinen hehren Zielen passten, die der Ursprung und der Ausgangspunkt all seiner Aktivitäten gewesen waren.

Das sind die Gründe für den Untergang der Illuminaten.

9. HITLERS GEHEIMBÜNDELEI

Kein Diktator der Geschichte kam ohne Geheimdienste aus, tatsächlich sind Diktatoren und Tyrannen geradezu vernarrt in Geheimdienste. Kaum ein Diktator verzichtete außerdem auf „Elitesoldaten" oder eine „Elitetruppe". Und nicht eben wenige Gewaltherrscher waren zudem Mitglied einer geheimen Bruderschaft oder eines Geheimbundes, wenn auch einiges vom Sand der Geschichte zugeweht worden ist.

Selbst die Geheimbündelei Hitlers, dessen Leben doch tausendfach um- und umgewendet wurde, ist verhältnismäßig unbekannt, ein Grund, einmal in dieser Beziehung tiefer zu graben.

Adolf Hitler war regelrecht besessen von jeder Art von Geheimniskrämerei. Er hielt selbst seine Vita, bevor er „Führer" wurde, geheim, damit sein Image keinen Schaden erlitt, denn der äußere Schein war für ihn alles. Seine Eltern stammten aus Österreich und bescheidenen Verhältnissen. Sie gehörten bestenfalls zur Mittelschicht, der Vater war ein kleiner österreichischer Zollbeamter, der bis zu seinem 39. Lebensjahr den Familiennamen seiner Mutter trug – Schicklgruber. Es erheitert noch heute die Gemüter, sich vorzustellen, dass ganz Deutschland von 1939 bis 1945 mit ausgetrecktem rechten Arm beinahe „Heil Schicklgruber" geschrien hätte und nicht „Heil Hitler".

Hitler verbot einem Halbbruder und dessen Sohn, sich als seine Verwandten zu erkennen zu geben, er schämte sich seiner Herkunft, seiner Schulzeit und seiner Jugend.

Und das aus gutem Grund. Es wäre schwergefallen, sich als unfehlbaren Führer verklären zu lassen, wenn alle Welt gewusst hätte, dass er zuvor ein ausgemachter Faulpelz, Sitzenbleiber und Versager gewesen war. Hitler erklärte später deshalb sogar die Heimatdörfer seiner Eltern und Großeltern zum „militärischen Sperrgebiet", nachdem der „Anschluss" Österreichs an das Deutsche Reich über die Bühne gegangen war – nur damit niemand in seiner Vergangenheit herumstöbern konnte.

Ferner ließ er 7.000 Österreicher aus seiner ehemaligen Heimat umsiedeln und mehrere Gedenktafeln seiner Vorfahren entfernen. Niemand, niemand durfte ihm auf die Schliche kommen, niemand durfte wissen, aus welchem Stall er gekrochen war, er, der *Gröfaz,* der größte Feldherr aller Zeiten. Später ließ er alle Akten in Wien beschlagnahmen, die zu viel über seinen Aufenthalt dort verrieten.

GEHEIMBÜNDELEI

Aber wichtiger als all diese Vertuschungsversuche hinsichtlich seiner Jugend und seiner Vorfahren ist der Umstand, dass sich Hitler früh zu allerlei seltsamen Gruppierungen hingezogen fühlte, schon während seiner Wiener Zeit. Er suchte verzweifelt nach einer Identität. Eine Weile sah er sich als verkannter Künstler, gab sich fälschlicherweise als „Kunststudent" und „akademischen Maler" aus, manchmal auch als „Schriftsteller". Er log schon früh, dass sich die Balken bogen, obsessiv geradezu. Er flunkerte sich eine falsche Reputation zusammen, während er in Wahrheit zeitweise ein Obdachlosenasyl bewohnte, ein fauler Hund war und sich recht und schlecht ein paar Kröten durch Aquarelle verdiente, indem er Ansichtskarten kopierte. Die Aquarelle ließ er in der Folge durch ein paar befreundete Juden verkaufen.

Davon abgesehen begeisterte er sich für antisemitische Krakeeler, die in Wort und Schrift die Juden und andere „niedere" Rassen für alle Übel der Welt verantwortlich machten. Entsprechend menschenverachtende Anschauungen hatten „Denker" wie Malthus, Darwin, Nietzsche, Gobineau und Chamberlain bereits publiziert. Hitler kannte deren Schriften bestenfalls flüchtig, wenn überhaupt, aber andere Schmierfinken und Hetzredner griffen deren Thesen (von „niederen" Rassen und drittklassigen Menschen) eifrig auf und sie kannte Hitler umso besser: Lapouge, Grant, Gumplowicz, Ammon, Liebenfels, Lueger und Schönerer – zweifelhafte, drittklassige Autoren und Politiker mit anderen Worten – übernahmen das Gedankengut dieser „Denker" und hetzten etwa wider die „verjudete" Welt. Hitler lauschte ihnen andächtig oder saugte deren bösartigen Schriften auf, wie ein Ertrinkender. [1]

Tatsächlich gab es noch eine weitere verborgene Quelle, aus der Hitler trank, sie ist an Brisanz nicht zu überbieten. Aber dazu später mehr.

Für uns bedeutsam an dieser Stelle ist zunächst ein ganz anderer Umstand: Hitlers Konnexionen zu einer Geheimgesellschaft, die Historiker selten oder nie in das Scheinwerferlicht rücken.

DIE THULE-GESELLSCHAFT

Bei der Thule-Gesellschaft handelte es sich um einen Geheimbund, der nach der sagenhaften Insel *Thule* benannt wurde. Sie existierte angeblich hoch im Norden. *Thule* bedeutete wörtlich so viel wie „Boden" oder „Erde" (indorgermanisch *telu = Boden*), die Insel lag vorgeblich in der Nähe Norwegens, aber in Wahrheit wurde damit nur auf ein politisches Programm gedeutet:

Die Thule-Gesellschaft verunglimpfte die Juden, während man die „Arier" (die, wie man annahm, im Norden beheimatet waren) in den Himmel hob.
Der Gründer der Thule-Gesellschaft war ein gewisser Rudolf Freiherr von Sebottendorf (1875 – 1945), der in Wahrheit Adam Glauer hieß, ein antisemitischer Hetzer vor dem Herrn und ein Okkultist. Er trommelte zahlreiche Gesinnungsgenossen in seiner Thule-Gesellschaft zusammen. Eine ganze Phalanx des späteren Führungspersonals der NSDAP, der Nationalsozialistischen Arbeiterpartei, stammte aus dieser Thule-Gesellschaft, was die Nähe zu Hitlers „Weltanschauung" beweist. Glauer alias Sebottendorf neigte jedoch wie gesagt dem Okkultismus zu, darüber hinaus wurde er aller Wahrscheinlichkeit nach schon im Jahre 1901 in eine Freimaurerloge aufgenommen. [2]
An der Wiege seiner „okkulten Ausbildung" standen angeblich islamische Mystiker, Sufi-Ordensbrüder, die Gründerin der Theosophie Helena Blavatskys, der antisemitische Lanz von Liebenfels sowie möglicherweise sogar ein paar Rosenkreuzer. Er galt als Gründer einer neuen, mystischen Loge in Istanbul (Türkei), wo er – nach eigenen Aussagen – von einem ausgewanderten Baron Heinrich von Sebottendorf adoptiert wurde. Ab einem bestimmten Zeitpunkt nannte er sich jedenfalls Rudolf Freiherr von Sebottendorf. Es handelte es sich hierbei jedoch um lupenreinen Betrug. Sebottendorf/Glauer kehrte schließlich nach Deutschland zurück und heiratete das Töchterlein eines reichen Berliner Kaufmannes. Daraufhin machte er sich daran, das Geld seiner Frau mit beiden Händen zum Fenster hinauszuwerfen.
Sebottendorf/Glauer, ein Hochstapler, Judenhasser und Schmarotzer, agierte dennoch nicht ganz ohne Erfolg, offenbar konnte er Menschen leicht um den Finger wickeln. Der selbsternannte Freiherr trat zunächst dem *Germanenorden* bei, bevor er seine Thule-Gesellschaft gründete.
Hierbei handelte es sich ebenfalls um eine Geheimgesellschaft, die wie er die Juden abgrundtief hasste. Nur Bürger, die blondes Haar hatten, blaue bis hellbraune Augen und eine helle Haut, durften dem Germanenorden beitreten, sofern sie nicht körperlich behindert waren. Eine „arisch-germanische religiöse Wiedergeburt" wurde propagiert. Juden sollten gefälligst deportiert werden, aber auch Anarchisten und Zigeuner. Selbst das Attentat und der Mord galten als politisch korrekt, wenn es darum ging, die Ziele des *Germanenordens* durchzusetzen.
In diesem Umfeld fühlte sich Sebottendorf sofort heimisch. Er gründete erst eine Filiale in Bayern, dann nabelte er sich ab. Viele Mitglieder des Germanenordens liefen sofort zu ihm über und sammelten sich in seiner neuen

Thule-Gesellschaft, in der unter anderem das Hakenkreuz bereits als Symbol verwendet wurde, lange bevor es Hitler benutzte.
Offiziell wurde die Thule-Gesellschaft 1918 gegründet, sie bezeichnete sich als ein „Orden für die deutsche Art". Man verbreitete auch hier das Märchen von der jüdischen Weltverschwörung. Eine Diktatur sollte errichtet und alle Juden aus Deutschland vertrieben werden. Genau an dieser Schnittstelle trat Hitler auf den Plan.

HITLERS GEHEIMNISSE

Folgen wir zunächst den Ausführungen der Verschwörungstheoretiker Marrs, Pauwels, Bergier und Ravenscroft. [3]
Nach deren Behauptungen geschah dies: Ein Mitglied der Thule-Gesellschaft namens Dietrich Eckart führte Hitler in den 1920er Jahren an den Okkultismus heran. Um wen handelte es sich bei diesem ominösen Eckart? Nun, Dietrich Eckart (1868–1923) war ein Publizist und Verleger und vernarrt in alle möglichen esoterischen Gedankengebäude. Es ist wahr, dass er eine Art Ideengeber für Hitler darstellte. Eckart war Mitbegründer der NSDAP, er nahm Hitler sogar gegen innerparteiliche Kritiker in Schutz, denen er anfänglich ausgesetzt war und war lange sein Mentor, ja, sogar sein Freund. Der 21 Jahre ältere Eckart setzte Hitler den Floh ins Ohr, dass er, Hitler, der kommende „Retter" sei und schrieb ihm „charismatische Fähigkeiten" zu. Er bezeichnete ihn 1921 erstmals als „Führer". [4]
Eckart impfte Hitler weiter die Weltsicht ein, dass sich auf der einen Seite die (bösen) Juden befänden, die im Gegensatz zu den (guten) Deutschen/Germanen stünden. Eckart verfasste später das Sturmlied der SA und avancierte zu einer Art „Parteidichter" der NSDAP. Aber er vertrat auch esoterische Ideen und Positionen, über die man sich nur die Haare raufen kann, denn sie waren alle höchst mysteriös und undurchsichtig.
Thule, nach dem Verständnis Eckarts und einiger Okkultisten, war eben kein nordisches Eiland, sondern in Wahrheit eine Art deutsches Atlantis, eine mystische, prähistorische Insel, die Heimat einer lang untergegangenen, hoch stehenden Zivilisation Außerirdischer. Diese waren angeblich ihres Wissens verlustig gegangen, als sie sich mit dem Menschengeschlecht eingelassen und mit einigen seiner Exemplare gepaart hatten. Sebottendorff und mit ihm Eckart glaubten offenbar, dass es (außerirdisch inspirierte) „Thule-Geheimwissenschaften" gab, die durch die Jahrhunderte überlebt hatten und durch eini-

ge besondere Eingeweihte weitergegeben worden waren. Man konnte dieses machtvolle, esoterische Wissen wiedererlangen durch den Kontakt zu Geistern – den offenbar Eckart und Sebottendorff herstellen konnten.
Aber es gab auch Gerüchte, dass es im innersten Zirkel der Thule-Gesellschaft Satanisten gab, die schwarze Magie betrieben, schreibt jedenfalls Autor Trevor Ravenscroft. Dabei sei es um die Macht des abgrundtiefen Bösen gegangen. Als Meisterschüler habe sich Dietrich Eckart entpuppt. Die Thule-Gesellschaft sei eine „Gesellschaft der Meuchelmörder" gewesen, der Assassinen. Es habe sich so verhalten , dass Eckart, der Lehrer, seinen Schüler, eben Hitler, in Richtung des Bösen beeinflusst habe. Ravenscroft zufolge weckte er sein Interesse an antijüdischer Propaganda, an Geschichte, Okkultismus, Hypnose, Astrologie, mystischer Erleuchtung und der Droge Peyotl, sowie an Trancezuständen, Channeling (= Empfang und Weitergabe der Botschaften überirdischer Wesen), metaphysischer Kontrolle, inneren Stimmen und mittelalterlicher, schwarzer Magie. Ja sogar der Satanismus habe eine Rolle gespielt, während bestimmter Rituale seien Menschen geopfert worden.
Die Tatsache, dass Hitler während seiner aufpeitschenden Reden wie von einem fremden Geist beseelt zu sein schien, der gewissermaßen durch ihn sprach, wird von Okkultisten heute als „Beweis" für den Einfluss Eckarts und bestimmter Geister ins Feld geführt. Hitler wurde nach dieser Theorie bedeutet, er würde eines Tages ein einflussreicher Politiker werden und Befehle „von oberhalb" erhalten, Befehle von Geistern oder höheren Wesen.
Als Eckart 1923 auf dem Sterbebett lag, soll er gesagt haben: „Folgt Hitler. Er will tanzen, aber ich bin es, der die Melodie bestimmt hat. Ich habe seine Einweihung vorgenommen und ihn in die ‚Geheime Lehre' eingeweiht. Ich öffnete seine Zentren für die Vision und gab ihm die Mittel, mit den [geheimen] Mächten in Kommunikation zu treten. Betrauert mich nicht: Ich werde die Geschichte stärker beeinflusst haben als jeder andere Deutsche." [5]

LÜGE UND WAHRHEIT

Sehr hübsch! Was aber ist hier wahr, was erfunden? Nun, rund 20 % sind wahr, 80 % nicht nachprüfbar und nur zusammengesponnenes Seemannsgarn. Wir wissen, dass Okkultisten schon immer die begabtesten Lügner waren, wenn es darum ging, Kontakte mit den jenseitigen Welten herzustellen, zahlreiche Biographien beweisen das. Selbst satanische Kulte und die zeremoniellen, kultischen Opferungen von Juden wurden wie gesagt dem Thule-Orden (und also indirekt Hitler) unterstellt, weiter die Verbindung zu einem geheimen „Vril-Orden". Vril? Oh, es kommt noch dicker: *Vril* bedeutet so viel wie *Lebenskraft* oder *Vitalenergie.* Die Vril-Gesellschaft ist jedoch nichts als der Name einer fiktiven Geheimgesellschaft, die nie existierte. Angeblich habe sie Macht über eine übernatürliche Energie (= Vril) besessen und den Aufstieg der Nazis bestimmt. Ja sie habe sogar erstaunliche Fluggeräte entwickelt (sogenannte *NS-* oder *Reichsflugscheiben*). [6]

Nun, die simple Tatsache ist, dass das Wort „Vril" gestohlen wurde – aus einem Roman. Der englische Schriftsteller Edward Bulwer-Lytton (1803–1873) erfand dieses Wort in seinem Buch *The Coming Race* (= *Das kommende Geschlecht*). Er leitete es möglicherweise ab von dem lateinischen Ausdruck *virilis = männlich, voller Kraft.* Vril-Kräfte beinhalteten seiner Fiktion nach Fähigkeiten wie die Telepathie, die Telekinese, die Macht über Materie und Heilkräfte, sowie das Talent, Tote zu erwecken. Der springende Punkt jedoch ist: Nichts davon kann man mit der Thule-Geheimgesellschaft in Verbindung bringen oder gar mit Hitler.

Es handelt sich um reine Erfindungen, die nachträglich aus dem Zylinder gezaubert wurden, um das Phänomen Hitler zu erklären.

Hinzu kommt dieser Umstand: Hitler war nie Mitglied der Thule-Gesellschaft, eine fiktive Mitgliederliste mit seinem Namen wurde später nur zusammengefälscht. [7]

Dietrich Eckart war immerhin gelegentlich Gastredner oder Gast bei dieser Geheimgesellschaft. Die satanischen Rituale innerhalb der Thule-Gesellschaft und die Opferung von Juden konnte ebenfalls nie verifiziert werden.

Immerhin ist so viel unzweifelhaft, dass die Thule-Gesellschaft den politischen Mord guthieß und nachweislich ausführte. Aber zeremonielle Tötungsorgien sind Spukgeschichten. Dass Hitler also satanische Rituale pflegte, in denen Juden (und Kommunisten) geopfert worden seien, ist reiner Humbug. Hitler wurde nie in entsprechende Praktiken eingeweiht, als Nicht-Mitglied schon mal gar nicht. Wahr hingegen ist Eckarts Interesse am Übernatürlichen und Okkulten. Richtig ist auch, dass er Hitler diesen Floh ins Ohr setzte, zu Höherem geboren zu sein und dass er ihn erstmals als „Führer" bezeichnete. Die Szene auf dem Sterbebett aber ist erneut nur Übertreibung und stammt aus dem Griffel eines romantisch-okkulten Schmierfinks, der damit Aufmerksamkeit schinden und ein paar Pennies oder Cents verdienen wollte.

Richtig ist umgekehrt so viel, dass Hitler seinem Mentor Dietrich Eckart in seinem Buch *Mein Kampf ein Denkmal setzte, er widmete ihm das Buch.*

Wahr ist weiter, dass Dietrich Eckart tatsächlich Ideengeber und Einflüsterer Hitlers war, aber der Umfang dieser Einflüsterungen lässt sich nicht mehr nachprüfen. Er war vielleicht dafür verantwortlich, dass sich das Ego seines Schülers aufblies wie eine Kröte und Hitler an seine „Mission" ernsthaft zu glauben begann. Denn eine Technik innerhalb vieler „geheimer Zirkel" besteht darin, einem Adepten und Jünger eine (künstliche) Bedeutung zuzuweisen, um die Person fester an einen Geheimorden oder an einen Lehrer zu binden.

Eckart war außerdem tatsächlich eine Zeitlang eine Art „Parteidichter" der NSDAP. Auch die politischen Morde des Thule-Ordens sind nicht an den Haaren herbeigezogen, wiederholen wir diesen Umstand noch einmal. Aber der Rest ist Hokuspokus, die Vril-Geschichte allemal.

Eckart selbst war ein fanatischer antijüdischer Hetzer und eine Zeitlang so etwas wie der „Chefideologe" der NSDAP. Ja, er hatte Verbindungen zur Thule-Gesellschaft, ebenso wie Rudolf Heß, des Führers Stellvertreter, der mysteriösem Hokuspokus ebenfalls zugeneigt war und zumindest einmal als Gast einen Vortrag bei dieser Gesellschaft besuchte. [8]

All das entspricht also der Wahrheit. Noch einmal: 20% stimmen, der Rest ist erdichteter Unsinn. Selbst wenn man jedoch 80% der späteren Hinzufügungen abstreicht, sind selbst die verbleibenden 20% noch immer mehr als genug; denn festzuhalten bleibt dies: Hitler wurde von einem Vortragsredner eines Geheimbundes so beeinflusst, dass sein Größenwahn Gestalt annahm und er (vielleicht) ab diesem Zeitpunkt an seine „bedeutende Rolle" in der Geschichte zu glauben begann. Zwar erließ Hitler später ein Verbot aller Geheimgesellschaften, auch die Thule-Gesellschaft wurde aufgelöst, aber vielleicht wollte der „Führer" nur wieder Spuren verwischen, darin war er Meister. Die Antwort Hitlers auf ein Problem war immer nur Mord oder Verbot. Sein inniges Verhältnis zu Dietrich Eckart kann jedoch nicht beiseite gewischt werden. Der indirekte Einfluss eines (schändlichen) Geheimbundes, der Juden abgrundtief hasste und verleumdete und mit dem Eckart in Verbindung stand, muss also zugegeben werden, weiter der verderbliche Einfluss Eckarts auf Hitler.

Mehr aber auch nicht.

Soweit das erste Ergebnis zu dem Thema „Hitlers Geheimbündelei."

Aber jetzt wird es erst richtig aufregend.

DIE MYSTERIÖSEN PROTOKOLLE DER WEISEN VON ZION

Erneut haben wir erkannt, wie leicht eine „Verschwörungstheorie" aus dem Boden gestampft werden kann. Die Methode? Der Schreiberling nutzt ein paar bekannte Fakten, die nachprüfbar sind, bläst diese auf wie einen Ballon, übertreibt diese maßlos, erfindet eine wilde Geschichte „drumherum" (am besten Details, die mit Sex zu tun haben, mit Geld, Macht und Mysterien) – und Simsalabim! Schon verfügt man über eine prächtige neue Verschwörungstheorie.

„Verschwörungstheorien", die erlogen sind, werden jedoch stets mit einer genauen, gezielten *Absicht* erfunden. Sie dienen immer dazu, eine Person oder eine Gruppierung ins Abseits zu rücken. Gewöhnlich sind sie Meisterstücke der Schwarzen Propaganda. Sie sind brandgefährlich, denn sie können eine Person, eine Gruppe oder eine Bewegung so mit vielen Kübeln von Unrat übergießen, dass selbst der neutrale Leser am Schluss annimmt, dass „etwas ja daran stimmen" muss.

Falsche Verschwörungstheorien sind ein probates Mittel, um Personen oder Gruppierungen zu diskreditieren und zu diskriminieren. Der intelligente Leser tut also gut daran, dem überwuchernden Wuchs der Verschwörungstheorien, die heute allenthalben das Internet überziehen und wohlfeil zu haben sind, mit Misstrauen zu begegnen und ihnen zunächst einmal *nicht* zu glauben.

Was unseren Herrn Hitler angeht, so muss man darüber hinaus festhalten, dass auch er sich bestimmter getürkter, zusammengebastelter Verschwörungstheorien bediente – völlig gewissenlos und ohne die geringsten Hemmungen.

Eine der berühmtesten und geschicktesten Fälschungen der Geschichte sind die sogenannten *Protokolle der Weisen von Zion*, derer sich die Nazis bedienten. Worum handelte es sich hierbei?

DIE GEFÄHRLICHSTE FÄLSCHUNG DER WELT

Wir haben die „Protokolle" bereits in dem Buch „Die größten Fälschungen der Geschichte"[9] entlarvt, ein Grund, warum wir an dieser Stelle nur die Ergebnisse kurz zusammenzufassen brauchen. Die *Protokolle der Weisen von Zion* sind an Intriganz kaum zu überbieten. Offenbar war es einem Dieb, ja einem Meisterdieb, gelungen, nichts weniger als eine *Weltverschwörung* aufzudecken, die Weltverschwörung der Juden.

Einem Meisterdieb waren dem Vernehmen nach hochbrisante Papiere in die Hände gefallen, die bewiesen, dass die Führer der Juden nichts weniger als eine *Weltverschwörung* planten. *Diese Papiere wurden in der Folge die Protokolle der Weisen von Zion* genannt. Ja, es musste sich so verhalten: Man war dem internationalen Judentum auf die Schliche gekommen. Die infamen Absichten der Juden hatten endlich, endlich das Licht der Öffentlichkeit erblickt, denn die Protokolle erhielten genaue Handlungsanweisungen, wie man die Welt unterwanderte, wie man sie unter die Knute zwang und eroberte.
Das gehörte beispielsweise offenbar zu dem Handlungsrepertoire und den Plänen der Juden, gemäß diesen *Protokollen:*

- Der Handel und die Hochfinanz müsse künftig von den Juden allein kontrolliert werden.
- Um die Weltherrschaft zu erringen, sei es weiter nötig, die einzelnen Staaten in die Verschuldung zu treiben, so dass man sie zuletzt erpressen könne.
- Weiter gelte es, den Einfluss der christlichen Kirchen einzudämmen und sie zu schwächen.
- Auch die Macht der (nichtjüdischen) Militärs müsse beschnitten werden.
- Und schließlich müsse man die Macht in den Medien übernehmen, mit allen Mitteln.

Lauschen wir einigen wörtlichen Auszügen aus den *Protokollen*, denn sie verraten noch sehr viel mehr:
„Wir müssen haben die großen politischen Zeitungen, welche machen die öffentliche Meinung, die Kritik, die Straßenliteratur, die Telegramme und die Bühne. Wir werden daraus verdrängen Schritt um Schritt die Christen, dann können wir diktieren der Welt, was sie glauben, was sie hochhalten und was sie verdammen soll. ... Mit der Presse in der Hand können wir verkehren Recht in Unrecht, Schmach in Ehre. Wir können erschüttern die Throne und trennen die Familien. Wir können untergraben den Glauben an alles, was unsere Feinde bisher hochgehalten. Wir können ruinieren den Kredit und erregen die Leidenschaften. Wir können machen Krieg und Frieden, und geben Ruhm oder Schmach. Wir können erheben das Talent oder es niederhetzen und verfolgen ... Wer die Presse hat, hat das Ohr des Volkes. Wenn Israel hat das Gold und die Presse, wird es ... [die Macht] über alle Völker der Erde! [haben]. [10]
Grundsätzlich gelte es, gewaltige Reichtümer zusammenzuraffen.
Die Nichtjuden, die *Goys*, müsse man ihres Grundbesitzes berauben und ihre Industrien zerstören. Es sei notwendig, alles zu reorganisieren, Politik und

Religion, Presse und Wirtschaft, ja selbst die Währungen. Die Gerichte und die Justiz, die Verwaltung und die Armee, die Polizei und die Beamten in jedem Land müssten von den Juden kontrolliert werden.
Mordanschläge und Terror seien die geeigneten Maßnahmen, um das Ziel zu erreichen. Das Ziel? Die Weltherrschaft der Juden!
Die Öffentlichkeit sei einer Gehirnwäsche zu unterziehen.
Ferner dürfe man nur solche Präsidenten in den nichtjüdischen Staaten fördern, die keine weiße Weste haben, so dass man sie in der Folge leicht erpressen könne.
Die Nichtjuden, diese „vernunftlosen Tiere", seien an der Nase herumzuführen, sie müssten manipuliert werden nach Strich und Faden. Nur so könne man die Weltherrschaft errichten, in der der einzig wahre Gott, Jehova, regiere – und mit ihnen die Juden, das auserwählte Volk …
Notwendig sei eine geheime jüdische Geheimregierung, eben die „Weisen von Zion" …
Soweit die Lüge. Was aber ist die Wahrheit?

DIE MEISTERFÄLSCHER

Wechseln wir übergangslos die Zeit und den Ort. Begeben wir uns nach Russland, und zwar um die Zeit der vorletzten Jahrhundertwende. Damals rumorte es an allen Ecken und Enden. Die Wirtschaft lahmte. Die Bevölkerung litt ständig unter Hungersnöten. *Gleichheit* war ein Fremdwort, und auch um die verschiedenen *Freiheiten* war es schlecht bestellt. Über allen Untertanen thronte der allmächtige Zar, dem man die Schuld für all diese Übel in die Schuhe schob – und zu Recht.
Damals herrschte Zar Alexander III. (1845–1894) über dieses riesige Russland mit seinen zahlreichen Nationalitäten, später folgte ihm sein Sohn Nikolaus II. (1868–1918) auf dem Thron.
Eine kurze Charakterisierung: Alexander III. fürchtete Zeit seines Lebens ermordet zu werden, ein Grund, warum er auf einem Hochsicherheitsschloss in einem Petersburger Vorort residierte. Dieser Zar war töricht genug, die liberalen Verordnungen seines Vaters zurückzunehmen. Er stärkte im Gegenteil die Polizei und ließ Regimegegner nach Sibirien deportieren. Kurz gesagt regierte er durch Terror. Besonders berüchtigt und gefürchtet war die *Ochrana*, ein Begriff, mit dem man die zaristischen Geheimdienste und die Geheimpolizei bezeichnete. (russ. *Ochrannoje otdelenie = Sicherheitsabteilung*)

Sein Sohn Nikolaus II. war nicht viel klüger. Auch er ließ keine liberalen Bestrebungen zu. Aufgrund seiner selbstherrlichen Politik und fehlender Reformbereitschaft konnte keines der vielen Probleme Russlands gelöst werden. Auch die Juden wurden in diesem zaristischen Russland unterdrückt. Es gab zahlreiche *Pogrome* – ein russisches Wort, das wörtlich so viel wie „Verheerung" oder „Verwüstung" bedeutet, aber womit heute grundsätzlich die Hetze und Ausschreitungen gegen alle möglichen Bevölkerungsgruppen bezeichnet wird, aus religiösen, nationalen oder rassischen Gründen. Der „geschickte Schachzug" des Zaren bestand nun darin, die *Juden* für die Missstände in diesem Russland verantwortlich zu machen. Die teuflische Idee dahinter: Damit wollte der Zar von den eigenen Unfähigkeiten und Unzulänglichkeiten ablenken. Es ging mit einem Wort um den brutalen Machterhalt in Russland. Wenn man nur listig genug einen „Sündenbock" präsentierte, eben die Juden, so die Berechnung des Zaren, konnte man vielleicht den eigenen Hintern retten, sprich den Zarenthron, denn es gärte in der Bevölkerung. Es galt, die drohende „Revolution in jüdischem Blut zu ertränken".

Die *Ochrana*, die berüchtigte Geheimpolizei, nahm sich des Problems an. Der Chef der Ochrana, Pjotr Iwanowitsch Ratschkowski, dessen Spezialität Fälschungen war, präsentierte die Lösung: Die Juden mussten noch schlimmer verteufelt werden, als es ohnehin schon der Fall war. Sie mussten für *alle* Übel in Russland verantwortlich gemacht werden! Und so erblickten die *Protokolle* das Licht der Welt.

In einem Aufsehen erregenden Prozess, der 1933 bis 1935 in Bern stattfand und in dem über die wahre Urheberschaft der *Protokolle* befunden wurde, kam jedoch dies ans Tageslicht: Der russische Geheimdienstchef Raschkowski begab sich Ende des 19. Jahrhunderts nach Frankreich, um die *Protokolle* zusammenfälschen zu lassen. Raschkowski besaß nachweislich hinreichend Erfahrungen mit Fälschungen, schon früher hatte er zahlreiche, missliebige Personen mit gefälschten Dokumenten in die Bredouille gebracht. Nun galt es, ein ganzes Volk, die Juden, zu diskriminieren und ihnen die bösartigsten Absichten zu unterstellen.

Ihm zur Seite standen einige schurkische Helfershelfer (Golowinski/Bint, ebenfalls russische Geheimagenten), die offenbar ebenfalls Erfahrung in diesem Metier besaßen.

Als Vorlage für die Fälschung diente ein Buch des französischen Autors Maurice Joly, der ein Werk verfasst hatte mit dem Titel *Machiavel et Montesquieu.* Joly hatte allerdings nie die Juden aufs Korn genommen, sein Werk war gegen

Napoleon III. gerichtet. Eifrig wurden nun ganze Passagen (176 Stellen!) von Joly abgeschrieben und uminterpretiert und auf die Juden umgemünzt. Langsam entstanden auf diese Weise die *Protokolle.* Weiter spielten auch andere Vorlagen eine Rolle, wie etwa ein Buch eines gewissen Herrmann Goedsche. Es handelte sich bei den *Protokollen* um ein Plagiat (= Diebstahl geistigen Eigentums) *und* eine Fälschung. [11]

Mit den gefälschten Dokumenten, sprich mit den *Protokollen der Weisen von Zion* in der Tasche, reiste Raschkowski eilig zurück nach Russland. Hier wurden nun diese *Protokolle* rasch vervielfältigt und unters Volk gebracht.

Natürlich stellte sich die Ochrana/Raschkowski nicht selbst ins Rampenlicht. Der Geheimdienst benutzte erneut Helfershelfer, er verdeckte seine Urheberschaft.

Ein gewisser Sergej Alexandrowitsch Nilus publizierte im Jahre 1901 ein Buch mit dem Titel „Das Große im Kleinen". 1905 erschien eine stark veränderte Neuausgabe, die als Anhang erstmals den Text der „Protokolle der Weisen von Zion" erhielt. Die Fälschung war ihm von der zaristischen Geheimpolizei/von Raschkowski zugespielt worden.

Nilus wurde später in zahlreichen Übersetzungen als Quelle zitiert.

Gleichzeitig erfand man das Märchen, dass die *Protokolle* von den Juden selbst verfasst worden seien – man wies also eine falsche Urheberschaft zu.

Und so begannen die *Protokolle* in der Folge ihr Gift zu verspritzen.

Allenthalben empörte man sich nun in Russland über die üblen Machenschaften, die den Juden angedichtet worden waren.

Weitere Märchen wurden erfunden, wie dass die *Protokolle* in Südafrika angeblich von einem Dieb aus einer Synagoge entwendet worden waren. Die Lüge nahm Gestalt an, sie wurde ausgeschmückt, sie wurde dicker und fetter und damit „realer".

Raschkowski benutzte in der Folge eben diese *Protokolle,* um Juden noch weiter und heftiger zu verunglimpfen. Pogrome und Morde wurden abgesegnet durch diese Protokolle! Sprich in Russland wurden die Juden nun noch übler verfolgt als zuvor. Schließlich verfügte man ja jetzt über den „Beweis", welch böse Absichten die Juden verfolgten.

Nie gab es eine einzige Fälschung in der gesamten Geschichte der Menschheit, die einen so verheerenden Einfluss ausübte und für so viele Morde verantwortlich war.

Denn was geschah danach?

DIE BÖSE SAAT GEHT AUF

Die *Protokolle* wurden in aller Herren Länder verbreitet.

Schon der deutsche Kaiser, Wilhelm II., las begierig die *Protokolle.* Als der Erste Weltkrieg verloren wurde, brauchte er einen Sündenbock. Rasch wies Wilhelm II. auf die Juden, die *Protokolle* lieferten ihm nun den „Beweis" für das eigene Versagen.

Adolf Hitler und seine Schergen, allen voran Alfred Rosenberg und Julius Streicher, zitierten ebenfalls eifrig aus den *Protokollen*, ja, benutzen sie, um ihre verbrecherische Nazi-Ideologie zusammenzuzimmern. Als die Nazis die Macht an sich gerissen hatten, wurden die *Protokolle* sogar offizieller Lehrstoff an den Schulen. Das Ergebnis: 6 Millionen ermordete Juden.

Den Nazis insgesamt war es nebenbei bemerkt völlig gleichgültig, ob es sich bei den Protokollen um eine Fälschung handelte oder nicht. Früh wurde selbst im Kreise einiger Nationalsozialisten vermutet, dass es bei den Protokollen nicht mit rechten Dingen zugegangen war. Aber die Nazi-Schurken kümmerte das einen feuchten Kehricht. Im Gegenteil: Die Protokolle kamen ihnen gerade recht. Mit dieser Schrift konnte man herrlich auf die „jüdische Weltpest" dreinschlagen. Die vorgeblichen jüdischen Weltmachtspläne der Juden wurden also unaufhörlich aufgekocht. Wieder und wieder wurden die *Protokolle* der Öffentlichkeit ins Bewusstsein gehämmert, Auflage um Auflage erschien. Auch Goebbels, der teuflische Propagandaminister, bediente sich der Protokolle. Hitler persönlich glaubte an ihre „absolute Echtheit", behaupten jedenfalls einige Historiker. Goebbels ließ dagegen die Frage offen, ob sie authentisch oder nur „von einem genialen Zeitkritiker erfunden" worden waren. [12]

Und so erkennen wir, dass Hitler selbst eine Verschwörungstheorie schamlos ausnutzte, eine lupenreine Fälschung. Es gab weder eine Bruderschaft, die sich die „Weisen von Zion" nannten, noch einen Geheimbund der Juden, dem daran gelegen war, die gesamte Welt zu beherrschen. In Wahrheit verbarg sich hinter diesem entsetzlichen Schmierenstück, hinter den *Protokollen*, nur die russische Geheimpolizei, die einst den Zaren den Thron retten wollte. Aber alles nutzte nichts: Im Jahre 1917 wurde das Zarentum aus Russland endgültig hinweggefegt.

Was jedoch blieb, waren die *Protokolle der Weisen von Zion.*

Soweit zu einem weiteren (angeblichen) Geheimbund im Dunstkreis Hitlers. Aber es gab noch eine weitere (tatsächliche) Verschwörung, was die Nazis und Hitler anging, zumindest eine Art Verschwörung, die lange nicht ans

Licht kam und erst vor wenigen Jahren zähneknirschend zugegeben wurde. Noch immer ist sie nicht im allgemeinen Bewusstsein der Bevölkerung verankert und das aus gutem Grund.

DIE VERSCHWÖRUNG GEGEN DIE MENSCHLICHKEIT

Es handelte sich um keine „offizielle" Verschwörung und keinen „klassischen" Geheimbund, der die Nazis mit seinen abstrusen Ideen fütterte, vielmehr um eine unauffällige, beinahe schleichende Einflussnahme. Ihre Vertreter bedienten sich eifrig des verführerischen Wörtchens „Wissenschaft". Keine Vokabel wurde mehr missbraucht – bis heute nebenbei bemerkt.

Damit sind wir einem der brisantesten Geheimnisse auf der Spur, das trotz einiger weniger Veröffentlichung noch immer, selbst heute im 21. Jahrhundert, wie ein Staatsgeheimnis gehütet wird. Der Grund? Es bringt einen ganzen Berufszweig in Misskredit.

Fallen wir gleich mit der Tür ins Haus: Tatsächlich ist der Nationalsozialismus mit seinem Rassenwahn nicht denkbar ohne die *Psychiatrie*, die ebenfalls zu Hitlers tödlichem Gedankengebäude beitrug – sowohl in intellektueller Hinsicht als auch in der furchtbarsten Praxis.

Nennen wir Mann und Maus. Alfred Ploetz schuf damals gemeinsam mit dem *Psychiater* Gustav Aschaffenburg die Grundlagen der verheerenden „deutschen Rassenhygiene", die im Kern besagt, dass Arier alles und andere Rassen nichts sind, jedenfalls „minderwertig" und „unterlegen", vom „Blut" her gesehen und aus der Sicht der „Erbanlagen".

Der *Psychiater* Aschaffenburg trat speziell für die Ausmerzung von „Minderwertigen" ein, zu denen „Volksschädlinge", Kranke, „Unfertige", Behinderte, Greise, TBC-Patienten, Landstreicher, „Zigeuner" und Alkoholiker gehörten.

Der *Psychiater* Ernst Rüdin rechtfertigte „wissenschaftlich" die Zwangssterilisation all dieser verschiedenen „minderwertigen" Gruppierungen.

Der *Psychiater* Alfred Hoche forderte die Legalisierung der sogenannten „Euthanasie", die man wohl besser *Mord* nennt. Die Nazis jubelten, als sie erfuhren, dass ein Arzt und „Wissenschaftler" ihre tödlichen Ideen endlich legitimierte – wobei sie vergaßen, dass die gleichen Psychiater bereits „Vorarbeit" geleistet hatten. Sprich Psychiater hatten schon sehr viel früher ihre menschenverachtenden Ideen in die Welt gesetzt, lange *vor* Hitler!

Aber nennen wir weiter konkrete Namen: Werner Heyde geriet zum Leiter aller Konzentrationslager, in denen insgesamt 6 Millionen Juden umgebracht wurden, von den „Minderwertigen" ganz zu schweigen. Sein Beruf: *Psychiater.* Die *Psychiater* Max de Crinis, Carl Schneider, Hermann Paul Nitsche und Hermann Pfannmüller – alles hochrangige, führende Seelenklempner im Dritten Reich – waren alle direkt und an vorderster Front an den Morden in den Konzentrationslagern beteiligt. [13]

Diese Tatsachen stehen heute unzweifelhaft fest. [14]

Der eigentliche Skandal besteht darin, dass viele dieser Psychiater sich nach 1945, als die Nazis von der Bildfläche verschwunden waren, versteckten, untertauchten und jede Verantwortung von sich schoben. Ja, sie waren für die Ermordung von Millionen Menschen verantwortlich, aber sie warteten „klug" ab, bis sich die Aufregung gelegt hatte. Dann krochen sie (oder ihre Schüler) in Deutschland wieder auf die Professorenstühle, waren als „Gerichtssachverständige" tätig, als „Gutachter" und so fort. Erneut wurde es ihnen gestattet, „geistige Gesundheit" zu definieren, obwohl sie doch so kläglich versagt hatten. Teilweise agierten sie unter anderem Namen nach dem Zweiten Weltkrieg, wie der mutige Herausgeber des Sachbuch-Thrillers „Die Männer hinter Hitler", Dr. Thomas Röder, feststellte.

Plötzlich war nicht mehr der Zeitgenosse „geisteskrank", der über die falschen Gene verfügte, es wurden flugs völlig neue „Krankheitsbilder" und „Krankheitsursachen" erfunden, tatsächlich in überreicher Zahl, damit Big Pharma ordentlich abkassieren konnte und mit ihnen die Psychiater selbst.

Dabei waren die neuen Psychiater nichts anderes als die ergebenen Schüler der verbrecherischen Psychiater des Dritten Reiches, wenn es sich nicht sogar um die gleiche Bagage handelte, die den Massenmord im Dritten Reich erst angezettelt und dann ausgeführt hatten.

Ein Krimi und ein Spielfilm, die diese Ungeheuerlichkeit beschreiben, mit allen falschen Tarnnamen, stehen noch aus. Damit kann man die Psychiatrie mit Fug und Recht beschuldigen, zumindest eine Art „Geheimbund" zu sein, jedenfalls eine Vereinigung, die ihre Karten nicht offen auf den Tisch legt.

Noch einmal: Die *heutige* Psychiatrie steht in der Tradition der (psychiatrischen) Politverbrecher des Dritten Reiches. Noch immer nutzt sie deren barbarische Methoden, wie den Elektroschock etwa, der keinerlei signifikante „Heilungsquote" aufweist und im Gegenteil einen Menschen gewöhnlich nur zu einem Zombie degradiert. [15]

Aber bleiben wir bei unserem Thema: Hitler wurde seinerzeit von der Psychiatrie massiv „intellektuell" beeinflusst, denn die Psychiater hauten fast alle in die gleiche Kerbe und faselten wichtigtuerisch vom „arischen Übermenschen", womit die Degradierung aller anderen „Untermenschen" Hand in Hand ging. Darüber hinaus waren sie *ausführende* Mordorgane. Vieles geschah hinter dem Rücken der Bevölkerung, was die Psychiatrie zumindest in die Nähe einer verdeckt handelnden Mörder-Truppe rückt. Psychiater setzten die Theorie vom „Untermenschen" in die blutige Praxis um. Das heißt, der millionenfache Mord im Dritten Reich wurde von Psychiatern erst theoretisch gutgeheißen und dann ausgeführt. Noch heute kann man sich nur mit Entsetzen die Filme über KZs anschauen, mit all den ausgemergelten Leibern und den Verbrennungsöfen.

Das führt uns zu unserem endgültigen Fazit über

HITLER UND SEINE GEHEIMBÜNDELEI.

Halten wir Ernte und fassen wir zusammen: Grundsätzlich wird die „Geheimbündelei" Hitlers selbst von honorigen Historikern unterschätzt.

1) Fest steht, es *gab* Kontakte zu dem Thule-Geheimbund, zumindest indirekt durch Dietrich Eckart, dem Mentor Hitlers. Durch die Hintertür wurde hierdurch auf den „Verstand" Hitlers und seine Anschauungen Einfluss genommen. Nur der Vril-Geheimbund ist eine reine Erfindung und kann nicht mit den Nazis oder Hitler in Verbindung gebracht werden, auch wenn dies einige Verschwörungstheoretiker behaupten.
2) Hitler selbst bediente sich umgekehrt gewissenlos eines Schwarzen Propaganda-Schmierenstücks, er bediente sich der *Protokolle der Weisen von Zion*. Diese Fälschung der Ochrana, des zaristischen russischen Geheimdienstes, half, die Juden ins Abseits zu rücken und zu diskriminieren. Eine zionistische geheime Bruderschaft, eine Weltverschwörung, wurde erfunden, obwohl sie nie existierte.
3) Ein klassischer „Geheimbund" im Falle der Psychiatrie kann nicht ausgemacht werden. Die Psychiatrie agierte jedoch im Verborgenen, um ihre entsetzlichen Massenmorde vor den Augen der Öffentlichkeit zu verstecken.

Nach 1945 versuchte die Psychiatrie ihre verbrecherischen Aktivitäten im Dritten Reich noch sehr viel systematischer zu vertuschen. Psychiater änderten teilweise ihre Namen, operierten mit Tarn- und Inkognitonamen und gaben ihren Vereinigungen flugs neue Bezeichnungen, die nicht „vorbelastet" waren – wie das gerne gemacht wird bis heute, wenn sich eine Unternehmung von den Sünden der Vergangenheit reinwaschen und keine Verantwortung übernehmen will. Von „geheimen" Aktionen zu sprechen ist also richtig, von einem klassischen „Geheimbund" falsch.

Mit diesen drei Themen haben wir dem Thema „Hitlers Geheimbündelei" immerhin einige neue Dimensionen hinzugefügt. Sie lehren uns, wie sorgfältig wir differenzieren müssen. Selbstredend gibt es echte Geheimbünde, aber wir begegnen in der Geschichte auch vielen „geheimen Bruderschaften", die nie existierten. Es gibt „Geheimbünde", deren scheinbare Existenz nur durch Fälschungen „bewiesen" wurde, sowie „Geheimbünde", die lediglich dem Zweck dienten, eine Gruppe zu diskriminieren.

Kehren wir mit diesem Wissen im Hinterkopf jetzt wieder zu einem „lupenreinen" Geheimbund zurück und bewegen wir uns gleichzeitig in Richtung Gegenwart. Untersuchen wir einen letzten spektakulären Fall, der einst die Gemüter in aller Welt erregte. Nehmen wir einen Geheimbund aufs Korn, der mit Milliardensummen so lässig jonglierte wie andere mit Murmeln und in dessen Aktivitäten nahezu alles verstrickt war, was selbst heute Rang und Namen besitzt – vom CIA bis hin zum Vatikan, vom Papst bis hin zu hochrangigen Freimaurern. Suchen wir auch hier Dichtung von Wahrheit zu unterscheiden. Die Wahrheit ist in diesem Fall jedoch ungeheuerlicher, als es je Dichtung sein könnte.

10. UNBEKANNTES ÜBER DIE FREIMAURER-LOGE P2

Ein Skandal zerriss im Jahre 1982 fast das gesamte Netz, das die Freimaurerei so fein gesponnen hatte. Es handelte sich um ein mittleres Erdbeben, das viele Logen erschütterte, deren „Macht" augenblicklich dahinschmilzt, wenn bestimmte Geheimnisse bekannt werden und nach außen dringen.
Es gab im Rahmen dieses Skandals mehrere höchst mysteriöse Morde. Plötzlich fand man einen hochrangigen Freimaurer in London erhängt unter einer Brücke der Themse. Eine Warnung?
Die Privatsekretärin des Präsidenten eines renommierten italienischen Bankhauses, das ebenfalls mit der Freimaurerei in Verbindung stand, stürzte aus dem vierten Stock eines Mailänder Bankgebäudes.
Hatte sie vor, zu plaudern?
Ein anderer Freimaurer, der bereits hinter Gittern saß, wurde im Gefängnis durch Giftmord beiseite geschafft.
Wollte man einen Zeugen mundtot machen?
Um Himmelswillen! Was war geschehen?
Wir sprechen von dem Skandal um die Freimaurer-Loge P2.
P2 ist ein Kürzel für *Propaganda Due*, (= Propaganda-Loge Nr. 2). Die Freimaurerei hatte sich nach 1945, als sie wieder in Italien zugelassen wurde, dafür entschieden, neugegründete Logen zu nummerieren. Das Wort „Propaganda" wies darauf hin, dass die Freimaurerei die Parole ausgegeben hatte, die eigenen Ideen und Ideale in möglichst großem Umfang bekannt zu machen, denn im Lateinischen bedeutet *propagare = verbreiten, weiter ausbreiten, ausdehnen.*
Der Ausdruck *Propaganda* bezeichnet eine werbende Tätigkeit für die eigenen Ziele. Der Begriff ist eigentlich eine Kurzform für eine ganze Gesellschaft, die da heißt: *Congregatio de propagande fide.* Das ist der Name einer 1623 in Rom gegründeten *päpstlichen Gesellschaft zur Verbreitung des Glaubens.*
Die Freimaurer, die schon lange einen Gegenpol zur katholischen Kirche bildeten, nutzten also den kirchlichen Begriff *Propaganda*, um darauf hinzuweisen, dass es auch eine *Propaganda Massonica* gab, eine Bewegung also, die auf die *Verbreitung des Freimaurertums* hinarbeitete.
Die übergeordnete Loge war der *Grande Oriente d'Italia*, hierbei handelte es sich um den Dachverband aller italienischen Logen, die Großloge. Sie hatte den „Segen" zur Gründung der Freimaurerloge P2 gegeben, der *Propaganda Due*. Aber was war eigentlich passiert?

DIE ENTHÜLLUNG

Nun, einem italienischen Staatsanwalt, der in einer ganz anderen Angelegenheit recherchierte, war geradezu versehentlich eine *Mitgliederliste* der P2 in die Hände gefallen. Nichts ist jedoch für die Freimaurerei fataler, als wenn ihre hochrangigen Mitglieder enttarnt werden, denn darin bestehen das wahre Geheimnis und das Kapital jeder Loge.

Bei den Mitgliedern, so wurde schnell offenbar, handelte es sich um die créme de la créme Italiens, um Spitzenpolitiker (wie Berlusconi), um Top-Militärs, um die Chefs der Geheimdienste, um Richter und Staatsanwälte, ferner um einflussreiche Geschäftsleute und Mafiosi sowie um Spitzenbanker, ein Kontakt reichte bis hin zu der geheimnisumwitterten Vatikanbank.

Selbst der größte Trottel konnte erkennen, dass sich die „Macht" in Italien in den Händen einer kleinen Clique befand, eben der Freimaurer – und das nach 1980, nicht etwa in einer weit zurückliegenden Geschichtsepoche.

Ein ganzes Netz von Freimaurern überzog *bella Italia*, das konnte jetzt niemand mehr hinwegreden.

Die „Macht" innerhalb eines Landes definiert sich *immer* durch seine Top-Politiker, durch hochrangige Militärs und die Köpfe der Geheimdienste sowie durch seine Medienmogule und das ganz große Geld. Und hier war auf einmal der *Beweis* angetreten worden, dass in Italien viele dieser Spitzenpositionen durch die Freimaurerei kontrolliert wurden, durch eine Loge, die hinter den Kulissen, ungesehen vom „Volk" und der „Öffentlichkeit", die Strippen zog.

All das flog auf einmal auf. Freimaurer in aller Herren Länder fielen fast von ihren Stühlen, denn durch diese Enthüllung waren natürlich auch ihre Geheimnisse in Gefahr, selbst wenn es sich um Freemasons handelte, die in London oder Washington saßen. Wie leicht konnte ein investigativer Journalist, der ein wenig Grips besaß, erkennen, dass es in anderen Ländern ähnlich aussah! Wie leicht konnte ein halbwegs intelligenter Zeitgenosse, der zwei und zwei zusammenzuzählen vermochte, sich ausmalen, dass in fast allen wichtigen Ländern der Erde – die genauen Zahlen werden wir im nächsten Kapitel vorstellen – die Freimaurerei sich „fettfleckartig" ausgebreitet hatte und über eine unvorstellbare Macht verfügte! Würden nicht höchst unangenehme Fragen gestellt werden?

Die möglichen logischen Schlüsse waren weitreichend: Konnte aufgrund der Machtkonglomeration, aufgrund der Kontrolle selbst der Medien, nicht selbst ein Esel erkennen, dass sogar die ach so „objektiven Nachrichten" im TV und in den großen Zeitungen nichts als geschickte Manöver waren, die nur dazu

diente, von den wirklich bedeutsamen Ereignissen abzulenken?
Und so viel ist richtig: Immer mehr Ungereimtheiten fielen Rechercheuren auf, die Anti-Freimaurer-Literatur wuchs ins Uferlose. [1]
Die Rechercheure fragten sich: Zogen in Wahrheit die Mitglieder eines Insider-Clübchens die Drähte hinter den Kulissen? Befand sich die Macht in zahlreichen Ländern in Maurer-Händen? Lenkten *sie* nicht in Wirklichkeit die Geschicke, unsichtbar, schattenhaft, während nach außen hin nur ein Affentheater veranstaltet wurde?
Wenn selbst ganz Italien, wo doch immerhin der *papa*, der Papst selbst, regelmäßig gegen die Freimaurerei seine Stimme erhob und seine Blitze gegen sie schleuderte, von Freimaurern unterwandert war, was, um Gotteswillen, spielte sich dann erst in anderen Ländern ab?
Ja, es erhob sich automatisch die Frage, ob nicht überall Politik, Medien und Big Business schamlos manipuliert wurden. Vielleicht lebte Otto Normalbürger nur in einer Schein-Realität und wusste nicht, was sich hinter den Kulissen abspielte. Gab es verschiedene Realitäts-Ebenen? Wurden Spitzenpolitiker wie Hampelmänner am Gängelband geführt? Zog jemand *hinter* dem Vorhang die Fäden dieser Polit-Marionetten? Tanzten die öligen Politiker, die sich immer so perfekt im TV darstellten, nach einer Melodie, die von *anderen* vorgegeben wurde?
Offenbar trafen alle hoch wichtigen Entscheidungen ganz andere Personen, als man bisher angenommen hatte. Nicht „Volkes Stimme" war wichtig. Vielleicht waren selbst die „Wahlen" nichts als ein Zirkus, mit dem man dem „Pöbel" Sand in die Augen streute, damit die Illusion der Demokratie aufrechterhalten blieb.
Fest steht, einige Hochgradfreimaurer und mit ihnen die einflussreichen Meister des Stuhls, die Chefs der Großlogen in England und in den USA unter anderem, schliefen einige Nächte lang sehr schlecht, speziell, weil einige Konnexionen der P2 bis in die höchsten Kreise der Vereinigten Staaten von Amerika reichten, bis hin zum US-amerikanischen Außenministerium und der CIA.
Das Geheimnis aller Geheimnisse drohte weltweit aufzufliegen. Es war nicht auszudenken, was passieren würde, wenn jedermann erfuhr, WER genau sich in den hoch geheimen Freimaurer-Zirkeln tummelte und von WEM letztlich die global wichtigen Entscheidungen getroffen wurden.
Jedenfalls hatte die italienisch-maurerische Machtzusammenballung das Licht der Welt erblickt. Der konkrete Vorwurf lautete: Die P2-Logenmitglie-

der seien in eine Verschwörung verstrickt, die das Ziel hatte, den *gesamten Staat* in ihre Tasche zu stecken, *ganz Italien*.
Das Wasser im Topf begann zu brodeln und kochte über.

UMSTURZPLÄNE UND TERROR

Ein Coup d'État oder ein Umsturz ist keine Bagatelle. Es handelt sich um Hochverrat und nicht um eine marginale, unbedeutende Aktivität. Zu vielen Zeiten stand hierauf die Todesstrafe.
Als die Loge P2 genauer untersucht wurde, stellte sich heraus, dass es sich tatsächlich um ein konspiratives Netzwerk handelte. Führungspersonal der Polizei und des Militärs, Bosse aus Wirtschaft und Politik, Mafiosi und die Spitzen der Geheimdienste hatten Pläne für einen Staatsstreich entwickelt und in der Schublade. Das Ziel bestand darin, ganz Italien zu „übernehmen". Italien sollte unter die Faust eines einzigen Mannes, eines Freimaurers, gebracht werden. Ein Coup wurde unter der Decke vorbereitet.
Noch einmal: Ein gesamtes europäisches Land sollte geschluckt werden mit den Mitteln der Gewalt. Der Plan bestand darin, zunächst für so viel Unruhe und Terror zu sorgen, dass die Menschen förmlich nach einem „starken Mann" schreien würden.
Das teuflische politische Handwerkszeug bestand also darin, zunächst den Terror im Lande gezielt zu schüren, so dass die Italiener selbst, das Volk, schließlich auf Knien darum bitten würden, dass jemand „Ordnung schafft".
Der Ruf nach einem „starken Mann" ist immer die „Lösung" für Chaos im politischen Raum, das lehrt die Geschichte.
Als während der Weimarer Republik (1919 – 1933) rechte und linke Krakeeler versuchten, den deutschen Staat in ihre Gewalt zu bringen, sorgten sie *selbst* für den Terror auf der Straße, sie sorgten *persönlich* für öffentliche Morde und Tumult. Die Berechnung dahinter: Eine Bevölkerung, die völlig verunsichert und in Angst und Schrecken versetzt ist, wird in der Folge nur allzu bereitwillig zustimmen, dass ein starker Mann das Ruder ergreift.
Im Falle der Weimarer Republik war das Ergebnis Hitler sowie der Zweite Weltkrieg und rund 60 Millionen Tote.
Es handelte und handelt sich also um ein Stück „schwarzes politisches Knowhow", wie man das nennen könnte. Man braucht ein Land nur ordentlich durchzuschütteln und schon kann man seine eigentlichen politischen Ziele ungehindert verfolgen, denn die dummen, verunsicherten Massen werden

jetzt nach einem starken Mann *verlangen* – gleichgültig, ob es sich um einen Diktator handelt oder um einen Militär.

Ein letztes Mal: Geniale Verbrecherhirne sorgen zunächst dafür, dass Chaos entsteht – um sich dann *selbst* als die ideale „Lösung" für das Chaos zu präsentieren. Nur am Rande: Wenn dieses Stückchen schwarzes politisches Knowhow bekannter wäre, könnte man 101 Diktaturen verhindern.

Genau auf diese Vorgehensweise setzte jedenfalls die P2.

Was unternahm sie konkret?

Nun, der Chef der *Propaganda duo*, ein Gangster namens Licio Gelli, finanzierte nach bewährtem Muster zunächst aktiv den Terror. Er schob Terrorbanden Geld über den Tresen und sorgte systematisch für Chaos, während gleichzeitig die Mitglieder seine Loge unablässig den Staatsapparat unterwanderten. P2-Logenbrüder schlichen sich in höchste Positionen ein – im Rahmen der Politik, in der Wirtschaft und in der Top-Administration, kurz, überall wo das Geld und die Macht zu Hause waren. In aller Heimlichkeit wurde gleichzeitig alles für einen Staatsstreich und die Machtübernahme in Italien vorbereitet. Während also nach außen hin „unerklärlicherweise" gewisse „Banden" systematisch die italienische Bevölkerung terrorisierten, hievten innerhalb der bestehenden staatlichen Ordnung hochrangige P2-Mitglieder neue Logenbrüder auf lukrative und einflussreiche Pöstchen.

Und so wurde Italien jahrelang von einer Terrorwelle nach der anderen überspült. Nur zwei spektakuläre Beispiele, die uns das Blut in den Adern gefrieren lassen.

DER ANSCHLAG VON BOLOGNA

Bologna ist eine hübsche Stadt in Oberitalien, ein Verkehrsknotenpunkt.

Im Jahre 1980 passiert es. Ein Koffer wird in einem überfüllten Wartesaal des städtischen Bahnhofs abgestellt. In ihm befindet sich eine Zeitbombe. Der Sprengsatz besteht unter anderem aus TNT. Die Bombe detoniert und zerfetzt alles in ihrer Umgebung, Gebäudeteile und Menschen. Der gesamte westliche Flügel des Bahnhofs wird zerstört, sogar ein Zug wird beschädigt. Die Explosion ist kilometerweit zu hören. Das Dach des Wartesaales stürzt ein. 85 Menschen sterben, 200 werden verletzt. Die gesamte Stadt gerät in Panik – ein Umstand, den die Verschwörer begrüßen. Krankenwagen sausen mit Blaulicht und unter ohrenbetäubendem Sirenengeheul heran. Busse und Taxis helfen bei dem Transport der Verletzten. Das Chaos ist perfekt.

Freimaurerboss Licio Gelli reibt sich die Hände. Die Presse überschlägt sich. Wer ist verantwortlich für diese barbarische Tat? WER? Jeder rätselt. Geschickt wird der Verdacht auf die linksextremen *Roten Brigaden* gelenkt, in den Medien werden sie beschuldigt. Die Roten Brigaden sind eine kommunistische italienische Untergrundorganisation, die seit 1970 existiert. Die Organisation selbst sieht sich als eine Art Stadtguerilla. Sie verübte schon in der Vergangenheit nachweislich Mordanschläge, organisierte zahlreiche Entführungen und überfiel viele Banken.

Ein gefundenes Fressen also!

Die P2 sowie die Presse, die unter ihrer Kontrolle steht, schieben rasch den Anschlag in Bologna den Roten Brigaden in die Schuhe.

Es handelt sich hierbei um ein weiteres Stück „schwarzen politischen Know-hows". Es besteht darin, einen Gegner genau der Sünden und Vergehen zu beschuldigen, die man selbst begangen hat – wir haben in der Einleitung dieses Buches bereits darauf aufmerksam gemacht.

Fieberhaft wird von den Behörden ermittelt. Allenthalben fahndet man nach den Schuldigen. Die Bevölkerung verlangt empört nach Aufklärung. Die Ermittlungen verlaufen jedoch zunächst im Sande. Aus unbekannter Quelle werden die Ermittlungen sogar behindert. Ein Gerichtsverfahren erblickt das Licht der Welt. Die Konfusion ist perfekt.

Schließlich kann jedoch ein mutiger italienischer Untersuchungsrichter nachweisen, dass hinter der Tat die „Rechten" stehen, nicht die „Linken", nicht die Roten Brigaden. Die (rechtslastige), neofaschistische, terroristische Organisation *Ordine Nuovo* ist offenbar der Drahtzieher. Die *Ordine Nuovo* (= wörtlich: *Neue Ordnung*) ist ein Kampfbund, der sich in der Tradition der Waffen-SS Hitlers sieht. Bombenattentate sind die Spezialität der Organisation. Schon in Mailand und in Rom ermordeten sie früher kaltblütig Menschen. Die Organisation operiert mit Autobomben, Handgranaten und allen möglichen Waffen. Ein Ableger der *Ordine Nuovo*, so stellt sich plötzlich heraus, hat die Bombe im Bahnhof Bolognas gezündet.

Aber die Ermittler geben keine Ruhe. Es gibt noch weitere Spuren. Einige werden immer heißer.

Ein Stein nach dem anderen wird umgedreht. Es schält sich heraus, dass für diesen Bombenanschlag ein ganzes *Netzwerk* verantwortlich ist. Fast fiebrig peitschen Staatsanwälte die Nachforschungen voran. Mehrere Gerichtsverfahren und parlamentarische Untersuchungen werden anberaumt. Als Finanzier und Auftraggeber geraten schließlich die P2 und ihr

Logenmeister, Licio Gelli, ins Zwielicht, aber handfeste Beweise fehlen, es gibt bestenfalls Indizien.

Gleichzeitig gibt es weitere Enthüllungen. Mit Sicherheit steckt hinter dem Anschlag zudem die Geheimorganisation *Gladio*. *Gladio* (ital. „Kurzschwert") ist der Deckname einer geheimen paramilitärischen Einheit der NATO in Italien. Im Fall einer Invasion der Russen oder ihrer Verbündeten besteht ihre Aufgabe darin, Sabotageakte gegen die Eindringlinge auszuüben. Offenbar fürchtet man in den höchsten US-Zirkeln eine feindliche kommunistische Übernahme Italiens, denn die kommunistischen Parteien sind überall auf dem Vormarsch, in ganz Europa. Der Kalte Krieg tobt. In den USA wollen führende Kreise vermeiden, dass wichtige europäische Länder von den kommunistischen Staaten geschluckt werden. Auch *Gladio* beteiligt sich nachweislich an Terroranschlägen in Italien. Im Rahmen dieser geheimen paramilitärischen Einheit werden Truppen ausgebildet und illegale Waffendepots angelegt. Es handelt sich bei Gladio also um eine Art Untergrund-Armee mit rechter politischer Ausrichtung. Ihre Existenz ist nur wenigen Spitzenmilitärs bekannt und selbst nur ein kleiner Kreis von Regierungsmitgliedern weiß um sie. Die NATO ist der übergeordnete Befehlshaber. Gladio-Soldaten trainieren gemeinsam mit US-Truppen und bereiten sich auf den Ernstfall vor. Die CIA, aber auch der MI6, der englische *Military Intelligence, Section 6*, versorgen Gladio mit Maschinengewehren und Sprengstoff, mit Munition und Funkgeräten. Die Ausrüstungen werden in der Erde verbuddelt und versteckt, gewöhnlich in Waldgebieten, aber man deponiert sie auch in unterirdischen Bunkern.

Der Auftrag der Geheimtruppe *Gladio* besteht unter anderem darin, die Regierungsteilnahme der kommunistischen Partei in Italien zu verhindern, die gerade kurz davorsteht, sich in den höchsten politischen Entscheidungsgremien einzunisten. Der Kommunismus streckt seine Polypenarme in alle Richtungen hin aus, längst gibt es erfolgreiche Kommunistische Parteien in Frankreich, Deutschland und eben in Italien. Also verübt Gladio ebenfalls Terroranschläge, die nach bewährtem Muster rasch den „Linken" und den „Roten" in die Schuhe geschoben werden.

Zusammen mit dem italienischen Militärgeheimdienst, der mit von der Partie ist, stellt man eine starke Truppe dar, zumal auch in den Behörden „rechtslastige" Sympathisanten sitzen, ja regelrechte „Buddies", Kumpel, compagni, Kameraden, Mitverschwörer, Freimaurer.

All diese „rechten" Gruppierungen verfolgen geradezu lustvoll linksradikale Personen und Gruppierungen. Man wird es den verdammten Russen in Moskau schon zeigen und den Kommunisten in Italien sowieso. „Beweismaterial“ wird zusammengefälscht. Die Kommunistische Partei Italiens muss unter allen Umständen geschwächt werden. Der Anschlag auf Bologna ist ein Schritt in die „richtige“ Richtung. Der Staatsapparat selbst deckt die illegalen Aktionen – eine Weile zumindest.

Wiederholen wir, damit wir nicht die Übersicht verlieren. Der Anschlag in Bologna ist ausschließlich zurückzuführen auf „rechtslastige“ Gruppierungen:

- Die P2 und Gelli, Freimaurer also,
- einen Ableger der *Ordine Nuovo*, einer neofaschistischen Terrororganisation,
- auf die (rechtsgerichtete) Geheimorganisation *Gladio*, einer Untergrundarmee, die der NATO untersteht und auf
- den italienischen militärischen Geheimdienst, der ebenfalls der „rechten“ Seite zuneigt.
- (Rechtslastige) Behörden (P2-Logen-Mitglieder) decken die Hintermänner.

In einem aufsehenerregenden Prozess im Jahre 1984 „singt“ jedoch schließlich ein Rechtsextremist der *Ordine Nuovo*. Er packt aus. Er beschreibt seine Aufgabe so: *„Man musste Zivilisten angreifen, Männer, Frauen, Kinder, unschuldige Menschen, unbekannte Menschen, die weit weg vom poltischen Spiel waren. Der Grund dafür war einfach. Die Anschläge sollten das italienische Volk dazu bringen, den Staat um größere Sicherheit zu bitten. […] Diese politische Logik liegt all den Massakern und Terroranschlägen zu Grunde …“* [2]

Das richterliche Ergebnis: Es hagelt Gefängnisstrafen. Der Vorsitzende der *Propaganda Due*, Licio Gelli, wird jedoch nur wegen Behinderung der Ermittlungsarbeiten verurteilt. Immerhin! Fest stehen jetzt seine Verbindungen zur *Ordine Nuovo* und zu *Gladio* und damit zur NATO sowie zum italienischen Militärgeheimdienst, denn auch einige hochranginge Geheimdienstler sind Mitglieder seiner Loge. Weiter wird verfügt, dass der Staat an die Hinterbliebenen 2,13 Milliarden Euro bezahlen muss.

SYSTEMATISCHER TERROR

Aber gehen wir chronologisch gesehen noch einmal einen Schritt zurück. Verschiedene Städte Italiens werden vom Terror überzogen. Im Jahr 1969 detoniert in einer Mailander Bank eine Bombe in einer Aktentasche, die zuvor eine mysteriöse Figur unter einem Tisch abgestellt hat. Acht Kilogramm Sprengstoff verursachen, dass Leiber durch die Luft fliegen, ein Körper saust über einen Bankschalter. 14 Menschen sterben. 4.000 Verdächtige werden verhört. *Viertausend!*

Die Behörden sind ratlos.

Sehr viel später stellt es sich heraus, dass der Mailänder Bombenanschlag ebenfalls auf eine Geheimloge namens P2 zurückzuführen ist.

Langsam beginnen die Fahnder, zwei und zwei zusammenzuzählen.

DER FALL ALDO MORO

Der geheimnisvolle Logenmeister Licio Gelli ist es offenbar, der überall hinter den Kulissen die Strippen zieht.

Erinnern wir uns an den Fall Aldo Moro (1916–1978), der einst die Gazetten in ganz Europa beschäftigte. Moro, ein Hochkaräter der christlichen Partei, tritt für einen „historischen Kompromiss“ ein, für einen Pakt zwischen den Eurokommunisten und seiner christdemokratischen Partei, um Herr der Wirtschaftskrise zu werden, die im Jahre 1973 Italien durchschüttelt. Hochrangige US-Politiker warnen ihn mehr als einmal. Moro ignoriert die Warnung. Im Jahre 1978 wird er entführt, seine fünf Leibwächter werden erschossen. Nach 55-tätiger Geiselhaft findet man ihn tot im Kofferraum eines roten Renault auf. Eine Untersuchung bestätigt, dass er mit acht Schüssen ermordet wurde.

Doch von WEM?

Offensichtlich von den „Linken“. Aber ein Journalist bringt den Mord an Moro mit der NATO/CIA und mit *Gladio* in Verbindung. In diesem Lager ist man an einem „historischen Kompromiss“ mit den Kommunisten nicht interessiert, man hasst sie wie die Pest. 1979 wird dieser Journalist in Rom ebenfalls ermordet.

2006 kommt der Senat in Italien/Rom zu dem Ergebnis, dass auch Geheimdienste bei der Entführung Moros ihre Finger im Spiel hatten.

Die Spitzen der italienischen Geheimdienste befinden sich jedoch ... in der Geheimloge Gellis.

Gerüchte, dass auch in diesem Fall Gelli seine Finger im Spiel hatte, sind bis heute nicht verstummt.

NOCH EINMAL: UMSTURZ-PLÄNE

Und so könnte man verschiedene Terroranschläge in dieser Periode in Italien untersuchen und käme doch immer nur wieder zu dem gleichen Ergebnis: Durch spektakuläre Morde soll die Bevölkerung „weichgekocht" werden, so dass schließlich der Ruf nach einem „starken Mann" ertönt.
Insgesamt werden in dieser Phase rund 500 Menschen getötet und Tausende von Unschuldigen verletzt.
Was auch immer Gelli angelastet werden kann und was nicht, unzweifelhaft ist der Umstand, dass die Papiere, die bei einer Durchsuchung eines seiner Domizile aufgefunden werden, in Richtung Umsturz deuten, wofür der Terror nur das Vorspiel ist. Die Mitgliederliste in Gellis Landhaus verrät, dass 962 Personen der Hochfinanz angehören sowie den obersten Zirkeln der Politik und des Militärs. Wiederholen wir: Selbst der Leiter des italienischen militärischen Geheimdienstes ist ein Freimaurer, ferner der amtierende Premierminister, der Sohn des letzten Königs von Italien, zahlreiche namhafte Bürgermeister und so fort.
Eine parlamentarische Untersuchungskommission urteilt schließlich, dass Gelli kein unmittelbares juristisches Vergehen angelastet werden kann. Sie findet jedoch auch heraus, dass das Ziel seiner Loge die Unterwanderung der Regierung und eine Umgestaltung der Politik ist.
Das Schwurgericht von Bologna stellt zudem fest, dass die Loge P2 Kriminelle angestiftet, bewaffnet und finanziert hat, um den Staat mittels Terror zu unterminieren und um die Vorbedingung für einen Staatsstreich zu schaffen. Viele P2-Mitglieder sind direkt oder indirekt an zahlreichen Attentaten und terroristischen Aktionen beteiligt – nach Meinung dieses Gerichts.
Aber fragen wir uns endlich: Um wen handelt es sich bei Licio Gelli, dem mysteriösen Logenvorsitzenden?

OHNE MASKE: LICIO GELLI

Richten wir das Scheinwerferlicht auf den Drahtzieher all dieser Verbrechen. Lucio Gelli (1919–2015) ist kurz gesagt mit Haut und Haaren ein Faschist. Das heißt, er ist ein zorniger, brutaler, gewissenloser Mörder und Totschläger, aber gleichzeitig auch ein listiger, begabter, intriganter Strippenzieher. Er beginnt seine Karriere als Freiwilliger der sogenannten *Schwarzhemden*, also Kämpfern, die von dem Erzfaschisten Mussolini nach Spanien geschickt werden, um Franco, dem Militaristen und Massenmörder, den Rücken zu stärken, der gerade versucht, in Spanien die Macht an sich zu reißen. Gelli steigt auf zu einem Verbindungsoffizier der Schwarzhemden – er soll Kontakt zu den Nazis halten, konkret zu Hermann Göring, dem zweitmächtigsten Mann in Deutschland nach Hitler.

Mussolini, Hitler und Franco, die drei großen Faschisten dieser Epoche, sind alle aus dem gleichen Holz geschnitzt, ihnen geht es nur um die brutale Macht. Man unterstützt sich wechselseitig. Gelli, der Mussolini glühend verehrt, ist dem *Duce* in unverbrüchlicher Treue verbunden. Und so steigt er höher und höher und wird sogar zum SS-Offizier befördert – er, der Italiener! Er tanzt also auf verschiedenen (faschistischen) Hochzeiten in Italien, Spanien und Deutschland.

Als Hitler den Zweiten Weltkrieg verliert und der Faschismus erst in Italien, dann in Deutschland und später auch in Spanien zusammenbricht, realisiert Gelli schnell, dass der Wind aus einer anderen Richtung weht. Geschwind wie ein Wetterhahn ändert Gelli seine Position, nicht nur in Bezug auf den Ort, sondern auch was seine Gesinnung angeht. Er jagt zurück nach Italien. Dort gibt er den Kommunisten, die er bislang bis aufs Messer bekämpft hat, unter der Hand Tipps, wie sie sich einiger Faschisten entledigen können, er verrät ein paar frühere Kumpels mit anderen Worten. Rasch wechselt er die Seiten, um den eigenen Hals zu retten. Das Ergebnis: „Der Verbindungsoffizier zu den deutschen Nazis [= Gelli] entgeht dank Protektion eines führenden Kommunisten einem Erschießungskommando.“[3]

Für Gelli steht nach 1945 das nackte Überleben auf dem Spiel. Es gelingt ihm, Kontakt zu einigen westlichen Geheimdiensten zu knüpfen. Vielleicht kann er seine Kenntnisse an die neuen Machthaber, die jetzt das Sagen haben, meistbietend verscherbeln?

Aber zunächst taucht er unter, der Boden ist zu heiß geworden. Von einem alten, abgehalfterten Faschisten nimmt im Moment kein Hund mehr ein Stück Brot. Gelli setzt sich ab nach Südamerika, wie viele Nazis. Hier macht er sich als Waffenhändler einen Namen, er schiebt Gelder und Waffen zwischen Europa und Argentinien hin und her. Seine alten Kontakte sind dabei unbezahlbar. Er verdient Unsummen.

Als die Faschistenfurcht in Italien abflaut, kehrt er in sein Heimatland zurück, die Taschen voller Geld. Er tarnt sich zunächst als Unternehmer und produziert Matratzen. Doch die Politik lässt ihn nicht los. Er wird Abgeordneter der rechtsradikalen Gruppierung *Movimento Sociale Italiano.* Gelli kann seine Wurzeln nicht verleugnen, der Faschismus steckt ihm in den Knochen.

Sein geheimes Ziel besteht darin, ganz Italien in seine Tasche zu stecken. Gelli hat jedoch gelernt, dass er über Leichen gehen muss, wenn er ein so hochgestecktes Ziel erreichen will. Außerdem braucht er neue, gut geschmierte Konnexionen.

1963 tritt er der Freimaurerei bei. Tatsächlich ist er Mitglied in mehreren Logen. Die höheren Weihen bleiben ihm jedoch zunächst versagt, weil ihn seine Vergangenheit und sein Kampf an der Seite Mussolinis, Francos und Hitler einholt. Man betrachtet ihn mit Misstrauen. Aber einige Jahre später gewinnt Gelli einen mächtigen Verbündeten: den Vorsitzenden der Großloge Italiens. Dieser ist brennend daran interessiert, der Freimaurerei, die von Hitler und Mussolini unterdrückt worden ist, wieder zu neuem Ansehen zu verhelfen. Gelli scheint ihm der richtige Mann für sein Vorhaben zu sein, denn er kann reden und überzeugen. P2 wird geboren, die Loge *Propaganda due*. Das Wort Propaganda – Verbreitung – trifft den Kern der Sache. Man benötigt neue Mitglieder. Gelli verfügt noch immer über auszeichnete Verbindungen und wird angeheuert. Viele alte Nazis konnten einst ihr Geld retten und verfügen nach wie vor über enormen Einfluss. Aber auch viele alte Mussolini-Schergen stehen in den Startlöchern und warten nur auf eine neue Gelegenheit. Gelli kontaktiert die alten Seilschaften. Er avanciert zum Star, was die Mitgliederwerbung angeht. Nun lässt ihn die Großloge gnädig die verschiedenen Freimaurer-Stufen nach oben wandern. Gelli wird zum Meister des Stuhls der P2-Loge gekürt.

Die P2 ist eine Geheimloge, ihre Anziehungskraft besteht darin, dass sie schon früh über hochrangige Mitglieder verfügt. Außerdem ist man nicht zimperlich, wenn es darum geht, eine Sache durchzupauken. Ein paar kleine Morde, die „notwendig" sind, gehören selbstverständlich zum Repertoire, es wird nicht lange gefackelt.

Trotz erster Erfolge innerhalb der Maurerei kommt es zu einem Machtkampf hinter den Kulissen. Nicht alle Logenbrüder sind mit der Operationsweise der P2 einverstanden. Ein hohes Mitglied der P2 wird wegen Drogenhandels und Entführung verhaftet – ein Fingerzeig, dass auch Gelli völlig skrupellos an allen Ecken und Enden Geld abschöpft.

Offiziell wird die P2 in eine „normale" Loge umgewandelt. Doch Gelli, ein Rattenkönig der Intrige, kann seine Gegenspieler in den Logen an die Wand spielen, vielleicht durch Erpressung, vielleicht durch Drohungen, mit ihm ist nicht zu spaßen. Es wird ihm erlaubt, dass die P2-Loge wieder im Verborgenen operieren darf, nachdem sie scheinbar aufgelöst worden ist, um ein paar

Kritikern das Maul zu stopfen und eine falsche Fährte zu legen. Aber es handelt sich um eine Täuschung, um eine Finte. Zahlreiche neue, einflussreiche Logenbrüder werden aufgenommen, die P2 ist so aktiv wie nie.
Gelli verfügt über eine Geheimwaffe, um die ihn jeder Ganove glühend beneidet: In seinen Händen befindet sich herrliches Erpressungsmaterial. Der Hintergrund: Einer seiner „Erwerbungen", einer seiner Neuzugänge, ist der ehemalige Chef des italienischen militärischen Geheimdienstes. 157.000 Dokumente – das Werk von 7.000 Agenten, wie uns der Historiker Daniele Ganser versichert – befinden sich plötzlich im Besitz des Logenmeisters, konkret seit dem Jahre 1967. Ein Festbraten! Die Informationen wurden größtenteils illegal gewonnen, aber wen schert das?! Die bedeutendsten Persönlichkeiten aus Politik, Kirche und Wirtschaft wurden ausgespäht. Alle kleinen und großen Verfehlungen, die sexuellen Fehltritte, die sexuellen Ausrichtungen, die Verschiebung von Geldern, alles ist in diesen Dokumenten enthalten.
Nein, es ist kein Festbraten, es ist ein Goldschatz. Damit kann man die Welt aus den Angeln heben. Man kann mit diesem Erpressungsmaterial zahlreichen Persönlichkeiten des öffentlichen Lebens an den Karren fahren, wenn sie nicht spuren und gehorchen. Und wer ist schon ohne Sünde? Ha, es gibt keinen besseren Leckerbissen als ein Priesterlein, das heimlich mit einem Frauenzimmer die Freuden der Liebe genießt. Oder einen Minister in einer „guten, glücklichen Ehe", der sich zwei bis drei Mätressen hält und sich auf Reisen zudem von einem Escort-Service verwöhnen lässt. Alle, alle hat Gelli in der Tasche, es ist eine Freude zu leben! Es handelt sich bei diesen 157.000 Seiten um eine Waffe, die 100 Tonnen TNT gleichkommt.
Spätestens jetzt unterwandert die P2 systematisch den Staat. Der Alleinherrscher ist unbestritten Licio Gelli. Seine Macht wächst unaufhörlich. Er rekrutiert in unvorstellbarem Ausmaß neue, hochkarätige Mitglieder, während ein anderer Arm der P2-Loge der Gewalt huldigt und weiter für Terrormaßnahmen sorgt. Die Zahl der Logenbrüder steigt früh auf 1.500 Mitglieder an, später noch sehr viel mehr. [4]
Gelli rekrutiert nach wie vor alte einflussreiche Mussolini-Faschisten, denn Italien wurde nie „entnazifiziert" wie Deutschland. Gelli kennt die alten Schwarzhemden, er kennt die Nationalisten und alle „rechten" Gruppierungen, selbstverständlich *Gladio*, selbstverständlich *Ordine Nuovo*, er ist bestens vernetzt.
Die P2 residiert nun „in der Suite Nr. 127 des Nobelhotels Exzelsior in Rom. Die luxuriös eingerichteten Zimmer kosten Licio Gelli umgerechnet rund

25.000 Euro im Monat" , weiß die Autorin Graichen. Aber Gelli schwimmt im Geld, Geld ist nicht das Problem. Er steigt auf zum heimlichen Herrscher Italiens und führt das Leben eines Machthabers. „Wer bei Gelli vorgelassen wird, huldigt dem Logenmeister unterwürfig." [5]

Vor Gelli verbeugt man sich. Wer ganz große Karriere in Italien machen will, kommt an dem Logenmeister nicht mehr vorbei. Von allen lässt er sich bezahlen, denn nur er verfügt über die notwendigen, geheimen Informationen und Drähte, die bis in die höchsten Kreise reichen. Gelli kennt und manipuliert alles und alle. Immer mächtigere Männer suchen den Kontakt zu seiner Loge und die Mitgliedschaft. Nur Leute in höchsten Positionen werden akzeptiert, man kann es sich inzwischen erlauben, wählerisch zu sein. Minister, Kommandanten, die Chefs der *Carabinieri* – alles, was Rang und Namen hat, drängt in seine Loge.

Bei Gelli laufen die Fäden zusammen, hier wird das ganz große Geld geschefelt, hier treffen sich die Finanzhaie und die Finanzpiraten Italiens. In seinen Salons wird große Politik gemacht. Hier wird ausgekungelt, wer auf die wichtigsten Pöstchen gehoben wird. Im Gegenzug wird Loyalität, Geld und „Glauben" an die P2 eingefordert, sowie Treue zu ihrem Logenmeister Licio Gelli. Industrielle und Regierungsbeamte küssen ihm wie einem Mafiapaten den Ring, wenn sie vorgelassen werden. Selbst führende Bankiers, wie Michele Sindona oder Roberto Calvi, befinden sich in seinem „Club", was beweist, wie mächtig die Geheimloge inzwischen ist.

Michele Sindona (1920–1986), ein Sizilianer, ist der Bankier der Mafia.

Roberto Calvi (1920–1982) ist der Präsident einer bedeutenden italienischen Bank und spezialisiert auf die Geldwäsche von Drogengeldern, aber er ist auch für geheime Finanztransaktionen des Vatikans zuständig. Von den Medien wird er als „Bankier Gottes" bezeichnet.

Die Mitglieder der P2 sind erlauchte Gestalten, es handelt sich um einen hochkarätigen, feinen Gangsterclub. Und alle, alle beugen sie ihr Knie vor dem Logenmeister. In den 1980er Jahren leitete Gelli einen Strategiewechsel ein. Der Staatsputsch, obwohl in allen Details geplant, wird überflüssig. Die Unterwanderung ist längst so weit gediehen, dass er inzwischen so etwas wie der ungekrönte König Italiens ist, eine Art neuer *Duce*.

Gelli ist auch ohne Staatsreich der mächtigste Mann Italiens.

Die Sahne auf der Torte sind seine Kontakte zu der Weltmacht Nr. 1, zu den USA, konkret zur CIA und namhaften Politikern der USA.

Graben wir auch in dieser Beziehung tiefer.

GEHEIME KONTAKTE ZUR WELTMACHT NR. 1

Natürlich könnte Gelli nicht so unverfroren in Italien vorgehen, wenn er nicht den mächtigsten Verbündeten der Welt hinter sich wüsste: die Vereinigten Staaten von Amerika. Gelli ist Stammgast in Washington, er geht dort ein und aus. In der Hauptstadt der Welt geht es zu wie in einem Taubenschlag. Zu den höchsten Festivitäten wird der Logenmeister der mächtigen P2 regelmäßig geladen, gleichgültig ob Ronald Reagan, Gerald Ford oder Jimmy Carter gerade Präsident ist. „Rechts" und „links" sind nur dumme Vokabeln, mit denen das Volk in die Irre geführt wird. *Über* den Parteien thronen die Freimaurer und der CIA, die „Demokratie" ist tatsächlich nur eine hübsche Illusion, mit der man das Volk an der Nase herumführt.

Die CIA, immer ausgestattet mit horrenden Geldern, wirft Gelli jeden Monat Millionen von Dollar in den Rachen. Insider sprechen von 10 Millionen Dollar pro Monat. (Graichen) Der Mann ist zu wertvoll, man muss ihn sich warm halten.

Im Übrigen stellt sich auf einer höheren Ebene das Spiel ganz anders dar. Italien ist nur ein kleiner Furz in der Kakophonie der geopolitischen Dirigenten. In Wahrheit geht es um die Weltherrschaft. Zwei Pole stehen sich gegenüber: die UdSSR und die USA.

In den USA greift während des Kalten Krieges (1947 – 1989) eine unvorstellbare Kommunistenfurcht um sich.

Vielleicht wird sie systematisch geschürt, vielleicht geht es nur um prächtige Waffengeschäfte, die immer dann gerechtfertigt werden können, wenn das Volk in Angst und Schrecken versetzt worden ist. Das Muster ist immer das gleiche: Man lässt ein paar Anschläge verüben, bei denen auf besonders üble, brutale Art Menschen ins Gras beißen und sorgt für genügend Chaos. Oder man lanciert in den Medien die schrecklichsten Horrornachrichten, über die Russen zum Beispiel. Sofort erhebt sich Volkes Stimme und fordert „Sicherheit" ein. In der Folge kann man, unterstützt von der „öffentlichen Meinung", mehr Geld vom Staat abgreifen und herrlich die Geheimdienste und das Militär aufrüsten. Waffenhändler verdienen jetzt Unsummen und tanzen vor Freude auf ihren Tischen. Die Chaos-Händler reiben sich die Hände. Sie schenken sich Champagner ein, prosten sich zu und halten sich den Bauch vor Lachen. Das törichte Volk bemerkt nicht, dass es wieder einmal zum Narren gehalten worden ist.

Und die Medien? Nun auch die Presse wird längst nach Strich und Faden manipuliert. In den Medien macht niemand Karriere, der nicht nach der Pfeife der heimlichen Herrscher tanzt.

Die Gleichung lautet: Je gefährlicher die Umwelt dargestellt wird, umso besser laufen die Geschäfte. Sie laufen wie geschmiert, wenn eine Bedrohung nur richtig aufgeblasen wird.

Dabei ist es völlig gleichgültig, ob der „Gegner" die Russen sind, die Chinesen oder syrische oder iranische Terroristen. Furcht lässt den Geldbeutel aufspringen.

Es handelt sich um schwarzes politisches Know-how.

Die größte „Gefahr" während des Kalten Krieges stellen die Russen dar.

Die Kommunistenfurcht wird in den US-Medien regelrecht hochgepeitscht. Der Wahnsinn Senators Joseph McCarthy (1908–1957) in puncto Kommunismus wirkt ansteckend. McCarthy löst eine Hysterie aus. Im Zuge des Kalten Krieges gegen die Sowjetunion überschlägt sich die amerikanische Presse vor Hass. Der Hass aber schürt die Angst. Die Kommunistenfurcht führt zu schrecklichen Kriegen. Im Korea-Krieg (1950–1953) sterben 3 Millionen Menschen allein in der Zivilbevölkerung sowie rund 1,3 Millionen Soldaten. Der elende Vietnam-Krieg (1964–1973) schlägt mit rund 5 Millionen Toten zu Buche.

In der Mc-Carthy-Ära werden „unamerikanische Umtriebe" rigoros verfolgt. Man verdächtigt Regisseure und Schauspieler, Schriftsteller und Politiker, Künstler und Militärs, mit den Kommunisten unter eine Decke zu stecken. Es hagelt Berufsverbote. Öffentliche Anhörungen werden im Fernsehen übertragen. Die Denunziation blüht.

Dabei sieht die Wahrheit ganz anders aus. Innerlich verfault die Sowjetunion längst, sie verblutet. Das hastig zusammengeschusterte Riesenreich zeigt deutliche Anzeichen des Verfalls. Eine völlig überalterte kommunistische Politclique hält in Moskau die Zügel in der Hand. Die Greise wissen längst, dass sie den Wettlauf gegen die freie Welt nicht gewinnen können. Dennoch werden die Milliarden, die mit russischem Öl und Gas erwirtschaftet werden, dazu benutzt, um das Militär bis an die Zähne aufzurüsten. Aber das russische Volk darbt und hungert und hat vielerorts nichts zu beißen, von dem Mangel an Gütern ganz zu schweigen. Lange kann das Spiel nicht weitergehen. Die Sowjetunion ist ein potemkinsches Dorf, ein sterbender, todkranker Riese.

Aber in den USA wird die Kommunistenfurcht systematisch bis an den Siedepunkt hochgekocht. Immerhin, so argumentiert man, haben die verdammten Kommunisten weltweit rund 100 Millionen Tote auf dem Gewissen. Was nicht laut gesagt wird: Mit solchen Argumenten, die nicht einmal falsch sind, kann man prächtige Waffengeschäfte machen. Man kann aufrüsten. Dabei geht es um Milliarden-, ja Billionengeschäfte, das ist nichts mehr für zarte Gemüter.

In den höchsten Regierungskreisen in US-Amerika zwinkern sich die Gangster zu. Es ist fabelhaft, dass man einen so mächtigen Feind hat. Kriege können abgesegnet werden. Und man kann sich die Taschen bis an den Rand füllen.

Um alle diese Details weiß Gelli, er ist selbst ein alter Waffenhändler. Die Stimmung passt hervorragend in sein Konzept. Die USA und die CIA dagegen glauben, dass sie ihn an ihrem Gängelband führen und er nur ein Bauer in ihrem Schachspiel ist.

Jedenfalls wird Gelli von den mächtigsten Männern der Welt unterstützt. Auch in den Vereinigten Staaten von Amerika sitzen Freemasons an wichtigen Schalthebeln der Macht.

Wer würde etwas anderes erwarten?

Niemand geringer als Ted Shackly, der Direktor aller verdeckten Operationen der CIA in Italien in den 70er Jahren, bringt zwei politische Schwergewichte ins Spiel: Alexander Haig und Henry Kissinger. Gelli wird beiden vorgestellt. Um wen handelt es sich bei diesen beiden Puppenspielern?

BIOGRAPHISCHE RANDNOTIZEN oder DUNKELMÄNNER

Alexander Haig (1924–2010) ist ein General der US-Army und NATO-Oberbefehlshaber in Europa. Zuvor diente er als Stabschef dem Großbetrüger Richard Nixon, aber er war auch Außenminister unter Ronald Reagan. Er kennt die Weltpolitik wie seine Westentasche. Autor Guido Brandt behauptet, dass Alexander Haig Freimaurer ist, die Pro-Freimaurer-Literatur widerspricht. [6]

Fest steht, er weiß um die (rechtsgerichtete) Geheimorganisation *Gladio*, die Untergrundarmee, denn sie untersteht der NATO und damit ihm. Er muss auch um die scheußlichen Terroranschläge in Italien wissen. Damit aber ist er mitverantwortlich.

Und Henry Kissinger? Oh, Mr. Kissinger! Kaum ein Außenminister ist mysteriöser und undurchsichtiger als er. Henry Kissinger, Geburtsjahr 1923, ist ein Deutschamerikaner und lange der Marionettenmeister in den USA, speziell zwischen 1969 und 1977. Er ist Mitglied der Denkfabrik *Council of Foreign Relations* (CFR), sprich des *Rates für auswärtige Beziehungen*. Der CFR ist nach Meinung von Verschwörungstheoretikern weit mehr als nur ein „Rat", denn hier laufen die heißesten Drähte zusammen." [7]

Fest steht, dass Kissinger von einigen Autoren als Kriegsverbrecher bezeichnet wird. Eine Gruppe von Juristen versuchte tatsächlich einst, Kissinger vor den Internationalen Strafgerichtshof in Den Haag zu zitieren. Und so viel ist richtig: In Vietnam, Kambodscha, Chile und anderen Ländern gab es illegale Machenschaften und Menschenrechtsverletzungen zuhauf, für die die graue Eminenz Kissinger die Verantwortung trägt. [8] Kissinger unterstützte unzweifelhaft Militärputsche und Diktaturen, nicht nur in Lateinamerika, sondern auch in Indonesien und Fernost. Die Anti-Kissinger-Literatur, die so umfangreich ist wie eine kleine Bibliothek, weist ihn als Freimaurer aus. [9]

Wie auch immer die Wahrheit aussieht, fest steht, dass es „gute Verbindungen" zwischen Gelli, der CIA, Haig und Kissinger gibt. Von einem übergeordneten geopolitischen USA-Standpunkt aus ist es also nur „logisch" seitens der USA, Licio Gelli mit allen Mitteln zu unterstützen.

DER STURZ

Aber alle transatlantischen Konnexionen nutzen Gelli nichts. Als das feingesponnene Netz in Italien zerreißt, können auch die besten Drähte zu den mächtigsten Männern der Welt den Karren nicht mehr aus dem Dreck ziehen. In den 80er Jahren wird das ganze Ausmaß der Verschwörung bekannt. Die Villa des P2-Chefs wird durchsucht. Die Fahnder und mit ihnen die Staatsanwälte fallen fast von ihren Stühlen: 52 Carabinieri, 50 Armeeoffiziere, 29 Marineoffiziere, elf Polizeipräsidenten, zehn Bankpräsidenten, fünf amtierende und ehemalige Minister, 38 Abgeordnete, 14 Richter und Staatsanwälte und 80 Großunternehmer sind Mitglieder der P2. (Graichen, Ganser)

Selbst die Großloge *Grande Oriente d`Italia* ist hilflos. Der Großmeister dieser Loge, der angeblich einst Gelli den Auftrag zuwies, den Logen Italiens neue Mitglieder zuzuführen, schlägt die Hände über dem Kopf zusammen, als der P2-Skandal das Licht der Welt erblickt.

Den Freimaurern droht der Herzinfarkt.

Ein Geheimnis, das aufgedeckt worden ist, verliert nicht nur augenblicklich seine Power, es mutiert plötzlich sogar zu einem Rohrkrepierer.

Das Beweismaterial gegen Gelli ist erschlagend. Selbst er, der hochbegabte Intrigant und eiskalte Killer, kann sich nicht mehr herauswinden. Alle fantastischen Verbindungen, gestern noch Gold, verwandeln sich in Blei – die Alchemie, die sonst den umgekehrten Weg geht, wird auf den Kopf gestellt. Die Mitglieder seiner Loge stehen schließlich selbst unter Beobachtung, der

Logenmeister kann keinen Joker mehr aus dem Ärmel ziehen. Der Skandal erfasst die gesamte italienische Nation und schlägt zudem in vielen anderen Ländern hohe Wellen. Einige Gefolgsleute Gellis, die hohe und höchste Pöstchen innehaben, müssen ihren Hut nehmen.

Die „Supermacht" der P2 zerplatzt wie eine Seifenblase.

Längst ist der Kontakt zu *Gladio* erwiesen, die überführt worden ist, terroristische Bombenanschläge ausgeführt zu haben. Weiter vermuten die Behörden, dass Gelli mitschuldig ist an dem Zusammenbruch eines Mailänder Kreditinstituts, in dessen Folge sich 1 Milliarde Euro in Luft auflösen und der Bankenchef (Roberto Calvi) ermordet wird.

Hat Gelli den Auftragsmörder angeheuert?

Der Meister vom Stuhl sitzt in der Tinte.

1991 werden Gelli und 20 P2-Mitglieder wegen Verschwörung wider den Staat, aufgrund der Mitgliedschaft in einer verbrecherischen Organisation und wegen Korruption offiziell angeklagt.

Licio Gelli verkriecht sich. Einmal flieht er nach Südamerika, dann in die Schweiz. Hier wird er verhaftet, kann aber in einer abenteuerlichen Flucht aus der Schweizer Haft entkommen. Er taucht unter, Kontakte besitzt er genug.

Den Gerichten fällt es jedoch schwer, handfeste Beweise aus dem Zylinder zu zaubern.

Nach der „Verfolgungsverjährung" kehrt Gelli frech in sein Heimatland zurück und genießt die warme italienische Sonne.

Gelli versucht jedoch, keine Aufmerksamkeit mehr zu erregen. Aus der Sicht der Freimaurerei ist mit ihm jetzt kein Staat mehr zu machen, in politischer Hinsicht ist er tot. Der alternde Gelli fängt an zu schriftstellern und bemüht sich, unter dem Radar zu bleiben.

2013 gerät er jedoch erneut ins Visier der Behörden. Aufgrund eines Steuerbetrugs beschlagnahmen die Finanzbehörden erneut wichtige Papiere in seiner Villa. Der Gangster kann die Finger nicht von den Betrügereien lassen. Aber er kommt auch diesmal ungeschoren davon.

Gelli stirbt im Jahre 2015 in Italien, 96 Jahre alt, beinahe als Hundertjähriger. Licio Gelli, der Mussolini-Verfechter, das Mitglied der Schwarzhemden, der Erzfaschist, der Killer, der SS-Offizier, der Militarist, der begabte Intrigant, der Waffendealer, der Erpresser, der Unterstützer des Terrors, der Umstürzler, der Verschwörer, der Chaoshändler, kurz eines der intelligentesten Verbrechergehirne des 20. Jahrhunderts und eine der schändlichsten, schillerndsten Figuren, die die Geschichte kennt, der allmächtige Gelli ist tot.

DIE VERSCHWÖRUNG FLIEGT AUF

Bevor wir zu einer endgültigen Auswertung kommen, ist es notwendig, noch einige Fakten nachzutragen.

Fragen wir uns noch einmal: Wie konnte es überhaupt dazu kommen, dass die Aktivitäten der P2 aufflogen?

Es war zunächst nicht die Mitgliederliste, die Licio Gelli ins Fadenkreuz der Fahnder rückte, sondern ein ganz anderer Umstand.

Der Auslöser für all die Probleme war der Kollaps einer Mailänder Bank, an dessen Spitze Roberto Calvi stand – ein Mitglied der P2. Fahnder, die diesem Skandal auf den Grund zu gehen suchten, stießen geradezu zufällig auf die Loge.

Weiter deutete der Bombenanschlag in Bologna in Richtung der Geheimloge. Erst danach begann die Wühlarbeit der Polizei und der Justiz, die eben nicht zu 100 % unterwandert war.

Grundsätzlich gab es zwei Schlüsselfiguren, denen die Ermittler auf den Fersen waren. Eine davon war der bereits erwähnte Roberto Calvi. Es ist notwendig, dass wir auch in diesem Fall noch etwas Fleisch auf die Knochen tun. Roberto Calvi, der „Bankier Gottes", der an geheimen Finanztransaktionen des Vatikans satt verdiente, war ein Früchtchen ganz eigener Klasse. Calvi verschob gleichzeitig die Gelder politischer Partien, er war ferner der Geldwäscher von Drogengeldern und er unterhielt gute Kontakte zur Mafia. Auch um die Finanzen der P2 kümmerte er sich. Kurz gesagt war er ein Helfershelfer Gellis, ein Schuft vor dem Herrn, der seine gierigen Finger in allen möglichen Gruppierungen hatte. In der zwielichtigen Welt der Banken hatte er sich bereits als „ehrlicher Schurke" bewährt. Als er 1974 Präsident eines renommierten Mailänder Bankhauses wurde, verfügte dieses bereits über zahlreichen Briefkasten- und Scheinfirmen. Calvi weitete dieses „Geschäftsfeld" noch aus. Er gründete zusätzlich Banken in Panama und auf den Bahamas und wusch hier Gelder aus dem südamerikanischen Kokain-Handel, teilweise mit Hilfe hoher Herren der Vatikanbank, behaupten jedenfalls einige Quellen. [10]

Als Calvi aufgrund eines illegalen Auslandstransfers von 27 Milliarden Lire in Untersuchungshaft landete, war das jedoch der Anfang vom Ende. Da seine Bank zudem Konkurs anmelden musste – sie hatte rund 1 Milliarde US-Dollar Schulden angehäuft – war das Grund genug für die Fahnder, tiefer zu bohren. Calvi hatte mit anderen Worten Riesensummen veruntreut und sie sich möglicherweise selbst unter den Nagel gerissen. Der Vatikan gab später an, dass er 3 Milliarden Euro in den Wind schreiben musste, aufgrund Calvis Missmanagements. Auch der Leiter der Vatikanbank hatte über die Scheinfirmen Calvis Gelder ins Ausland transferiert – der „Bankier Gottes“ hatte Gott selbst betrogen.

Mit den Kirchengeldern wurde unter anderem *Solidarnosc* finanziert, die berühmte freie polnische Gewerkschaft, die hauptverantwortlich dafür war, dass 1989 die Kommunisten in Polen zum Teufel gejagt wurden.

Auch der Vatikan hatte also keine weiße Weste.

Zudem fuhr die Mafia durch Calvis Bankrott Riesenverluste ein.

Aber der Höhepunkt des Skandals bestand darin, dass das Netz der Freimaurerei zerrissen wurde.

Calvi wurde jedenfalls im Jahre 1982 erhängt unter einer Londoner Themsebrücke aufgefunden und baumelte dort im Wind wie in einem Kriminalroman von Edgar Wallace. Wer den Mord begangen hatte, ist bis heute nicht geklärt. Die Mafia? Die Freimaurerei, deren Hauptquartier sich nicht allzu weit von dem schaurigen Schauplatz des Mordes befindet?

Aber es gibt auch andere Spuren. Spätere Nachforschungen ergaben, dass Calvi im letzten Augenblick durch Erpressung hochrangiger Politiker seinen Hals zu retten suchte.

Hatten sie bei dem Mord ihre Hände im Spiel?

Oder versuchte Calvi, Gelli zu erpressen, und musste er deshalb sterben?

Immer wieder kam das Gerücht auf, dass Calvi beiseitegeschafft wurde, weil er „unzuverlässig“ war bei der Betreuung von Drogengeldern.

Also doch die Mafia?

Auch der Vatikan geriet ins Zwielicht.

Wer will hier verlässlich urteilen!

Sein größtes „Vergehen“ war sicherlich der Umstand, dass Spuren bis hin zur P2 führten. Calvi, der als Banker mit Zahlen doch so gut umgehen konnte, verkalkulierte sich völlig, als er auf „Nachsicht“ hoffte. In den Kreisen, in denen er verkehrte, gibt es keine Gnade.

Am gleichen Tag, da Calvis Leiche gefunden wurde, stürzte seine Sekretärin aus einem Fenster seiner Bank, konkret aus dem vierten Stock. Sie verstarb augenblicklich. Es handelte sich nur um einen weiteren Mord.

Die Öffentlichkeit war entsetzt und verlangte nach Antworten. Die Suche und die Hatz gingen los, die Hunde wurden von der Leine gelassen.

Auch der Name Michele Sindona führte zu der Geheimloge P2, alle Wege führten nach „Rom“, wie schon das geflügelte Wort weiß.

Was hatte es nun mit dem Fall Sindona auf sich?
Auch Sindona, ein zweiter Superbanker, musste einen hohen Preis zahlen. Sindona, der Sizilianer, der Mafiosi, der Calvi in seinem Schatten hatte großwerden lassen, besaß mehrere eigene Banken, verschiedene Unternehmen und eine eigene Zeitung. Das *Time Magazine* bezeichnete ihn auf der Höhe seines Erfolgs als „den erfolgreichsten Italiener seit Mussolini" – ein zweifelhaftes Kompliment, wenn man das Vergleichsmoment genauer in Augenschein nimmt. Als Sindona versuchte, eine Holding über seinen vielen Unternehmen zu gründen, übernahm er sich jedoch und musste ebenfalls Bankrott anmelden.
Nichts verzeiht diese Welt so wenig wie ein finanzielles Desaster, selten reagiert sie grimmiger.
Sein Bankrott löste endgültig eine regelrechte Hetzjagd aus. Seine Verbindungen zur „ehrenwerten Gesellschaft", zur *Cosa Nostra* wurden entdeckt, außerdem rückte erneut die P2 in das Scheinwerferlicht.
Seine Verhaftung löste viele Ermittlungen aus. Sie ergaben ohne Wenn und Aber, dass auch er Verbindungen zur Vatikanbank besaß, zur Mafia sowieso und zu Gelli. Sindona versuchte verzweifelt, „mit Hilfe der Mafia und Teilen der sizilianischen Freimaurer" [11] eine Entführung durch linksterroristische Gruppen vorzutäuschen, um sein Leben zu retten, aber das Unternehmen schlug fehl. Sindona wurde im Ausland geschnappt und nach Italien zurückgeschickt. 1984 wurde er des Mordauftrages überführt und zu 25 Jahren Haft verurteilt.
Nachdem Sindona einem Journalisten mehrere Interviews gewährt hatte, in denen er einige gefährliche Andeutungen machte, wurde er in seinem Hochsicherheitsgefängnis mit Zyanid vergiftet, das seinem Espresso beigemischt worden war.
Auch ein Liquidator, der sich mit den Überbleibseln von Sindonas Banken beschäftigte, wurde ermordet – von einem US-amerikanischen Auftragskiller. In diesen Kreisen gehörten Mord und Totschlag zum Standardrepertoire. Spuren wurden so sorgfältig wie möglich beseitigt und mögliche unangenehme Zeugen zum Schweigen gebracht.

RECHTFERTIGUNGSVERSUCHE UND FALSCHE FÄHRTEN

Natürlich gab es zahlreiche Rechtfertigungsversuche seitens der Logen. Eilig wurden falsche Fährten gelegt und für Schadensbegrenzung gesorgt.

Grundsätzlich distanziert man sich. Oh, oh, mit diesen Schurken, Schuften und Schandbuben hatte die Freimaurerei nicht das Geringste zu tun, also bitte!
Die Verbindungen zur CIA wurden abgestritten und geleugnet und die Spuren, die nach Washington führten, schnell verwischt.
Die Großloge Italiens wusch ihre Hände in Unschuld, angeblich hatte man von den verbrecherischen Aktivitäten Gellis nichts gewusst.
Der Großloge in England konnte ohnehin nichts nachgewiesen werden – was bewies schon ein toter Freimaurer, der über der Themse im Wind baumelte?!
Schließlich verwies man eilfertig auf die Existenz der „Wilden Logen", wie der Fachausdruck lautet. Unter einer „Wilden Loge" oder einer „Winkelloge" versteht man eine Freimaurerloge, die sich der Kontrolle durch eine Großloge entzieht und einfach den Begriff *Freimaurerloge* benutzt, der nicht gesetzlich geschützt ist.
Großlogen können „Patente" für Logen vergeben, aber viele Logen entziehen sich diesem Diktat. Die Freimaurer argumentierten jedenfalls, dass es sich bei der P2 um eine wilde Loge gehandelt habe oder zumindest um eine Loge, die außer Kontrolle geraten und mit den wahren Zielen der Maurer nichts zu tun hatte.
Aber ist das wirklich genug, um die gesamte Freimaurerei reinzuwaschen?

WAS NICHT VOM TISCH ZU WISCHEN IST

Als Ergebnis bleiben mindestens vier einschneidende Erkenntnisse:

1) Die Freimaurerei beherbergte im Laufe der Geschichte in ihrem Schoß eine ganze Reihe höchst zweifelhafter Figuren, manchmal sogar Großverbrecher und Kriminelle. Dieser Umstand brachte *alle* Logen in Verruf, er diskreditierte (und diskreditiert bis heute) das Freimaurertum insgesamt.
2) Die Freimaurerei suchte gewiss nicht nur im Falle der P2 Einfluss auf die gesamte Gesellschaft zu nehmen, in der Politik, in der Wirtschaft und so fort. Das aber bedeutet: Ihr Einfluss war und ist gewaltig und wird üblicherweise völlig unterschätzt. Es gab (und gibt) Kreuz- und Querverbindungen zu hohen und höchsten Kreisen, wodurch ganze Netzwerke mit ungeheurer Macht entstehen. Etwas anderes zu behaupten ist blauäugig und naiv und widerspricht jeder historischen Forschung.
3) Zumindest einige Logen bedienten sich „schwarzen politischen Knowhows", wie wir das genannt haben, das es erlaubt, Politik und Öffentlichkeit zu manipulieren und zum Narren zu halten. Dazu gehören unter anderem

die Unterwanderung, das gesamte Know-how der Spionage und Gegenspionage, die Existenz von Doppelspionen sowie Terrorakte, die falschen Urhebern in die Schuhe geschoben werden. Die Desinformation ist ebenfalls Teil dieses schwarzen politischen Know-hows genauso wie alle Methoden der Verleumdung, der irreführenden Propaganda, der Erpressung und der Bestechung.

4) Mehr als enthüllend ist der Umstand, dass Anschläge, Chaos und sogar Kriege dazu dienen können, dem Militär und den Geheimdiensten noch mehr Geld (sowie Macht und Einfluss) zuzuschustern, obwohl die Ausgaben für die „Verteidigung", sprich für das Militär und für die Geheimdienste, in vielen Ländern bereits einen Großteil der Steuern auffressen. „Terror" ist *auch* ein Manipulationsinstrument, das dazu dienen kann, selbst ehrenwerte, gute Demokraten hinters Licht zu führen. Die Chaoshändler (lies: die Medien) arbeiten den Terroristen in die Hände, indem sie bei einem Anschlag oder einer scheinbaren Kriegsgefahr Zeter und Mordio schreien, woraufhin Militärs und Geheimdienste sofort nach mehr Kontrolle (und höheren Budgets) verlangen. Terror und Bedrohungen kommen also bestimmten Kreisen sehr gelegen.

Wir sollten Geldforderungen des Militärs und der Geheimdienste in Zukunft deshalb mit sehr viel mehr Misstrauen begegnen. Die intelligente Frage lautet, WEM Terrorakte und Kriege dienen und WER dadurch Vorteile ergattert?
Soweit unsere Ausbeute, die so gering nicht ist.
Fragen wir uns zu guter Letzt, was passierte, nachdem die P2 aufgeflogen war?

GELÖSTE UND UNGELÖSTE RÄTSEL

Nun, der wirkliche Einfluss der P2 ist bis heute nicht endgültig geklärt, denn viele Mitglieder wurden nie enttarnt, die Mitgliederliste Gellis enthielt nicht alle Namen. Der vielleicht beste Kenner des P2-Skandals, der Historiker Daniele Ganser, behauptete später, dass hinter dem ganzen Schlamassel letztlich die CIA steckte. Sie habe Gelli beauftragt, ein Netzwerk aufzubauen, die italienische Großloge habe nur eine untergeordnete Rolle gespielt. Ganser bezieht sich auf ein ominöses US-Geheimpapier, gekennzeichnet durch das Kürzel FM 30-31B. Die CIA wies derartige Behauptungen jedoch später zurück und erklärte, bei dem Dokument FM 30-31B handele es sich um eine Fälschung durch die Sowjets. [12]

Aber auch andere Quellen bezeichneten die Loge P2 als einen amerikanischen Import. Haig und Kissinger gaben Gelli angeblich persönlich die Erlaubnis, italienische Offiziere sowie NATO-Offiziere zu rekrutieren. [13]

Die wahren Drahtzieher waren demnach freimaurerische Kreise in der US-Regierung.

Doch wie setzte sich der Polit-Krimi in Italien fort?

Nun, Berlusconi bestritt lange seine Mitgliedschaft in der P2-Loge, ja er bekräftigte seinen Widerspruch sogar mit einem Meineid. Obwohl ihm die Mitgliedschaft später schriftlich nachgewiesen werden konnte, hinderte ihn das nicht daran, in der Folge hoch, ja sehr hoch aufzusteigen. Der frühere Staubsaugervertreter und Nachtclubsänger erwirtschaftete später ein Vermögen von rund acht Milliarden Dollar und wurde vier Mal zum Ministerpräsidenten Italiens gewählt!

Das Programm, das Licio Gelli einst aufgestellt hatte, enthielt unter anderem eine Anleitung zur Unterdrückung der Linksparteien und dem Aufbau eines privaten Fernsehsystems – Programmpunkte, die in der Folge durch Silvio Berlusconi geradezu punktgenau erfüllt wurden.

Als der schöne Silvio das erste Mal die Macht in Italien übernahm, waren sieben Minister ehemalige Mitglieder der P2-Loge.

Die P2, die nebenbei bemerkt auch aktiv war in Argentinien, Uruguay und anderen südamerikanischen Ländern, wurde 1982 offiziell aufgelöst und verboten. Aber Kritiker monierten, dass die Geheimloge trotz des Verbotes in Wahrheit noch immer existiert.

Ab dem Jahre 2008 bemühte sich der italienische Staat verstärkt darum, die Logen strenger zu überwachen. Da nicht alle P2-Mitglieder enttarnt worden waren, vermutete man, dass immer noch hochrangige Persönlichkeiten Verbindungen zu der ehemaligen *Propagande Due* besaßen.

Tatsächlich gab es eine Nachfolgeorganisation, die sich P3 nannte. Sie wurde 2010 von den italienischen Behörden ebenfalls aufgelöst.

Kurz danach wurde die P4 gegründet, die *Propaganda quattro*.

2011 hörten Ermittler die Loge P 4 systematisch ab. Der Grund? Alles deutete erneut auf Erpressungsvorgänge hin. Der Kopf der P4, man höre gut zu, war ein ehemaliger Logenbruder Gellis.

Die P2 existiert also immer noch, geändert hat sich lediglich die Nummer. Das aber führt uns zu unserem letzten und spannendsten Kapitel dieses Buches, das sich erneut mit der Freimaurerei beschäftigt, der mächtigsten geheimen Bruderschaft in der Geschichte und in der Gegenwart.

11. WAS ÜBER DIE FREIMAUREREI NICHT GESAGT WERDEN DARF: GERÜCHTE, GEHEIMNISSE, GESCHICHTE UND GEGENWART

Versuchen wir nun, in diesem letzten Kapitel die Freimaurerei insgesamt zu erfassen – ein Unterfangen, das nicht nur lohnend, sondern zudem hoch spannend ist. Erlauben Sie jedoch zunächst eine persönliche Bemerkung, der Kuriosität halber: Als wir vor einiger Zeit von einem großen deutschen Verlag gebeten wurden, eine „Geschichte der Freimaurerei" zu schreiben, lehnten wir das Angebot ab. Warum? Nicht etwa, weil das Thema zu brisant war, sondern aus einem ganz anderen Grund: Eine „Geschichte der Freimaurerei" *kann* nicht geschrieben werden, denn es handelt sich bei der Freimaurerei per definitionem um einen „Geheimbund", in dessen Zirkeln systematisch daran gearbeitet wird, dass die „Wahrheit" eben nicht zu Tage tritt.

Wie aber kann man eine „Geschichte der Freimaurerei" verfassen, wenn die notwendigen Dokumente, die man einsehen müsste, nicht zur Verfügung stehen, wenn die Auskünfte spärlich sind, wenn kurz gesagt alles nur hinter vorgehaltener Hand weitergegeben und peinlichst darauf geachtet wird, nichts von Bedeutung preiszugeben? Es ist unmöglich.

Ein paar Jahre später kamen wir mit Thema erneut in Berührung, es drängte sich geradezu auf – konkret als wir versuchten, die gesamte (Welt-)Geschichte und übergeordnete Zusammenhänge einfach und logisch darzustellen. Es entstanden einige Bestseller, wie „DIE GRÖSSTEN LÜGEN DER GESCHICHTE", ein Buch, das bislang rund 100.000 Leser fand, „Die geheim gehaltene Geschichte Deutschlands", „Was wir aus 10.000 Jahren Geschichte lernen können" und so weiter, rund 15 Bücher bis dato. [1]

Bei vielen Recherchen, die wir anstellten – wir: ein ganzes Recherchenteam – tauchten jedoch immer wieder diese „verdammten" Freimaurer auf. Wir kamen also nicht darum herum, uns mit Freimaurern und geheimen Bruderschaften überhaupt sehr viel genauer auseinanderzusetzen. Die intellektuelle Fairness, die Sache selbst forderte es ein, wenn uns auch nur halbwegs daran gelegen war, der geschichtlichen „Wahrheit" auf die Spur zu kommen.

Das erste einschneidende Ergebnis, die EINSICHT NR. 1,
bestand hierin: Wenn man Historie auch nur ansatzweise verstehen will, darf man das Thema „Freimaurer" nicht ignorieren, ferner nicht frühere Geheim-

bünde. Die Freimaurer bewegten zu viel, wie wir bereits gesehen und punktuell demonstriert haben, speziell in der neueren Geschichte. An allen Ecken und Enden hatten die Freimaurer ihre Finger im Spiel, wenn es um hohe Politik ging. Spätestens ab dem 18. Jahrhundert ist die Geschichte von US-Amerika, Frankreich, England, Italien, Deutschland und so weiter *überhaupt nicht mehr* zu verstehen beziehungsweise kann nur unzureichend dargestellt werden, wenn man nicht auch das Maurertum einbezieht. Das heißt, unsere „normale" Geschichtsschreibung ist lückenhaft, oder deutlicher gesagt, es handelt sich oftmals um Lügen, denn auch die *Auslassung* ist eine Spielart der Lüge. Der Auslassung oder der Marginalisierung der Freimaurerei sind viele Historiker schuldig zu sprechen. Der Geheimbund der Freimaurer bewegte – ungesehen, hinter den Kulissen, schattenhaft – so viel, dass man nur staunen kann.

Wir sollten also vor einer Geschichtsschreibung, die ach so objektiv daherkommt, aber Geheimbünde ignoriert, ein wenig den Respekt verlieren. Sie verzichtet darauf, die wahren Verursacher und Strippenzieher ins Scheinwerferlicht zu rücken und stellt Geschichte als ein „zufälliges" Sammelsurium von Fakten dar. In dieser Art von Geschichtsschreibung wird der „Gott Zufall" angebetet, ja das „Chaos" oder die „Willkür" werden sogar zur Geschichtsphilosophie erhoben.

Ein anderes populäres Fazit hört sich so an: „*Massen* machen Geschichte."

Sowohl bei der „Zufallstheorie" als auch bei der „Massentheorie" handelt es sich jedoch ausnahmslos um Fehlurteile. In Wahrheit wurde nicht sorgfältig genug recherchiert, es wurde nicht herausgefunden WER exakt die „Massen" in einer bestimmten Epoche in Bewegung setzte oder WER für einen scheinbaren „Zufall" verantwortlich war.

Man gelangt also zu einer *falschen Geschichtsphilosophie*, wenn man wichtige Daten auslässt.

Die Wahrheit ist: Massen bewegen gar nichts, wenn sie nicht vorher motiviert worden sind. Massen sind unvorstellbar träge und faul, nicht anders als eine physikalisch ruhende Masse, auf die erst Einfluss genommen werden muss, bevor sie sich vom Fleck rührt. Wer dagegen tatsächlich etwas bewegt, wer wühlt, agiert und agitiert, im Hintergrund oft, sind *Individuen*. Das können innerhalb des Freimaurertums *Logenmeister* zum Beispiel sein, die zunächst ihre Brüder einweihen und aktivieren – welche in der Folge die „Massen" bewegen.

Individuen, die die Geschichte veränderten, bedienten sich sehr oft der Macht von Geheimbünden oder Elitezirkeln.

Die gesamte marxistische Geschichtsphilosophie kann man deshalb getrost auf den Misthaufen werfen, sie ist oberflächlich und unzulänglich. Sofern man jedoch konsequent den Einfluss der Freimaurerei (sowie vieler Geheimdienste) in Rechnung stellt, erkennt man sehr schnell, WARUM sich etwas in eine bestimmte Richtung bewegte und dass es immer genaue DRAHTZIEHER gab. Sie alle verfügten über einen Namen und eine konkrete Identität, und sie agierten zu einer sehr präzisen Zeit an einem ganz bestimmten Ort. Gern bedienten sie sich wie gesagt bestimmter Geheim- und Elitezirkel. Die Geschichte der Französischen Revolution, der US-amerikanischen Revolution, der Rosenkreuzer, der Illuminaten und der P2 beweisen das hinlänglich.
Nichts geschieht „zufällig".
Und so gelangt man zu einer völlig neuen Geschichtsphilosophie. Sie lautet:
Individuen, nicht Massen machen Geschichte.
Und weiter:
Die machtvollsten Waffen des Individuums, den Lauf der Geschichte zu verändern, bestehen erstens in der Rede (und der Fähigkeit, gekonnt schriftlich zu formulieren) und zweitens in der Bildung eines verschworenen, loyalen Zirkels oder einer Elitegruppe.
Soweit der erste Streich.

EINSICHT NR. 2
Sobald man dem Aberglauben abgeschworen hat, dass die anonyme, dumpfe „Masse" etwas vorantreibt oder der „Zufall", kann man Geschichte, die scheinbar so „objektiv" daherkommt, unversehens sehr viel besser verstehen. Sie wird plötzlich „subjektiv". Man erkennt ohne Wenn und Aber, dass man die Hintermänner und Verursacher ausmachen muss, die „Beweger".
Öfter als es normalerweise zugegeben wird, waren wie gesagt die *Freimaurer* die Verursacher einer „Bewegung".
Die letztendlichen Strippenzieher waren die „Meister vom Stuhl" und die Hochgradfreimaurer – und sie sind es bis heute.
Aber eine „Bewegung" ruft gewöhnlich eine „Gegenbewegung" hervor, auch im politischen Raum – eine weitere Parallele zur Physik. Deshalb verschleierten diese „Meister" ihre Identität, denn sie wollten nicht ins Rampenlicht gerückt werden, sie fürchteten den „Rückstoß" eben dieser „Gegenbewegung". Ja, sie verbargen sogar die Rolle und die Existenz ihres Geheimzirkels. Ihre „Bewegung", so kalkulierten sie, war umso machtvoller, je unbekannter sie

blieb. Also gaben sie weder ihre Identität und ihren Namen preis, noch ließen sie allzu viel über die Existenz ihres Geheimbundes nach außen dringen.
Wir lernen:
Viele Strippenzieher/Verursacher/„Beweger" tun alles, damit sie selbst und ihre Gruppe unentdeckt bleiben.
Das ist der Grund, warum die „normale" Geschichtsschreibung sie oft nicht identifizieren kann und nur die äußeren Handlungsabläufe sichtbar werden.
Soweit, so gut!
Wagen wir es nun, trotz aller Einwände und Probleme, auch die „Geschichte der Freimaurerei" zu erfassen, zumindest soweit wie sie uns zugänglich ist. Machen wir uns jedoch dabei auf einige Überraschungen gefasst, denn wir betreten hier das heißeste Pflaster, das wir uns vorstellen können. Wagen wir es darüber hinaus, ein *Urteil* über die Freimaurerei abzugeben, die so umstritten ist wie vielleicht keine andere Gruppierung auf Planet Erde.

DIE ENTSTEHUNG DER FREIMAUREREI

Zahlreiche Gerüchte existieren, die behaupten, dass die Freimaurerei uralt sei. Einige Autoren behaupten, die Freimaurerei gehe auf den Isis- und Osiriskult (= Götter des alten Ägyptens) zurück, andere verweisen auf die persische Religion, wieder andere auf eine alte jüdische Sekte, die Essener (= eine geheime Bruderschaft, die sich „Söhne des Lichts" nannten), wieder andere nennen Hiram, einen Baumeister unter König Salomon, den Gründer, einen Israeliten also, erneut andere deuten auf eine protestantische Herkunft. Auch auf die Templer wird gerne verwiesen, einen militanten Orden, der, erinnern wir uns, einst die Aufgabe hatte, für Pilger den Weg ins Heilige Land zu sichern. Der Orden wurde dabei unermesslich reich, aber aufgrund dieses Reichtums von einem französischen König bestohlen und nahezu ausgerottet – woraufhin sich die Reste der Templer in alle Winde zerstreuten. Angeblich flohen einige Ritter nach Schottland, wo sie einigen Autoren zufolge schlussendlich die Freimaurerei aus der Taufe hoben …
Ägypten, Persien, Israel, Schottland: Gerüchte, Gerüchte, Gerüchte, hübsch für einen Roman, historisch zu beweisen ist keine dieser Theorien. Lediglich die Inspiration durch den Templerorden ist aufgrund vieler Gemeinsamkeiten beider Geheimbünde nicht abzustreiten. In diesem Fall wären die „Großmeister" der Tempelritter die Urväter und Vorbilder der heutigen „Meister vom Stuhl".

Die Ähnlichkeiten zwischen den beiden Geheimbünden sind tatsächlich frappierend: Der Kopf aller Templer war der sogenannte „Großmeister" – es sind genaue Namenslisten überliefert. Auf Hugo von Payens (1118–1134) folgte Robert der Burgunder (1134–1147), der wiederum von Eberhard de Barris (1147–1150 und Hugo de Jofre (1150–1152) abgelöst wurde und so fort.

Auch die Freimaurer verfügen über einen allmächtigen „Großmeister" an der Spitze. Es gab und gibt zudem „Großlogen" bei den Freimaurern, die über andere Logen herrschen. Die mächtigste Großloge befindet sich in England, zumindest einigen Quellen zufolge. [2]

Dem Großmeister bei den Templern unterstanden alle Templer-„Provinzen". In Europa gab es zur Zeit der größten Machtentfaltung dieses Mönchsritterordens Provinzen in Spanien, Frankreich, England, Schottland, Irland, Deutschland, Ungarn und Italien unter anderem, aber auch in Vorderasien, wir haben bereits darauf aufmerksam gemacht.

Das Templerwesen agierte also international, nicht anders als die Freimaurer heute.

Weiter waren die Templer streng hierarchisch gegliedert, absoluter Gehorsam wurde eingefordert – eine weitere Gemeinsamkeit mit den Freimaurern.

Jede Provinz der Templer war in Unterprovinzen unterteilt.

Innerhalb der Provinzen gab es verschiedene *Komtureien (= „Häuser"), die Grundzellen der Templerorden. Ihnen stand ein Komtur* vor, der auch *Commandeur, Commendator* oder *Kommendator* genannt wurde, manchmal *Präzeptor* oder *Prior*. Unter diesem standen die Tempelritter, unter diesen die Knappen und so weiter.

Bei den Templern gab es eine sehr genaue, penible Rangordnung und ein Stufensystem, das von unten nach oben führte – nicht anders als bei den Freimaurern heute.

Weiter existierten bei den Templern „Einweihungen", die wir in dem Buch „Die Geheimmission des Tempelritters" [3] enthüllt haben und auf die wir an dieser Stelle nicht näher einzugehen brauchen. Wer dem Orden der Tempelritter beitreten wollte, musste sich bestimmter geheimer Einweihungsrituale unterziehen.

Tatsächlich gab es viele „Geheimnisse" bei den Templern, auch religiöser Art, es gab Geheimzeichen und geheime Symbole. Die Freimaurer traten auch in dieser Beziehung in die Fußstapfen der Templer.

Schließlich waren die Templer geradezu unverschämt geschäftstüchtig, wie wir bereits ausgeführt haben.

Auch den Freimaurern sagt man eine hohe Affinität zum Geld nach, der Graf von Saint Germain, die späten Rosenkreuzer oder Licio Gelli können hierfür in den Zeugenstand gerufen werden.

Die ungeheure Machtentfaltung der Templer ist ein weiteres Vergleichsmoment.

Die Parallelen zu den Maurern stechen also ins Auge.

Kurz gesagt wurden die Freimaurer von den Tempelrittern zumindest inspiriert, wenn sie nicht sogar als ihre „Nachkommen" bezeichnet werden können.

Selbst das heutige Bankensystem wird von einigen Autoren auf die Templer zurückgeführt, die raffiniert genug waren, „Wertpapiere" auszustellen, lange bevor die klugen Holländer und Engländer darauf verfielen, mit „Aktien" zu jonglieren. Die ersten Bankiers der Geschichte waren Templer. Auf diese Art häuften die Templer sagenhafte Schätze an. Sie konnten „frisches Geld" sozusagen aus dem Nichts erschaffen. Weiter nutzten die Templer die Magie des Zinses und Zinseszinses. 4

Die Einkommensquellen der Freimaurer waren und sind ebenfalls höchst „kreativ", denken wir erneut an die P2 und den Raffzahn Gelli.

Und so muss man festhalten, dass die Freimaurer viele Gemeinsamkeiten mit den Tempelrittern aufweisen.

Die Freimaurer traten das Erbe der Templer an.

Doch wie schrieb sich ihre Geschichte fort?

DIE ENTSTEHUNG EINES GEHEIMKULTES

Unstrittig ist, dass die Freimaurer, so wie wir sie heute kennen, auch auf den Maurerkorporationen des Mittelalters beruhen – eine zweite Säule, wenn man so will. Genau in diesem Zusammenhang existiert ein Umstand, der viele „Geheimnisse" der Freimaurer unmittelbar erklärt: Die damaligen Maurer, „Architekten", Bauleute und Handwerker, zu ihrer Zeit hoch geachtete Zeitgenossen, weil sie Kirchen und Kathedralen erstellten und um so manche mathematisch-physikalische Geheimnisse wussten, besaßen ehemals ein Problem: Sie mussten eben diese ihre (Berufs-)Geheimnisse an ihre Gesellen und an neue Mitglieder weitergeben, das Wissen durfte nicht verlorengehen. Aber der Buchdruck existierte im Mittelalter noch nicht und etwas handschriftlich festzuhalten war zu gefährlich, wie leicht konnte ein Geheimnis in die falschen Hände geraten. Die Satzungen verboten es zudem, die Berufsgeheimnisse niederzuschreiben. Also sahen sich diese Maurer gezwungen, ihr geheimes Know-how anderweitig weiterzugeben. Die Lösung? Maurerkorporationen bildeten sich aus, innerhalb derer sichergestellt wurde, dass in diese Geheimnisse nur (in das Bauhandwerk) eingeweihte Personen Einblick erhielten. Schon bald gab es innerhalb dieser Korporationen regelrechte Hierarchien und Stufen, sprich verschiedene Maurer-Grade, Riten, Gesetze und Aufnahmebedingungen. Alles, aber auch wirklich alles wurde getan, um die Berufsgeheimnisse der Maurer zu wahren. Es gab Geheimworte (welche die Legitimation eines Maurers bestätigten), Passwörter (die notwendig waren, wenn ein Maurer zum Beispiel in einem anderen Land tätig werden wollte) und Geheimsymbole (die auf einen Blick die Zugehörigkeit zum Maurerbund verrieten.

Ein ganzer Geheimkult entstand. Nur *mündlich* durfte etwas innerhalb dieser Hierarchien weitergegeben werden.

Als Erkennungsmerkmale der Maurer untereinander dienten zunächst Winkelmaß, Wasserwaage und Zirkel, die als Erkennungszeichen und Ausweiszeichen benutzt wurden, später ein kompliziertes System von Hand- und Fußzeichen: Standen die Füße in einem bestimmten Winkel zueinander, so verriet das den Maurer, ja sogar dessen Stellung innerhalb der Maurerei. Die Maurer trafen sich in einer „Loge", was wörtlich übersetzt lediglich „Versammlungsort" bedeutet. Strenge Vorschriften garantierten, dass das Geheimwissen (= die Berufsgeheimnisse) nicht weitergegeben wurde.

Man unterschied anfänglich zwischen dem einfachen Maurer, der nur den *roughstone* (= den rohen, unbehauenen, groben Stein) bearbeiten durfte (*roughstone mason*), und dem *freestone mason*, dem hoch angesehenen Steinmetz, der einen Stein in ein regelrechtes Kunstwerk verwandeln konnten. Nur der *freestone mason* konnte einen Stein ornamental verzieren oder so ungeheuer exakt bearbeiten, dass er in einen Rundbogen zum Beispiel millimetergenau passte. Nur er konnte sogar eine Skulptur und eine ganze Figur aus einem Stein schlagen. Die *Freestone masons,* ha!, hierbei handelte es sich um die Elite, die wirklichen Cracks! Hieraus bildete sich später das Wort *Freemason* oder *Freimaurer*.

An der Spitze aller Maurer stand der Baumeister, der eine Art Architekt und Ingenieur zugleich war, in modernem Slang ausgedrückt. Diese Baumeister bildeten die Führung der Elite. Der „Master mason" war eine Art Vorläufer für den späteren „Meister vom Stuhl". Er war hoch gebildet und wusste um alle „Geheimnisse", wie man einen so komplizierten Bau wie eine Kathedrale zum Beispiel erstellen konnte – was tatsächlich ein enormes bautechnisches und mathematisches Know-how einforderte, ja regelrechtes „Geheimwissen". Man betrachte nur einmal die mächtigen, Ehrfurcht gebietenden, himmelsstürzenden Kirchenbauten und Dome aus dieser Zeit! Man kommt aus dem Staunen nicht heraus.

Diese *Master masons* waren hochbegabte Spezialisten, sie waren die Köpfe aller Handwerker, aller Freestone masons. Sie verkehrten mit den mächtigsten Kirchenvertretern sowie dem Adel und Hochadel. Intelligenz und Wissen, Kenntnisse und Know-how waren schon immer die Methoden, um ganz nach oben aufzusteigen und in den höchsten Rängen mitzumischen.

Kennzeichen dieser Master Masons und auch der Freemasons waren ein ausgeprägtes Selbstbewusstsein. Niemand konnte an ihren Fähigkeiten herumdeuteln. Sie stellten mehr auf die Beine als die verdammten Adligen und die Kirchenfürsten, die zu oft den Müßiggang zur höchsten Philosophie erhoben und ihre Privilegien nur dazu benutzten, um zu schmarotzen und herumzuhuren.

Die Aristokraten und die Monarchen, der hohe Klerus und die Kirchenoberen, die sich alle so viel einbildeten auf ihre Titel und ihre Herkunft, erstickten doch nur an ihrer eigenen Bedeutung! Dabei waren die vermaledeiten Pfaffen und die adligen Nichtsnutze in den meisten Belangen den Gelehrten weit unterlegen, auch den Master masons. Der Wissenschaftler und der Künstler, die als Menschen zweiter Klasse betrachtet und behandelt wurden, konnten in Wahrheit diesen eingebildeten Laffen allesamt auf den Kopf spucken, wenn es hart auf hart ging.

Die Fähigkeit zur Kreation war der bloßen aristokratischen Herkunft und einem dummen Titel schon immer weit überlegen.

Trotzdem wurden die *Freestone masons* und die *Master masons* bevormundet. Sie waren keine „Freien" wie das Adelspack, das teilweise längst degeneriert und nur an dem eigenen Wohlleben interessiert war.

Und so passierte es.

DIE INTELLEKTUELLE REVOLUTION

Es waren beileibe nicht nur die *Freestone masons* und die *Master masons*, die innerlich aufbegehrten. Aber sie verfügten bereits über verschiedene „Geheimzirkel", in denen frei gesprochen werden konnte und in die kein Unbefugter leicht einzudringen vermochte. Und so erhielten ihre Zirkel einen fantastischen Zulauf. Andere Gelehrte und Intellektuelle wurden neugierig, zuerst aufgrund der „Geheimnisse" der Masons, denn ein „Geheimnis" zieht per se die Menschen an wie die Motten das Licht. Auch war das Selbstbewusstsein der Masons erstaunlich.

Das Wort freemason, Freimaurer, erhielt eine ganz andere, eine neue Bedeutung.

Alle, alle Klassen sehnten sich nach Freiheit. Man suchte Freiheit von der Bevormundung durch Könige, Adlige und vor allem durch die Schwarzröcke, die so offensichtlich den Fortschritt der Menschheit aufhielten. Wie herrlich war es, wenn man „frei" reden, fabulieren und denken durfte.

Verschiedene Wissenschaften, vergessen wir das nie, machten Quantensprünge in dieser Periode.

Besonders hasste man die hohen Kirchenvertreter, die das Volk mit abergläubischen Märchen vollstopften – und auch noch dabei fett und rund wurden, die prassten, sich Mätressen hielten und von ihren Lügen gut lebten. Die dümmsten religiösen Geschichtchen wurden allenthalben verbreitetet, obwohl es doch längst offensichtlich war, dass die Bibel vor Halbwahrheiten und Falschheiten nur so strotzte. Die gesamte intellektuelle Elite fand sich nach und nach in diesen Geheimzirkeln der Masons ein, ja, alles was Rang und Namen hatte. Die Geheimzeichen und geheimen Losungsworte übten einen unwiderstehlichen Reiz aus. Der Kitzel, frei reden und denken zu dürfen, abseits von einer unterdrückerischen Obrigkeit, war ebenfalls fabelhaft, denn jeder Intellektuelle und jeder Künstler ist im Grunde seines Herzens ein Rebell. **Und so kann man sehr schnell nachvollziehen, dass diese neue Generation von „Freimaurern" sich lediglich eines bereits existierenden Geheimbundes bediente,** weil hier bereits die notwendige Vorarbeit geleistet worden war, was die notwendige Geheimhaltung anging.

Die größten Denker dieser Epoche waren alle Freimaurer, allen voran der große Voltaire, der nicht nur in der Loge der *Neun Schwestern* in Frankreich seine revolutionären neuen Ideen verbreitete, in der die Fäden im Franzosenland zusammenliefen, sondern dessen Schriften überall gelesen wurden. Teilweise wurden seine Traktate, Abhandlungen und aufrührerischen Romane heimlich, wie Goldstücke, unter der Hand weitergereicht. Oh wie herrlich war es, wenn man der Obrigkeit eins auswischen konnte!

Alle folgten sie Voltaires Spuren, auch in England und Deutschland, wo die gesamte intellektuelle Elite, von Goethe bis Lessing, schon bald den Logen beitraten oder mit der Freimaurerei zumindest sympathisierten.

Die ungeheuren literarischen Erfolge eines Goethe, Lessing, Voltaire und so fort sind nicht zu verstehen, wenn man nicht weiß, dass unter der Decke alle diese Freimaurer-Bünde existierten. Die Dichter und Schriftsteller verbreiteten mit geschwindem Griffel die neuen Ideen – und die Logen applaudierten und sorgten für die weitere Propaganda.

Komponisten wie Mozart halfen ebenfalls. Wolfgang Amadeus Mozart komponierte eine ganze „Freimaurer-Oper", die *Zauberflöte*, in der zahlreiche Anspielungen auf die Freimaurerei zu finden sind. Ihm zur Seite stand der Theaterdirektor, Sänger, Dichter und Schauspieler Emanuel Schikaneder, der half die Zauberflöte aus der Taufe zu heben und zu einem Erfolg zu machen. Schikaneder (1751 – 1812) war Mitglied einer Regensburger Loge. Mozart war Mitglied der Loge „Zur Wohltätigkeit" und hatte Kontakt zur Loge „Zur wahren Eintracht". [5]

Und so könnte man 100 Rätsel und 1.000 Geheimnisse der Geschichte in dieser Epoche lösen, wenn man nur den Einfluss der Freimaurerei zugibt und in Rechnung stellt.

Fest steht, es gab in dieser Ära keine edlere Bewegung als die Freimaurerei. In keiner anderen Gruppierung ertönte der Schrei nach Freiheit lauter. Dieser Schrei stieg himmelhoch auf zum Firmament und erreichte selbst die Götter, poetisch gesprochen.

Aber ach, auf eine Bewegung folgt fast immer eine Gegenbewegung, wie schon festgestellt, es handelt sich um ein historisches Gesetz. Die Opposition, tatsächlich die mächtigste Opposition, die man sich vorstellen konnte, ließ nicht lange auf sich warten.

DER GEGENSCHLAG

Unter den Kutten wetzten die Pfaffen die Messer, die sie dort verborgen hielten. Natürlich wussten sowohl die Katholiken als auch die Protestanten, welche Gefahr von den Freimaurern ausging. Sie wussten, dass man mit der Vernunft die Religion töten konnte. In Scharen liefen den Kirchen die Gläubigen davon oder traten zumindest die innere Emigration an. Die Argumente der Freidenker waren nicht vom Tisch zu wischen. Tatsächlich konnte die Welt unmöglich in sechs Tagen erschaffen worden sein. Außerdem war die Unendlichkeit entdeckt worden, verbesserte Fernrohre bewiesen, dass der „Himmel" nicht von Engeln bevölkert war. Und was war mit der angeblichen Jungfräulichkeit Marias? Ach, in anderen Religionen gab es ähnliche Geschichten, das

Märchen bedeutete doch nur, dass man den eigenen Gott auf ein besonders hohes Podest stellen wollte. [7] Überhaupt war die Existenz anderer Religionen brandgefährlich für das Christentum, verfügte man doch auch in Indien oder China über unantastbarer Heilige und hoch ethische Religionsgründer. Die Einzigartigkeit Jesus Christus` wurde damit in Frage gestellt. Ein kirchliches Dogma nach dem anderen wurde von dem Schwert der Vernunft in der Mitte gespalten und hauchte sein Leben aus. Voltaire nutzte die gefährlichste Waffe, die es gibt, er erstach alles mit dem Degen der Ironie, die zudem auch noch die Lacher auf seine Seite zog.

Und also schleuderte der Vatikan seinen Bannstrahl. Andere Kirchenfürsten hieben in die gleiche Kerbe. Man konnte und durfte das Christentum nicht sterben lassen.

Die Freimaurerei wurde einfach verboten und als unvereinbar mit dem christlichen Glauben bezeichnet.

Sturzbäche von Gegenschriften wider die Freimaurerei, die den Kirchen ihre Schäfchen abspenstig zu machen suchten, erschienen.

Unter der Decke, ungesehen von vielen, tobte der wildeste Kampf, der vorstellbar war, der Kampf um die Gedanken der Menschen.

In den höchsten Zirkeln wusste man: Nur wer die Gedanken der Menschen beherrschte, besaß die Macht. Es waren eben nicht die Kanonen oder die Gewehre, die von Bedeutung waren. Gedanken und Vorstellungen waren tausendmal stärker als jedes dumme Gewehr. Bestimmte Gedanken konnten selbst Hunderttausende von Soldaten im Handumdrehen besiegen.

Und so wurden den „aufklärerischen“ Schriften flugs religiöse Schriften entgegengesetzt. Die scharfsinnigsten theologischen Gehirne machten sich daran, die Freimaurerei niederzuschreiben und zu verunglimpfen.

Bis heute ist der Vatikan mit seinen Sturmtruppen, den Jesuiten und dem Opus Dei der schärfste Kritiker der Freimaurerei. Noch immer schmäht und bekriegt man sich wechselseitig.

Und so erkennen wir auf einmal, warum sowohl die Jesuiten als auch die Freimaurer mehr als 300 Jahre lang verhetzt und verleumdet wurden. Geheimbund bekämpfte Geheimbund. Stets ging es um die brutale Macht und um die Herrschaft über die Gedanken und die Seelen.

Alle Propagandaschriften wider diese beiden Geheimbünde, alle Hetzschriften, alle Pamphlete können wir getrost vergessen: Sie enthalten nicht etwa die Wahrheit, sondern es sind nur Kampfschriften, die ausnahmslos dazu dienten, die gegnerische Gruppierung zu verleumden und niederzumachen.

RÄTSEL DER POLITIK

Aber befanden sich innerhalb der maurerischen Geheimzirkel nicht auch Adlige, ja selbst Könige?

Korrekt!

Selbst viele Aristokraten, ja sogar Monarchen kokettierten mit dem neuen Denken, der Geruch der Freiheit stieg auch ihnen in die Nase. Mit der Ablehnung eines dumpfen christlichen (Aber-)Glaubens konnten sie sich schnell anfreunden. Ja natürlich! Die verfluchten Pfaffen! Sie hatten die Menschheit seit Tausenden von Jahren an der Nase herumgeführt. Die Religion musste verschwinden und Wissenschaft und Vernunft auf den Thron gesetzt werden. Als Friedrich der Große, der Preußenkönig, einer Freimaurerloge beitrat, jubelte man in den inneren, geheimen Zirkeln. Welch ein fetter Fisch! Der Coup wurde als Etappensieg der Freimaurerei gefeiert. Aber auch Goethes Förderer, Herzog Karl August von Sachsen-Weimar-Eisenach (1757–1828), war Freimaurer. Er war in der Loge *Amalia* aktiv (in Weimar) und *Ritter der Strikten Observanz* (in verschiedenen Städten). Später trat er dem *Illuminatenorden* bei, sein Geheimname hieß *Aeschylus*. Er stieg in diesem Orden bis zum „Regenten" auf. [8]

Bei der *Strikten Observanz* handelte es sich um ein freimaurerisches Hochgradsystem, die meisten deutschen und viele europäische Logen unterwarfen sich ihm anfänglich. Die Mitglieder glaubten, dass es einen „Geheimen Oberen" gebe und sahen sich als Nachfolger der Templer.

Kurz und gut, es existierten alle möglichen Freimaurer-Orden. Innerhalb der Logen begegnete man den unterschiedlichsten politischen Vorstellungen, nicht nur in Deutschland, sondern auch in Frankreich, England, Schottland und in den USA. Es existierten demokratische, aristokratische und monarchische Ausrichtungen, kunterbunt nebeneinander.

Aber ach! Obwohl es herrlich war, wenn sich eine Loge mit einem großen (aristokratischen) Namen schmücken konnte, war es gleichzeitig auch gefährlich, die hohen Herren aufzunehmen; denn die Könige, Herzöge und Grafen dachten nicht im Traum daran, auch nur einen Zipfel ihrer Macht abzugeben. In gewissem Sinne handelte es sich um eine Unterwanderung der Freimaurerzirkel. Dem ursprünglichen Freiheitsgedanken wurde dadurch jedenfalls ein Riegel vorgeschoben.

Gleichzeitig verkalkulierten sich jedoch auch die maurerischen Aristokraten und Könige, die fast alle mit Lust und Wonne dieses Spiel der Geheimbündelei mitmachten und genossen. Ja, es war hübsch, sich über den (christlichen)

Aberglauben lustig zu machen und auf das „dumme Volk" herabzublicken, das alles in der Bibel wortwörtlich nahm, selbst die albernsten Glaubensvorstellungen. Es war köstlich, geistreich in den geheimen Zirkeln zu parlieren und unter der Decke ein paar Strippen zu ziehen, ungesehen von allen. Und es streichelte das Ego, wenn man die Grade hinaufstieg und gelehrt philosophierte, inmitten all dieser klugen Leute. Und hatten nicht die schärsften Denker, allen voran der große Voltaire, selbst der Meinung angehangen, dass man nur die Könige aufklären müsse – und schon sei alles Butter? Hatte nicht selbst Platon das Ideal des „Philosophen auf dem Königsthron" geboren und die Monarchie verteidigt?

Ja, die Freimaurerei war ein herrlicher Debattierclub und eine geheime Bruderschaft, in der alle möglichen feinen Pöstchen zu vergeben und zu ergattern waren. Hier traf sich die geistige Elite, aber auch die „aufgeklärten" Aristokraten und die klugen, vermögenden Kaufleute. Hier konnte man sich über alle anderen Menschen erheben. Nein, nein, nicht der Umsturz stand auf dem Programm. Man konnte getrost monarchistischen oder aristokratischen Vorstellungen nachgeben.

Hatten nicht selbst die Rosenkreuzer die Monarchie geduldet, ja sie sogar geschickt manipuliert?

Und so versammelten sich in einigen Logen Könige und Fürsten. Verschiedene Bünde mutierten sogar zu Vehikeln der Mächtigen.

Begeben wir uns einen Augenblick lang nach Frankreich, wo der Bruder des Königs, der Herzog von Orléans, der zweitmächtigste Mann im Lande, sogar zum Großmeister der *Grand Orient Lodge* aufstieg. Der Herzog von Orléans, so urteilten einige Geschichtswissenschaftler später, versuchte die Freimaurerei nur zu benutzen, um seinen eigenen Bruder, Ludwig XVI., vom Thron zu stoßen. Ja, auch der Herzog war von liberalen Ideen „infiziert", er hatte sich bei den Freemasons in England „angesteckt". Aber die Freimaurerei mit ihren neuen Ideen diente ihm nur dazu, selbst noch höher aufzusteigen und vielleicht, vielleicht sogar eines Tages auf dem französischen Königsthron Platz zu nehmen. Um sein Ziel zu erreichen, gebärdete sich der Herzog „liberal" und „aufgeklärt", in Wahrheit kochte er sein eigenes Süppchen.

Aber das Spiel war nicht ungefährlich. Vor und während der Französischen Revolution gab es 629 Logen in ganz Frankreich, 65 davon allein in Paris. [8]

Die Losungsworte lauteten jedoch *Liberté, Egaltité et Fraternité – Freiheit, Gleichheit und Brüderlichkeit.* Die großen französischen Denker, allen voran immer Voltaire, aber auch d'Alembert, Diderot, Helvetius, d'Holbach, Con-

cordet, kurz fast die gesamte französische intellektuelle Elite, allesamt Brüder der Loge *Les Neuf Soeurs – Die Neun Schwestern* – standen den Auswüchsen der Monarchie kritisch gegenüber.
In vielen Freimaurer-Logen stellte man sich die Frage: Hatten sich die Vertreter der Hocharistokratie in die Maurerbünde durch die Hintertür eingeschlichen? Verwässerten sie die ursprünglichen Ideale?
Die Monarchen und Aristokraten dagegen lachten sich ins Fäustchen.
Aber sie täuschten sich furchtbar.

DER LUDERGERUCH DER REVOLUTION

Oh, wie sehr irrten sich die feinen Herren mit ihren Kratzbürstchen und verlausten Perücken! Es ist richtig, dass in verschiedenen Freimaurerzirkeln die unterschiedlichsten politischen Ausrichtungen anzutreffen waren. Aber einig war man sich im Kampf gegen den Aberglauben. Das verzopfte Christentum konnte nicht länger geduldet werden. Selbst Könige übersahen jedoch, dass mit der Schwächung der Religion auch ihre eigenen Throne in Gefahr gerieten, denn bislang hatten sie sich immer auf „Gott" berufen können, wenn es um Machtfragen ging. Potentaten verwiesen arrogant darauf, dass Gott selbst sie eingesetzt hatte, das Königtum war „heilig" und „sakrosankt". Die Vertreter Gottes aber waren die Priester. In dem Augenblick jedoch, da die Priester verteufelt wurden, sägten sich die Könige selbst den Ast ab, auf dem sie saßen, ohne es zu bemerken. Gleichzeitig hasste das Volk insgeheim den *Absolutismus* wie die Pest.

VORSICHT! POLITISCHE THEORIE

Als *Absolutismus* bezeichnete und bezeichnet man die vollständige, „absolute" Herrschaft durch einen Monarchen. Innerhalb des *Absolutismus* regierte gewöhnlich ein König oder ein Fürst mit eiserner Faust und unumschränkt. Der Monarch duldete keinerlei Einmischungen, wenn es um Fragen der Macht ging. Im Absolutismus war der König der oberste Militär-Befehlshaber und gleichzeitig der ausschließliche Nutznießer der Steuern. Er hatte also die Kralle auf den Soldaten und dem Geld. Damit beherrschte der Monarch das Spiel „Staat" vollkommen. Der absolutistische Herrscher war weiter gewöhnlich oberster Gesetzgeber, erster Gerichtsherr sowie der Chef der Justiz, der Polizei und der Verwaltung. Er bestimmte ferner die Wirtschaftspolitik „absolut". Der Monarch herrschte zudem über die Innen- und Außenpolitik, er herrschte schlichtweg über alles. Das gesamte Staatswesen war streng hierarchisch gegliedert, wer nicht „von Adel" war, galt nichts – was die Intellektuellen genauso erboste wie die reichen Kaufleute. Gewöhnlich wurden die Künste gefördert, aber ebenfalls quasi-diktatorisch und gewöhnlich nur, um den Herrscher selbst zu besingen und auf ein noch höheres Podest zu heben. Mit der Kirche war der absolutistische Herrscher eine Zweckehe eingegangen. Aber er stellte sich gewöhnlich selbst über die Kirche und über die spirituelle Gewalt; der Papst (oder ein anderer Hohepriester) diente ihm nur als Alibi-Beschaffer für sein absolutistisches Regime. Deshalb wurden die Priester toleriert und gefüttert.

Ludwig XIV., der berühmte Sonnenkönig von Frankreich, war das Beispiel par excellence für den Absolutismus. Der Sonnenkönig duldete niemanden neben sich, keine Person von gleichem Rang. Er stand im Mittelpunkt der Welt. Er war die Sonne, um die sich alle drehten.

Aber war der Sonnenkönig nicht auch ein unerträglich selbstsüchtiger, eitler Pfau gewesen, der ein paar Tausend Frauen in sein Bett gezerrt und speziell in der zweiten Hälfte seiner Regierungszeit ein unendliches Leid über die Bevölkerung gebracht hatte? Hatte er nicht ständig Kriege angezettelt, Hunderttausende von Menschen für seinen dummen Ruhm über die Klinge springen lassen und furchtbar hohe Steuern erhoben?

KÖNIGLICHE FEHLER

Die meisten Freimaurer waren keine Freunde der Monarchie und erst recht nicht des Absolutismus.

Und sie hatten recht. In vielen gelehrten, geheimen Zirkeln wurde festgestellt, dass der Absolutismus alles andere als optimal war. Der Grund: Selbst wenn es ab und an einen „guten" absolutistischen Herrscher gab, so gelangte nach seinem Tod gewöhnlich ein Sohn auf den Thron, der nicht die Kragenweite des Vaters besaß und Fehler über Fehler beging. Das Glück und die Zukunft eines ganzen Landes jedoch von Zufällen der Geburt abhängig zu machen, war blanker Wahnsinn.

Weiter gingen dem absolutistischen Herrscher die Tugenden der Bescheidenheit und der philosophischen Abgeklärtheit ab. Eine echte Führungspersönlichkeit musste zudem die Fähigkeit besitzen, das Glück der *anderen* im Auge zu behalten. Aber der absolutistische Herrscher rückte stets nur sich selbst in den Mittelpunkt. Diese Regierungsform erzog den Herrscher zum selbstverliebten Egomanen.

Wenn keinerlei Kontrollinstanz existierte, die dem absolutistischen Herrscher die Leviten las, war die Talfahrt des Staates sicher. Die Nachteile des Absolutismus lagen klar auf der Hand: Es gab zu viele Kriege, die Kosten für die Heere fraßen den Reichtum des Landes auf und die Steuern wuchsen ins Uferlose.

Die Überzentralisierung des Staates verursachte überdies, dass wirtschaftliche Eigeninitiativen abgewürgt wurden, die für die Blüte eines Landes so wichtig waren. Weiter gab es Willkürlichkeiten in der Gesetzgebung und der Rechtsprechung, denn jeder musste sich in Richtung des Herrschers verbeugen. Es gab Innovationsbremsen, die Korruption blühte und die Hofhaltungskosten stiegen in himmelstürmende Höhen. Zahlreiche Unfreiheiten und Ungerechtigkeiten vergällten den Bürgern das Leben.

All diese Nachteile waren im Rahmen des Absolutismus gegeben. In dieser Beziehung waren sich die meisten Freimaurer einig, denn in ihren Zirkeln durfte man sich den Luxus einer eigenen Meinung erlauben.

DER LEBENSGEFÄHRLICHE IRRTUM

Und so nutzte es den Königen und Aristokraten wenig, dass sie in allen möglichen geheimen Zirkeln vertreten waren und hier zeitweilig das große Wort schwangen. Sie verkalkulierten sich schrecklich, als sie sich über die Religion mokierten, denn sie vergaßen, dass die Religion ihre Throne stützte. Außerdem hielt die Religion die Menschen davon ab, zu töten und zu morden, zu stehlen und zu rauben, sie stellte ein gewisses Ordnungsgefüge dar.

Weiter „vergaßen“ die Könige, dass die Freimaurerei in ihrer Gesamtheit republikanisch geprägt war und der Monarchie nicht viel Sympathie entgegenbrachte.

Als also erst in den Vereinigten Staaten von Amerika und dann in Frankreich im Jahre 1789, im Revolutionsjahr, die Köpfe rollten, bemerkten die Monarchen und Aristokraten höchst überrascht und mit einiger Verspätung, welches Kuckucksei sie sich mit der Freimaurerei ins Nest gelegt hatten.

Die Revolution in US-Amerika fegte die Monarchie hinweg und machte der Demokratie Platz. In Frankreich wurde gar der König geköpft. Gleichzeitig war es unzweifelhaft: Hinter beiden Revolutionen standen die Freimaurer. Was aber passierte in Frankreich genau?

DIE BLUTIGE REVOLUTION

Der intellektuellen Revolution folgte die blutige Revolution auf dem Fuß. Vor allem in der letzten Phase der Französischen Revolution stand die *Guillotine* nicht mehr still. Es handelte sich hierbei um ein Fallbeil oder eine Köpfmaschine, die von dem französischen Arzt Joseph Guillotin erfunden worden war – einem Freimaurer – damit die Todesstrafe schneller vollstreckt werden konnte.

Während der Französischen Revolution wechselten „rechte" und „linke" Regierungen einander ständig ab, aber am Schluss gewannen die „Linken" die Oberhand. Sie wollten die „Feinde der Demokratie" ausrotten, ein- für allemal. Dazu gehörten auch die Aristokraten.

Lediglich den Herzog von Orléans, der sich flugs in *Bürger Philippe Egalité* umbenannt hatte, ließ man vorläufig ungeschoren – immerhin war auch er Freimaurer und hatte geholfen, die Revolution zu schüren.

„Die Linken" oder die Radikaldemokraten, allen voran Marat, Danton und Robespierre, bestimmten zuletzt den Verlauf der Revolution. Marat und Danton waren mit Sicherheit Freimaurer, Robespierre aller Wahrscheinlichkeit nach.

Die Monarchie schien ihnen das Übel dieser Welt schlechthin zu repräsentieren. Und so beschloss sie, Ludwig XVI., dem König selbst, wegen Landesverrat den Prozess zu machen. 625 Geheimdokumente wurden entdeckt, die verrieten, dass der französische König mit dem „Feind" konspiriert hatte und insgeheim offenbar plante, die Zeit zurückzudrehen und die Monarchie wiederherzustellen. Übereilt arrangierte man einen Schauprozess. Schließlich stimmten 683 von 749 Mitgliedern des französischen Nationalkonvents, einschließlich des ehemaligen Herzogs von Orléans, für den Tod Ludwigs XVI. Die Trommeln dröhnten so laut wie nie, als er unter die Guillotine gelegt und kurzerhand hingerichtet wurde.

Der Nachricht von dem Königsmord hallte durch ganz Europa.

Eine empörte Koalition aus Preußen, Österreich, Sardinien, England, Holland und Spanien bildete sich nun gegen Frankreich, das auf einmal vom Glück verlassen zu sein schien: Die eigenen revolutionären Armeen waren in einem erbärmlichen Zustand – viele Armeelieferanten waren bestechlich. Zahlreiche französische Soldaten desertierten aus dem Heer – wodurch Zwangsrekrutierungen unausweichlich wurden. Man gab frisches Papiergeld aus – das sofort dramatisch an Wert verlor. Darüber hinaus wurden neue Steuern erhoben, was ebenfalls den Zorn der Bevölkerung nach sich zog. Zu hohe Steuern kannte man bereits aus monarchistischen Zeiten! Also wurde zunächst die aufstrebende Bourgeoisie ausgeplündert, da sich der Staat ständig in Geldnöten befand. Da es unaufhörlich Unruhen gab, fühlten sich Marat, Danton und Robespierre überall von Verrätern umgeben. Sie reagierten mit Polizeispitzeln und Überwachungskomitees. Der von ihnen manipulierte Nationalkonvent stimmte sogar zu, ein Revolutionstribunal zu errichten, um Verdächtige ohne Berufung oder Revision aburteilen und einen Kopf kürzer machen zu können. Dieses am 6. April 1793 eingeführte *Comité du salut public* (= Wohlfahrtsausschuss) avancierte auf einmal zur mächtigsten Institution in Frankreich, denn es konnte über Tod und Leben bestimmen. Der Wohlfahrtsausschuss kontrollierte die Generale, den Geheimdienst, die Beamten, die Außenpolitik und die Religion. Danton wurde zum Führer des *Comité du salut public* gewählt. Trotzdem häuften sich die Probleme: Die Getreidepreise erreichten einen neuen Höchststand. Die Bauern machten gegen die Beschlagnahmung ihrer Ernten mobil. Verordnungen, die die Preise für Brot niedrig halten sollten, wurden unterlaufen. Wer sich an die staatlich verordneten Tiefstpreise hielt, wurde einfach nicht beliefert. Die Konsequenz: Überall brachen Hungerrevolten aus. Als wären es der Probleme noch nicht genug, verbündete sich überdies in Marseille und Lyon die Bourgeoisie mit den Adligen gegen ihre revolutionär gesinnten Bürgermeister und verjagten sie von ihren Stühlen. Entsetzt registrierten die radikalen Demokraten, dass das alte Regime immer noch nicht vollständig zu Grabe getragen worden war. Zu allem Überfluss riefen die „Rechten“ dazu auf, die Machenschaften der Pariser Kommune zu untersuchen und ihren unrechtmäßigen Einfluss auf die Gesetzgebung.

Robespierre und die radikale „Linke“ empörten sich.

Die Konfusion war vollkommen, ein neuer Machtkampf war ausgebrochen.

Ja, der König war tot, aber wer herrschte jetzt in Frankreich?

Schließlich klärten sich die Fronten: Danton, Robespierre und Marat, das tödliche Triumvirat, die „Linke“, wendete sich gegen die Girondisten, die „Rechten“. Mit anderen Worten: Die Arbeiter und der Pöbel machten gegen den gut verdienenden Mittelstand mobil. In der Folge wurden die Girondisten gejagt und gehetzt, plötzlich galten sie als die Feinde des französischen Volkes, obwohl sie doch gerade noch die Revolution gutgeheißen hatten. Danton, Robespierre und Marat errichteten eine „Diktatur des Proletariats“. Wieder schlug die Erregung hohe und höchste Wellen. Lautstark wurde eine neue Verfassung gefordert. Das Recht auf Privateigentum sollte empfindlich eingeschränkt, das Recht jedes Bürgers auf Versorgung, Erziehung und Widerstand dagegen sollte gesetzlich verankert werden. Die ehemaligen „bourgeoisen" Demokraten verkrochen sich in ihre Mauselöcher, während der Wohlfahrtsausschuss – kein Name war je irreführender – nun unbarmherzig zuschlug. Und so verloren die Girondisten (lies: die Unternehmer und die Bourgoisie) ein Scharmützel nach dem anderen, sie verloren an vielen Fronten. In diesem innerfranzösischen Machtkampf kaufte sich eine gewisse Charlotte Corday, eine Sympathisantin der Girondisten, ein 15 Zentimeter langes Küchenmesser. Es gelang ihr, Zugang zu dem ewig kranken Marat zu finden, der wie kein anderer das einfache Volk aufzuhetzen verstand und für sie die radikale Arbeiterpartei verkörperte, die zahlreiche Morde auf ihrem Gewissen hatte. Marat befand sich gerade im Bad, wo er gewöhnlich seine Hautleiden auskurierte und gleichzeitig seine Hetzreden schrieb, als Charlotte Corday ihn aufspürte. Sie zückte das Küchenmesser und stieß es ihm in die Brust. Sie stieß so heftig zu, dass das Blut hoch aus der Wunde aufspritzte. Marat starb, die Mörderin aber wurde festgenommen, abgeurteilt und wenig später hingerichtet.

Die Vertreter des Proletariats schworen bitterliche Rache.

12 neue Führer wurden nun in den allmächtigen Wohlfahrtsausschuss berufen, unter ihnen Saint-Just, ein radikaler Egozentriker, der in einem Gedicht die Vergewaltigung von Nonnen verherrlicht hatte, ein wilder, kompromissloser Geselle, der dem gefährlichen Robespierre blind ergeben war. Nun begann die berüchtigte Schreckensherrschaft, welche die Revolution vollständig beschmutzen sollte. Die zahlreichen Morde, die nun in Szene gesetzt wurden, rechtfertigte man durch die zahlreichen Probleme: Die Armeen waren schlecht ausgerüstet, zudem ignorierten die Generäle manchmal die Befehle der Regierung, denn nicht wenige fühlten sich insgeheim noch immer dem alten Regime verpflichtet. Es gab Beispiele, da ganze Heeresteile zum Feind überliefen. Zudem standen England, Preußen und Österreich erneut vor den Toren Frankreichs. Im Innern erhoben sich überdies wieder Katholiken und Aristokraten. Weiter boten die Girondisten, die „Rechten" den „Linken" Paroli – besonders in den Städten Lyon, Bourges, Nimes, Marseille, Bordeaux, Nantes und Brest. Hungersnöte machten sich erneut breit. Und Schieber verdienten Unsummen, während das einfache Volk hungerte. Der radikale Jacques Hébert klagte die Bourgeoisie kurzerhand des Verrates an und forderte den vollständigen Terror; mit ihm war Marat sozusagen wieder von den Toten auferstanden.

Die 12 Männer des Wohlfahrtsausschusses, allen voran Saint-Just und Robespierre, handelten wie von Furien gehetzt: Unverheiratete Männer wurden einfach eingezogen, um die Heere aufzufüllen. Tausende von Fabrikanlagen wurden auf ihren Befehl hin in den Dienst des Krieges gestellt und mussten von einem Tag auf den anderen Kriegsmaterialien produzieren. Aus den Reichen presste man Unsummen heraus, um den Krieg, der wieder vor der Tür stand, zu finanzieren.

Schließlich hatte Frankreich 500.000 Mann unter Waffen stehen. Die alten Generäle wurden eingekerkert und junge, revolutionstreue Generäle befördert. Katholiken, Royalisten und Bürgerliche lebten nun in Angst und Schrecken wie nie zuvor. Als Marie Antoinette, die Königin, nun nur noch die *Witwe Capet* genannt, versuchte zu fliehen, wurde sie gefasst, verhört, gedemütigt, verurteilt und unter die Guillotine gelegt.

Spätestens von diesem Zeitpunkt an rasten die Henker. Erneut wurde Jagd auf Adlige gemacht. Plötzlich stand die Guillotine nicht mehr still. Selbst der Herzog von Orléans, der eine so entscheidende Rolle bei der Revolution gespielt und sich immer auf Seiten der Radikalen geschlagen hatte, wurde unters Henkersbeil gelegt, denn in seinen Adern floss das Blut von Königen - man konnte seiner angeblich nicht sicher sein.

Katholikenrevolten wurden unterdrückt und Priester, Kaufleute und Beamte reihenweise umgebracht. Ein gewisser Joseph Fouché, eine Giftspritze, ein Hetzer und Mörder, raste in Lyon und errichtete hier eine eigene Terrorherrschaft. Insgesamt forderte der Terror in Paris 2.700, in ganz Frankreich rund 30.000 Todesopfer. Ein neuer Religionskrieg erblickte darüber hinaus das Licht der Welt. Der neue General Kléber schlug ihn nieder. Er kostete eine halbe Million Menschenleben. Der Hass gegen die Religion flackerte erneut an allen Ecken und Enden auf, überall wurden Kleriker nun zur Heirat gezwungen, Kreuze und Heiligenstatuen zerschlagen und kirchliche Gold- und Silbergefäße konfisziert. Kirchen mussten schließen. Frankreich wurde in ein Bad von Blut getaucht und die Angst und der Schrecken krochen in jede Hütte.

Außenpolitisch errang der radikalisierte Wohlfahrtsausschuss dabei einen Sieg nach dem anderen. Im Osten und Süden schlugen die neuen Generäle nun den Feind an verschiedenen Fronten, im Süden eroberte ein gewisser Napoleon Toulon zurück.

Aber im Innern blühte das Verbrechen. Schlägerbanden machten die Straßen unsicher. Die Preise für Lebensmittel stiegen erneut ins Uferlose. Die Arbeitslosigkeit nahm zu und die Ordnung in den Städten ab. Jeder, der über ein Zipfelchen Macht verfügte, beäugte argwöhnisch sogar seine „Freunde", denn die Guillotine fiel allzu sorglos und schnell über die angeblichen „Feinde der Republik". Schon ein einziges falsches Wort konnte den Tod bedeuten.

DIE REVOLUTION FRISST IHRE KINDER

Robespierre, der sich mehr und mehr zum ersten Mann des Wohlfahrtsausschusses gemausert hatte, der Schlächter und Henker der „Linken", ein Massenmörder, der sich aber stets geschickt tarnte und nie versäumte, im Gewand des „Unbestechlichen" aufzutreten, erlitt schließlich genau jenes Schicksal, das er so vielen anderen bereitet hatte. Sein Untergang setzte ein, als er in seinem Wahn annahm, dass ihn seine eigenen Freunde, einschließlich Danton, der bislang immer an seiner Seite gestanden hatte, stürzen wollten, denn Danton forderte ein Ende des Mordens, für das in letzter Konsequenz Robespierre verantwortlich zeichnete. Doch mit Hilfe Saint-Justs, der ihm sklavisch ergeben war, gelang es Robespierre, rasch ein Todesurteil gegen Danton zu erwirken und ihn noch rascher unter die Guillotine zu bringen. Alle Personen, die versucht hatten, die Macht des Wohlfahrtsausschusses und damit Robespierres Macht zu beschneiden, wurden ebenfalls in atemberaubender Geschwindigkeit getötet oder ausgeschaltet. Von allen Clubs regierte nun nur noch der Club der Jakobiner. Die Presse wurde jetzt scharf zensiert, ebenso die Theater. Robespierre war nun der allmächtige Mann im Staat – er wurde sogar zum Präsidenten des Nationalkonventes gewählt.
Gleichzeitig intensivierte er die Terrorherrschaft. Der „Große Terror" begann, der vom 10. Juni bis zum 27. Juli 1794 andauerte. Die Henker hatten nun alle Hände voll zu tun, jeden Tag wurde gemordet und guillotiniert. Die Angst kroch in alle Häuser und Hütten, man wagte nicht mehr, frei und offen zu sprechen. Das gesellschaftliche Leben erstarb. Selbst im Nationalkonvent wagte man es nicht mehr, den Mund aufzumachen – aus Furcht vor dem blutrünstigen Robespierre. Von 750 Abgeordneten erschienen nur noch 117 zu den Sitzungen, denn schon ein einziges falsches Wort konnte Robespierre erzürnen. Robiespierre, Saint Just und Couthon regierten nun Frankreich, in Wahrheit aber nur Robespierre, der düstere, humorlose Bluttrinker, der jedoch vorgab, alles nur zum Wohl des Volkes zu tun. Aber da passierte es. Als Robespierre einem seiner eigenen Gesellen, dem intriganten Fouché, dem Schlächter von Lyon ans Leder wollte, schlug dieser erbarmungslos zurück.

Fouché ließ heimlich eine Liste zirkulieren, auf der die Namen der Abgeordneten standen, die Robespierre angeblich in naher Zukunft erledigen wollte. Robespierre suchte sich in einer groß angelegten, aber unklugen Rede zu verteidigen, doch erstmalig wurde er im Konvent niedergeschrien, denn jeder fürchtete nun um seine eigene Haut. Robespierre wurde in Blitzgeschwindigkeit verhaftet und in Gewahrsam genommen. Der widerlichste Mörder der gesamten Französischen Revolution versuchte, sich rasch selbst das Leben zu nehmen, aber seine Hand zitterte, als er sich mit einem Gewehr in den Kopf schoss – die Kugel zerschmetterte nur seinen Kiefer. Als Maximilian Robespierre schließlich unter die Guillotine gelegt wurde, jubelte das Volk vor Begeisterung. „Nieder mit dem Maximum!", schrien viele, die aufgeregte Zuschauermenge konnte es kaum erwarten, ihn „verkürzt" zu sehen. Fenster , die zum *Place de la Concorde* führten, wo die Guillotine stand, waren zu Wucherpreisen vermietet worden, das Schauspiel durfte man sich nicht entgehen lassen. Als sein Kopf in den bereitstehenden Korb rollte, kannte die Begeisterung keine Grenzen. Jedermann in Paris und in ganz Frankreich wusste, dass die Zeit der Terrorherrschaft und des Schreckens vorbei war.

Nun kam es, wie es kommen musste: Die Freunde Robespierres, die ihm so bereitwillig Handlangerdienste geleistet hatten, wurden ebenfalls „verkürzt". Die Jakobinerclubs wurden in ganz Frankreich geschlossen. Die „Linke" sah sich entmachtet und die „Rechte" ergriff wieder die Macht. Die Religion erlebte eine Wiederauferstehung. Jedem wurde erneut die Freiheit zugestanden, die Religion zu wählen, die ihm zusagte. Radikale Führer wurden deportiert, zum Teil in weit entfernte Kolonien. Viele „linke" Abgeordnete wurden nun unter die Guillotine gelegt. Überall massakrierte man die früheren Terroristen. Der „Weiße Terror" forderte jetzt seine Opfer. Mordfeste fanden in verschiedenen Städten Frankreichs statt. Die Bourgeoisie siegte erneut über das Proletariat, zumal sie sich rechtzeitig der Unterstützung der neuen Generäle versichert hatte.

Frankreich aber war inzwischen revolutionsmüde. Es war so müde, dass selbst royalistische Anwandlungen auf einmal wieder geduldet wurden, einige Stimmen riefen sogar nach einem neuen König. Rebellische Jugendliche fanden es schicker, sich promonarchistisch zu gebärden als revolutionär. Das Pendel schlug um.

Menschen waren plötzlich nicht mehr gleich, sondern nur noch gleich vor dem Gesetz. Eine neue Verfassung erblickte das Licht der Welt. Aber ein letztes Mal erhoben sich die Menschen gegen die neue Ordnung, diesmal Roya-

listen und Reiche, „Ultrarechte“ wenn man so will. 25.000 Bürger marschierten eines Tages in Richtung des Nationalkonventes, um ihre Rechte einzufordern. Ein gewisser Barras wurde mit der Verteidigung der Abgeordneten beauftragt. Barras wiederum rief Napoleon auf den Plan, der gerade arbeitslos in Paris weilte. Der kleine Korse organisierte Soldaten und Waffen und befahl den Aufständischen, auseinanderzugehen. Als niemand seinem Befehl Folge leistete, ließ er schießen. Rund 250 Rebellen fielen, der Rest floh.
Am 26. Oktober 1795 erklärte sich der Nationalkonvent für aufgelöst, und Napoleon Bonaparte begann seine spektakuläre Karriere. [9]

REVOLUTIONEN UND DIE FREIMAURERE

Wir können aus der Französischen Revolution mindestens sieben erregende Erkenntnisse gewinnen, was die Freimaurerei angeht:
Erstens: Von vielen Autoren wird heute zugegeben, dass die Freimaurerei auch bei dieser Revolution ihre Hand im Spiel hatte. Die geistige Vorarbeit wurde von Freimaurern geleistet – allen voran immer Voltaire. Schon er war ein *franc-maçon,* ein Freimaurer, aber er war eine durch und durch edle Gestalt, der sich in seinen Schriften für mehr Freiheit und eine höhere Gerechtigkeit einsetzte. Er segnete noch vor der Französischen Revolution das Zeitliche und hätte sie mit all ihren Schlächtereien zweifellos verdammt. Auch viele andere feinsinnige Geister, wie Friedrich Schiller, wandten sich angeekelt von dieser Revolution ab, als bekannt wurde, dass nur noch die Guillotine regierte.
Zweitens: Es gab innerhalb der französischen Maurerei unterschiedliche politische Glaubensbekenntnisse, die einander zum Teil völlig widersprachen. Diese Meinungsvielfalt scheint bis heute zu existieren. Das aber bedeutet: Die Freimaurerei kann nicht auf einen simplen gemeinsamen Nenner reduziert werden. Einig war man sich ehemals vielleicht in der Ablehnung der Monarchie, aber es gab zweifelsfrei auch Freimaurer, die bis zuletzt das Leben Ludwig XVI. retten wollten. Weiter war Friedrich der Große Freimaurer, wie wir bereits gehört haben – ein König! Die Freimaurerei bot verschiedenen Ansichten eine Heimat.
Drittens: Innerhalb der Freimaurerei bekämpfte man sich heftig. Es gab wechselseitige „Unterwanderungen“, man spionierte sich aus, einige Zeitgenossen waren Mitglieder in drei, vier, ja fünf verschiedenen Logen, die manchmal sogar in verschiedenen Ländern beheimatet waren. Es gab Neugründungen und Abspaltungen in reicher Zahl. Viele Logen kämpften um die „Vorherrschaft“

innerhalb des Maurertums und selbst innerhalb einzelner Logen balgte und bekriegte man sich wechselseitig. Großlogen versuchten immer wieder, die Freimaurerei auf ein gemeinsames Fundament zu stellen, aber das gelang bestenfalls für eine kurze Zeitspanne.

Die Freimaurerei ist bis heute nicht stromlinienförmig ausgerichtet.

Viertens: Die Revolution selbst, die von verschiedenen Freimaurer-Bünden initiiert worden war, fraß am Schluss ihre eigenen Kinder. Freimaurer töteten Freimaurer. Die Revolution entglitt den Freimaurern vollständig, sie entwickelte eine Eigendynamik.

Fünftens: Die Revolution scheiterte, am Schluss gelangte ein Diktator auf den Thron – Napoleon, der halb Europa verwüstete und für viele Millionen Tote verantwortlich zeichnete. Es handelte sich auch bei ihm um einen Schlächter und Massenmörder. Das ursprünglich angestrebte Ziel wurde nicht nur nicht erreicht, die Zustände verschlechterten sich sogar für ein halbes Jahrhundert.

Sechstens: Innerhalb der Maurerei befanden sich rabenschwarze Seelen, Teufel in Menschengestalt, zu denen zum Beispiel Robespierre zählte, der „fleischgewordene Luzifer", aber auch Mörder wie Danton und Marat. Die Freimaurerei verabsäumte es bis heute, sich von solchen Gestalten zu distanzieren.

Siebtens: Am wichtigsten ist freilich der Umstand, dass zumindest Teile der Freimaurerei Revolutionen offenbar begrüßt hatten, ja Revolutionen bis heute gutheißen. Revolutionen, Rebellionen, Coup d'États und Umsturzversuche waren und sind ihrer Meinung nach legitime Mittel, um am Schluss Verbesserungen herbeizuführen. Das heißt, im Rahmen der Freimaurerei gibt es eine Strömung, innerhalb der man Revolution immer noch als Mittel betrachtet, um einen unerwünschten Zustand zu beenden und bessere Konditionen zu schaffen. Das Motto lautet: Der Zweck heiligt die Mittel.

Was ist dazu zu kommentieren?

Nun, die Französische Revolution beweist ohne Wenn und Aber, dass blutige Revolutionen das schändlichste, verabscheuungswürdigeste Instrument sind, das man sich vorstellen kann. Bluttrinker und Massenmörder hielten zuletzt das Zepter in der Hand. Und noch einmal: die Revolution scheiterte vollständig.

Das bedeutet: Mittel entheiligen immer den Zweck, wir haben bereits darauf aufmerksam gemacht.

Längst existiert ein Zweig innerhalb der Geschichtswissenschaft, der sich nur und ausschließlich mit Revolutionen und ihren Auswirkungen befasst. Aufgrund des begrenzten Umfanges dieses Buches können wir nicht 101 Revolutionen analysieren und sezieren. Aber immerhin so viel: Wissenschaft selbst hat inzwischen etabliert, dass Evolutionen, nicht Revolutionen das probate Mittel sind, um Fortschritte für die Menschheit zu erzielen.

Revolutionen führen zu schrecklichen Blutbädern und verbessern Situationen selten oder nie. Morde disqualifizieren angebliche „Weltverbesserer" sofort. Die barbarischen Schlächtereien der Französischen Revolution sprechen ihre eigene Sprache. Diese Revolution mag als Prototyp gelten für all die zahlreichen anderen „Revolutionen" und „Coup d'États", die nur Elend, Hungersnot sowie Mord und Totschlag nach sich zogen.

Und so muss man über den Zweig der Freimaurerei, der sich des Mordes und des Massenmordes bedient, der Schlächterei und des Krieges, vollständig den Stab brechen.

Wenn ein Freimaurer der Revolution (und damit dem Massenmord) das Wort redet, handelt es sich *immer* um einen Kriminellen, wie raffiniert er sich auch tarnen mag und wie rhetorisch geschickt er auch argumentiert.

Dieses Statement gilt nicht nur für die Maurerei, sondern für jeden Hetzer und Demagogen.

Das ist die wahre Lehre der Französischen Revolution.

DIE SCHWARZE HAND

Kehren wir nun einigermaßen angewidert von all diesen Blutbädern wieder zurück zu der Geschichte der Freimaurerei, die wir allenfalls schlaglichtartig aufzeigen können.

Das 19. Jahrhundert wurde völlig verdunkelt durch Napoleon, der sich schließlich jedoch selbst besiegte, als er in seinem Größenwahn nach Russland marschierte.

Unter der Decke jedoch blühte nach wie vor die Freimaurerei. Nach der Napoleonischen Ära gewannen die Bünde wieder mehr Einfluss. Das freie Denken und verschiedene Wissenschaften führten zu neuen Höhen.

Das 19. Jahrhundert und das beginnende 20. Jahrhundert sahen deshalb unvorstellbare Fortschritte, denken wir nur an das Auto, das Flugzeug sowie die Nutzung der Elektrizität und des Magnetismus. Aber das 20. Jahrhundert wurde schließlich zurückgeworfen durch enorme Rückschritte, man denke nur an den Faschismus und den Kommunismus, an Hitler und Stalin.

Im 20. Jahrhundert gab es nach wie vor zahlreiche Maurerbünde, manchmal waren die Vokabeln „Freimaurer" und „Geheimbund" geradezu austauschbar.

Anfang des 20. Jahrhunderts bildete sich ein furchtbarer Geheimbund, der zumindest mitschuldig zu sprechen ist an einem Krieg, der 10 Millionen Menschen das Leben kostete.

Wir alle wissen, dass der österreichische Thronfolger Franz Ferdinand und seine Gattin damals von Serben ermordet wurden, was den bis dahin entsetzlichsten aller Kriege auslöste, den Ersten Weltkrieg.

Aber wer war dafür verantwortlich?

Nun, bekannt ist inzwischen, dass die Engländer, die die Meere beherrschten, versuchten, mit allen Mitteln zu verhindern, dass Deutschland aufholte, was den Schiffsbau und die Schifffahrt anging.

Doch noch einmal: WER löste diesen barbarischen Krieg aus?

Mitglieder der *Schwarzen Hand.* Es handelte sich dabei um einen serbischen Geheimbund, die sich aus nationalistisch gesinnten Offizieren zusammensetzte. Sie zeichneten für den Mord an dem österreichischen Thronfolger verantwortlich, was eine entsetzliche Kettenreaktion auslöste: Österreich trat in den Krieg ein und Serbien und danach Deutschland, Russland, Frankreich und England.

Wer verbarg sich hinter der *Schwarzen Hand*? Und was waren die Intentionen des Geheimbundes? Mit terroristischen Mitteln kämpfte dieser Bund für ein selbstständiges, unabhängiges Großserbien. Die Offiziere versuchten, sich von Österreich abzunabeln.

Das Mittel des Mordes hieß man innerhalb der *Schwarzen Hand* gut, gleichgültig, ob er mit Granaten und Gewehren ausgeführt wurde, mit dem Dolch oder mit Gift. Der Führer des Bundes war ein gewisser Dragutin Dimitrijevic, sein Geheimname und Logenname lautete *Apis,* der ihm vielleicht wegen seines Stiernackens verliehen worden war, denn Apis war der Name des ägyptischen Stiergottes.

Es handelte sich um einen … Freimaurer – behaupten jedenfalls einige Verschwörungstheoretiker. Der Geheimbund verfügte diktatorisch über das Leben und das Vermögen seiner Mitglieder. Die Führung der *Schwarzen Hand* verhängte in selbstherrlicher Willkür die Todesstrafe über Zeitgenossen, die ihrer Politik im Weg standen. Und so traf es auch den österreichischen Thronfolger und seine Gattin.

Mit Dragutin Dimitrijevic war Robespierre wieder von den Toten auferstanden. Er befahl und andere führten die Schmutzarbeit aus – fanatisierte Mitglieder der *Schwarzen Hand.* Die Mitglieder kannten einander nicht, nur über Kontaktleute kommunizierte man untereinander.

Bedingungsloser Gehorsam wurde eingefordert, Geheimnisse eifersüchtig gehütet.
Wenn man der *Schwarzen Hand* beitreten wollte, lautete der Aufnahmeschwur:

„Ich, der ich in die Organisation „Vereinigung oder Tod" eintrete, schwöre bei der Sonne, die mich erwärmt, bei der Erde, die mich ernährt, vor Gott, beim Blut meiner Väter, bei meiner Ehre und bei meinem Leben, dass ich von diesem Augenblick an bis zu meinem Tode die Satzung dieser Organisation treu befolgen und stets bereit sein werde, ihr alle Opfer zu bringen.
Ich schwöre vor Gott, bei meiner Ehre und bei meinem Leben, dass ich allen Weisungen und Befehlen widerspruchslos folgen werde.
Ich schwöre vor Gott, bei meiner Ehre und bei meinem Leben, dass ich alle Geheimnisse dieser Organisation mit ins Grab nehmen werde.
Mögen Gott und meine Kameraden in dieser Organisation über mich zu Gericht sitzen, wenn ich wissentlich diesen Eid breche oder umgehe." [11]

Die *Schwarze Hand* führte verschiedene Attentate aus, aber der Mord an dem österreichischen Thronfolger zeitigte die furchtbarsten Folgen. Und so wurde der Erste Weltkrieg ausgelöst, der immerhin 10 Millionen Menschen das Leben kostete, wiederholen wir die Zahl noch einmal.
Es hilft wenig, wenn man erfährt, dass der stiernackige *Apis*, der seine Karriere als Chef der Abwehr des serbischen Geheimdienstes begonnen hatte, in einem Schauprozess später zum Tode verurteilt und erschossen wurde.
Wieder einmal bewies die Geschichte selbst, dass ein feiger Mord keine Lösung für ein Problem zur Verfügung stellt, sondern eine Situation nur dramatisch verschlechtert. In diesem Fall führte das Attentat sogar in den schwärzesten aller Abgründe.

DIE NAZIS UND DIE FREIMAUREREI

Als im 20. Jahrhundert am Horizont der Faschismus heraufdämmerte, schien es das Ende der Freimaurerei einzuläuten. Ein Mann wie Hitler wusste, wie man „Macht" erringen und zementieren konnte. Deutschland wurde unter seinem Diktat völlig umgemodelt. Hitler ließ alle wichtigen politischen, polizeilichen, geheimdienstlichen und militärischen Posten mit seinen Nazi-Schergen besetzen und brachte auf diese Weise einen ganzen Staat unter seine Knute.

Aber er und seine Nationalsozialisten taten mehr:

- Die Jugend wurde „umerzogen", indem man sie in die „Hitlerjugend" drängte, wo man sie entsprechend indoktrinierte.
- Studenten fanden sich wieder im „NS Deutscher Studentenbund".
- Gewerkschaften unterstellten sich Hitler freiwillig in der „Deutschen Arbeiterfront" oder wurden aufgelöst.
- Frauen organisierte man in der „NS-Frauenschaft".
- Die Presse wurde „gleichgeschaltet" und einer nationalsozialistischen Kontrolle unterstellt.
- Künstler, Schriftsteller und Gelehrte, die aufmuckten, wurden aus dem Land geekelt, sprich zur Auswanderung gezwungen oder verschwanden in Konzentrationslagern. Die Jasager organisierte man in der „Reichskulturkammer".
- Wissenschaftler wurden entlassen, wenn sie nicht mit den Nazis im Gleichschritt marschierten. Nur wenige Wissenschaftler bekleckerten sich mit Ruhm, was den Widerstand anging. Die meisten traten dem „NS Deutscher Dozentenbund" bei.
- Die Bauern wurden in einer monopolistischen Organisation zusammengefasst.
- Es gab sogar einen Nationalsozialistischen Kraftfahrerkorps.
- Die Städte wurden ihrer freien Selbstverwaltung beraubt, wichtige Posten nur noch von der Partei vergeben, der NSDAP.
- Die Kirchen suchten sich zunächst zu arrangieren und biederten sich an, nur einige wenige Priester leisteten Widerstand; im Allgemeinen vereinnahmte oder entmachtete man die beiden großen christlichen Konfessionen.
- Die Banken und die Wirtschaft wurden von den Nazis ebenfalls geschluckt, aber viele Wirtschaftsführer und Großfinanziers suchten auch liebdienerisch, geschmeidig und biegsam die Kooperation mit den Nazis, wie etwa die „Deutsche Bank", worüber Hans Magnus Enzensberger (nach 1945) so ausführlich berichtete. [11]
- Die Freimaurerei wurde ebenfalls unterdrückt und offiziell abgeschafft.

Der Widerstand der Freimaurer gegen die Nazis gereicht ihnen noch heute zur Ehre. Ja, Hitler wusste, wie man ein ganzes Land in die Tasche steckte. Aber spätestens nach dem „Tausendjährigen Reich", das gerade einmal 12 Jahre lang währte, als also die Nazis von der Bildfläche verschwanden, schlug erneut die große Stunde der Freimaurerei.

VERTRAULICH! DER WAHRE EINFLUSS DER FREIMAUREREI

Der wahre Einfluss der Freimaurerei ist bis heute (!) im Rahmen der gängigen Geschichtswissenschaft nicht wirklich aufgearbeitet worden, so wie auch etwa der Einfluss der Geheimdienste dieser Welt nie objektiv wissenschaftlich gesichtet und ausgewertet wurde. Der Grund ist hie wie da der gleiche: Eine der Tugenden eines Geheimbundes oder eines Geheimdienstes besteht darin, Spuren sorgfältig zu verwischen. Es gibt ein eigenständiges „Desinformations-Know-how", wie das im Rahmen des KGB, des ehemaligen sowjetischen Geheimdienstes, genannt wurde – wir haben in der Einleitung dieses Buches bereits darauf aufmerksam gemacht. Wer könnte sich also anmaßen, über alle Einflüsse der Freimaurerei Auskunft geben zu können?

Wiederholen wir zunächst noch einmal:

Die *Französische Revolution* (1789), vielleicht das wichtigste Ereignis der Neuen Geschichte, die das gesamte Leben in Europa umkrempelte, wurde von Freimaurer-Bünden zumindest teilweise mitinitiiert und später vorangetrieben. Lafayette, Mirabeau, Marat und viele andere Revolutionäre, Drahtzieher der Französischen Revolution, waren zweifelsfrei Freimaurer, aber auch Voltaire etwa und Montesquieu sowie andere Vordenker eben dieser Revolution, wenn sie auch für die blutigen Morde nicht schuldig zu sprechen sind.

Auch die Entstehung der Vereinigten Staaten von Amerika ist nicht denkbar ohne den Einfluss der Freimaurerei. George Washington und andere Gründungsväter waren Freimaurer – und später zahlreiche weitere Präsidenten der USA, wie James Monroe, Andrew Jackson, James Buchanan, Abraham Lincoln, Theodore Roosevelt, Franklin D. Roosevelt, Harry S. Truman und Gerald Ford. Auch diesen Umstand haben wir bereits erwähnt. Die Liste ist natürlich nicht vollständig. Bis in die Gegenwart hinein wurden die USA von der Freimaurerei geprägt, Mitgliedschaften wichtiger Persönlichkeiten werden manchmal erst nach deren Tod zugegeben.

Im *18. Jahrhundert* gab es praktisch keinen einzigen Königsthron in Europa, auf dem nicht ein Freimaurer saß (oder hinter dem als „Erster Berater" und als „Graue Eminenz" ein Freimaurer stand). Das bestätigte selbst der relativ zurückhaltende Historiker Will Durant, seines Zeichens vielleicht die Nr. 1 aller Geschichtswissenschaftler in den USA.

Englische Könige waren Freimaurer (Eduard VIII. und Georg VI. zum Beispiel), sowie Könige von Belgien, Könige von Schweden, Zaren von Russland, österreichische Kaiser, deutsche Könige und Kaiser, Könige von Dänemark, Griechenland und Frankreich. Selbst Napoleon war Freimaurer. Doch auch

Könige von Spanien, Polen und Holland gehörten diesem Geheimbund an. Der (beweisbare) Einfluss der Freimaurerei reicht bis in die Gegenwart: Viele bedeutende Staatsmänner waren darüber hinaus Freimaurer: Stresemann, Winston Churchill, Tschiang Kai-scheck, der große türkische Staatsmann Kemal Pascha Atatürk, Yoshida (ein ehemaliger Ministerpräsident Japans), sie alle, alle gehörten diesem Geheimbund an. Die Liste ist schier endlos.

Man wäre mit vollständiger Blindheit geschlagen und ein Kind unverzeihlicher Naivität, wenn man also den *politischen* Charakter der Freimaurerei und ihren *weltweiten Einfluss* leugnen würde.

Aber wo, so muss man fragen, ist die Freimaurerei heute besonders politisch aktiv?

DER GEHEIMBUND IN DER GEGENWART

Am stärksten ist die Freimaurerei vertreten in den USA (rund 5 Millionen Mitglieder) und in England (rund 1 Million Mitglieder). Die Logen in Kanada zählen 250.000 Mitglieder, die Logen in Frankreich und Neuseeland je 50.000. In Deutschland gibt es offiziell 20.000 Freimaurer, in Kuba 26.000 und in Schweden 25.000. Hier liegen also die Hauptzentren. [12]

Aber es gibt auch Logen in Norwegen, Schweden, Dänemark, auf den Philippinen, in Tasmanien, Indien, Italien, Griechenland, Argentinien, Japan, in der Schweiz, in Israel, in den Niederlanden, in Finnland, auf Island, in Chile, in der Türkei, in China (Taiwan) und in Österreich. Ferner gibt es Großlogen in Mexiko, Brasilien und Belgien. Was diese verschiedenen Geheimbünde aktiv im politischen Raum unternehmen, kann man aufgrund der Vergangenheit hochrechnen, beweisen kann man nichts.

Dennoch darf man aufgrund der Geschichte, die wir zumindest punktuell ausführlich dargestellt haben, seine Schlüsse ziehen.

Wie also muss man über die Freimaurerei insgesamt urteilen?

VORLÄUFIGES FAZIT

Es mag den Leser überraschen, aber wir verurteilen die Freimaurerei nicht insgesamt. Hierfür gibt es wenigstens zwei gute Gründe: Zum einen ist das Maurertum heute so weit verbreitet, dass kein Mensch der Welt, bestimmt nicht ein einzelner Autor von sich behaupten kann, dass er überall seriös nachrecherchieren kann, was Sache ist. Es ist nach wie vor schwierig, wenn nicht unmöglich, sich ein unvoreingenommenes Urteil zu bilden.

Zum Zweiten gibt es unserer Erfahrung nach in jeder Gruppierung schwarze und weiße Schafe. Es ist nicht auszuschließen, dass die überwiegende Mehrheit der Freimaurer durchaus noble, vornehme Ziele verfolgt. Grundsätzlich ging es den Freimaurern darum, Zustände zu verbessern, vergessen wir das nie.

Ja, zugegeben, viele Freimaurer traten auch den einzelnen Logen nur bei, um persönliche Vorteile zu ergattern und sich mit einem hübschen Pöstchen und einer schönen Pension zu versorgen. Sie suchten und suchen Einfluss. Aber es gibt auch zahlreiche Anzeichen, dass Freimaurerclubs oder ihre „Front-Gruppen", deren Hintermänner ebenfalls oft unsichtbar bleiben, darauf hinarbeiten, Zustände ehrlich zu verbessern.

Es ist immer primitiv, eine ganze Bewegung zu verdammen, ohne zu differenzieren.

Der wilde Hass, der den Freimaurern entgegenschlug und teilweise noch immer entgegenschlägt, ist aufgrund des Gegensatzes zu den christlichen Kirchen und zu anderen (politischen) Weltanschauungen verständlich und nachvollziehbar.

Übernehmen kann man solche Vorurteile jedoch nicht.

Als die Maurer im 18. Jahrhundert das Denken auf ein höheres Niveau führten, als sie die Menschen vom Aberglauben befreiten, als sie das dumme Geschwätz von der „göttlichen Vorsehung" als Unsinn enttarnten und die Lügen der Bibel entlarvten, trugen sie dazu bei, dass eine Wissensexplosion stattfand, von der wir noch heute zehren.

Sie vergaßen vielleicht, dass Religionen im Allgemeinen und das Christentum im Speziellen auch sehr viel Gutes bewirkt hatten: Christliche Mönche hatten einstmals den barbarischen Germanen lesen und schreiben beigebracht, Schulen gegründet und die Zivilisation auf ein höheres Niveau geführt. Christliche Nonnen hatten sich aufopferungsvoll um Kranke und Arme gekümmert und die Schwachen, Waisen und Witwen getröstet. Religiöse Gebote hatten geholfen, dass Millionen von Menschen Sünden vermieden und Gutes taten. Darüber hinaus wurde das Gebot der Nächstenliebe nie von einem anderen Gebot übertroffen.

Die Freimaurer vergaßen, in einem geschichtlichen Kontext gedacht, dass der Buddhismus einst halb Asien zivilisiert hatte und das Christentum halb Europa.

Sie vergaßen, dass Religionen gewöhnlich einen Ordnungsrahmen zur Verfügung stellen, der das Zusammenleben erleichtert und das Chaos vermeiden hilft. Religionen förderten Integrität und Ethik und wenn auch viele religiösen Gesetze und Regeln heute überzogen wirken und veraltet sind, so kann man die grundsätzlich gute Absicht nicht in Abrede stellen.

Und so verwundert es nicht, dass die „Herrschaft der Vernunft" zunächst in ein erstaunliches 19. Jahrhundert einmündete, daraufhin aber in ein furchtbares 20. Jahrhundert, dessen Grausamkeiten von keinem anderen Jahrhundert je übertroffen wurden.

Dennoch war es richtig, mutig und ehrenwert, sich von den Fesseln eines Teils des Christentums zu befreien, jenes Teils, der längst dabei war, im Aberglauben zu ersticken.

DIE FEHLER DER FREIMAURER

Die Fehler und Sünden der Freimaurerei darf man jedoch ebenfalls nicht ignorieren.

Die Geschichte der Rosenkreuzer beweist, dass der Aberglauben auch im Rahmen der Freimaurerei Einzug hielt und Hochstaplern und Heuchlern, Scharlatanen und Schwindlern einen Rahmen gab, Zeitgenossen aufs Glatteis zu führen.

Denken wir nur noch einmal an den Grafen von Saint Germain, der eine ganze Welt einseifte, sowie an die Hokuspokus-Séancen, mit denen selbst Könige an der Nase herumgeführt wurden. Vergessen wir weiter nie das Geschwätz von einem „unbekannten, hohen Führer", der angeblich „hinter" einigen Logen stand (Weishaupt und die Illuminaten lassen grüßen, aber auch von Hund, der Gründer der Loge der *Strengen Observanz*). Gott, wie wurden auch im Falle der Freimaurerei die Menschen belogen und für dumm verkauft!

Die ehrenwertesten, nobelsten Vertreter des Maurertums ließen es sich dagegen angelegen sein, die Vernunft walten zu lassen. Aber Schurken und Schufte sorgten eifrig dafür, dass das Freimaurertum teilweise in noch wilderem Aberglauben versank, als es zuvor die Religion fertiggebracht hatte.

Ferner darf man nicht vergessen, dass im Rahmen der Freimaurerei die übelsten Gestalten zu Macht und Ansehen gelangten. Wenn es ausgemachte Lotterbuben auf dem Papstthron gab, so muss man auch festhalten dürfen, dass einige sondermaßen begabte Intriganten und Mörder auf den Maurer-Stühlen der Meister Platz nahmen.

Denken wir noch einmal an die Französische Revolution sowie an die Loge P2.

Schwarzes politisches Know-how, wie wir das genannt haben, wurde im Rahmen vieler Logen angewendet. In dem Augenblick, da einige „Großmeister“ von ihrer eigenen Macht- und Geldgier aufgefressen wurden, läutete das den Anfang vom Ende ein. Einige Logenmeister sanken in moralischer Hinsicht so tief herab, dass keine Schandworte ausreichen, um ihre schwarzen Seelen ausreichend zu beschreiben.

Die Freimaurerei muss sich also vorwerfen lassen, in ihren eigenen Reihen in zu geringem Ausmaß für Ordnung, Ethik und Integrität gesorgt zu haben. Ihr Ruf litt unter diesem Versäumnis buchstäblich Jahrhunderte lang. Blutbäder und Revolutionen, die im Namen der Freimaurerei stattfanden, diskreditierten diese Bewegung zeitweise vollständig.

Auch für die heimliche Unterwanderung des Staates können wir keine Sympathie aufbringen. Sie ist zumindest ein zweischneidiges Schwert. Die Unterwanderung ist nicht nur undemokratisch, sondern sie stellt zudem eine enorme Gefahr für einen Geheimbund dar. Erblickt die Tatsache der Unterwanderung das Licht der Welt, können die Mitglieder mit hohen Strafen seitens des Staates rechnen, seitens der Maurerei werden Verräter mit einem kleinen Stich in den Rücken in einer dunklen Straßenecke belohnt.

Wir sind nicht so naiv, anzunehmen, dass nicht auch heute noch viele Freimaurer-Bünde versuchen, Staaten systematisch zu vereinnahmen – der Geist Weishaupts geht noch immer um, er spukt ungehemmt in vielen Freimaurerköpfen. In einigen Staaten haben Freimaurer-Bünde ihr Ziel längst erreicht, wie etwa in Mexiko, wo kein einziger Präsident der letzten Jahrzehnte nicht gleichzeitig auch Freimaurer war, gleichgültig welcher Partei er angehörte. Aber die Gefahr der Entdeckung schwebt stets wie ein Damoklesschwert über einer „geheimen Großloge“, die einen ganzen Staat in ihrer Klaue hält. Sich den Staat auf ungesetzliche Art und Weise zur Beute zu machen, ist nach wie vor kein Kavaliersdelikt, sondern Landesverrat.

Im politischen Raum gibt es dennoch heute keinen mächtigeren Geheimbund als die Freimaurer, jede andere Sicht der Dinge wäre einfältig. Natürlich sind einflussreiche Freimaurerbünde stets mit allen möglichen Meinungsführern verbandelt, wie wir am Beispiel der P2 sehr schön studieren konnten.

Wenn in einem Geheimbund hohe Offiziere versammelt sind sowie Geheimdienstchefs und Spitzenbankiers, ganz zu schweigen von Top-Politikern,

so existieren ganze Netzwerke, in deren Rahmen sich selbstverständlich die Bälle zugespielt werden. Je mächtiger solche Netzwerke sind, umso schwerer kann man die Fäden zerreißen, speziell wenn an der Spitze des Staates die „Rechten" und die „Linken" einen Pakt eingehen. Politische Überzeugungen werden in diesem Fall rasch über Bord geworfen, während gemeinsame freimaurerische Treueschwüre alles bedeuten.
Persönlich sind wir überzeugt, dass eben diese Netzwerke in vielen Ländern existieren und über eine erstaunliche Macht verfügen, vor allem in den USA, England, Kanada und Frankreich. Aber auch weltweit verfügt die Freimaurerei über die besten Kontakte, jede andere Annahme würde bedeuten, dass man das Menschengeschlecht nicht kennt und die Geschichte der P2 nicht studiert hat.
Kein Historiker hat jedoch alle diese Bünde je vollständig ausgelotet, kein Wissenschaftler je aufgedeckt und kein Autor vollständig beschrieben. Den Grund haben wir bereits genannt: Es handelt sich um „Geheimbünde".
Wie kann man sich jedoch trotz all dieser Geheimniskrämerei ein vernünftiges Urteil bilden?

ENDGÜLTIGES FAZIT

Nun, festgehalten werden muss der Gerechtigkeit halber auch, dass Freimaurer mitunter lobenswerte politische Ziele, wie Freiheit und Gleichheit, förderten, erlauben Sie uns die Wiederholung. Sie förderten weiter Wissen und Wissenschaft, Know-how und Kultur und waren und sind teilweise karitativ tätig. Die Entdecker Robert Scott und Ronald Amundsen waren Freimaurer, aber auch der Flieger Charles Lindbergh und der Astronaut Gordon Cooper. Einige Freimaurer erhielten Friedensnobelpreise. Der kluge Benjamin Franklin war Freimaurer, aber auch Mozart, Haydn, Liszt, Puccini, Fichte, Wieland, wahrscheinlich Lessing und immer wieder Goethe. Edle Gestalten, ohne Ausnahme! Oscar Wilde, Jonathan Swift, Mark Twain und Alexander Puschkin, sowie andere berühmte, liebenswerte Griffel, die gleichzeitig auch Freimaurer waren, kämpften unaufhörlich für das Gute. Was aber bedeutet das?
Nun, grundsätzlich gilt es, zu differenzieren. „Die" Freimaurerei gibt es sicherlich nicht. Das wird auch erhärtet durch die Tatsache, dass sich einige Logen heute, wie schon ausgeführt, bis aufs Messer untereinander bekämpfen und dass sie durchaus keine einheitliche Politik verfolgen. In einigen Zirkeln der Freimaurerei werden unterschiedliche Ideale hochgehalten.

Wenn man also zu einem gerechten Urteil gelangen will, muss man immer die *Einzelpersönlichkeit* in Augenschein nehmen. Allein die Zugehörigkeit zu einem Freimaurer-Bund sollte nicht dazu dienen, Vorverurteilungen auszusprechen.

Dennoch gilt dies: Die Freimaurerei muss sich, wie jede andere Gruppierung auch, an den Werten messen lassen, die sie vertreten. Wenn Toleranz, Verständnis und Verstehen, Friede, Freiheit, Gleichheit vor dem Gesetz und das Recht, nach seiner eigenen Fasson selig zu werden, hochgehalten werden, kann man nichts gegen die Freimaurerei einwenden. Wenn die Mittel der Gewalt, des Krieges, des Mordes, der Täuschung und der Revolution eingesetzt werden, ist sie verächtlich und verbrecherisch. Die Freimaurerei steht also keineswegs über den „ewigen Werten". In diesem Sinne urteilt die Freimaurerei mit jeder ihrer Taten jeden Tag über sich selbst.

WARUM DIESES BUCH GESCHRIEBEN WERDEN MUSSTE ODER GEHEIMNIS ENTHÜLLT

Damit sind wir am Ende angelangt. Fast. Aber es fehlt noch eine letzte wichtige Botschaft, die wahrscheinlich bedeutsamer ist als alle Geheimbündeleien, denen wir auf den vorangegangen Seiten begegnet sind.
Doch zunächst: Warum wurden in dieses vorliegende Buch nicht weitere Geheimbünde aufgenommen? Was ist mit dem Geheimbund *Skull and Bones*? Was mit den *Bilderbergern*? Und was mit den *Rockefellern*?
Definieren wir zunächst die Begriffe.

SKULL AND BONES

Bei den *Skull and Bones* (engl. „Schädel und Knochen") handelt es sich um eine Studentenverbindung der *Yale University.* Die Yale University befindet sich hoch im Norden der USA, an der Ostküste, in der Stadt New Haven („Neuer Hafen"), sie verfügt über eine ausgezeichnete Reputation. Es handelt sich um eine der renommiertesten Universitäten der Welt, eine Eliteuniversität , die mit einem zweistelligen Milliarden-Dollar-Stiftungskapital ausgestattet ist. Es ist wahr, dass drei Präsidenten der USA diese University besuchten – unter anderem George Herbert Bush. Sie alle waren in ihrer Studentenzeit auch Mitglieder der *Skull and Bones.*
Andere Namen dieser Studentenverbindung lauten: *The Order of Death* (= „Todesorden"), *Loge 322* und *Eulogian Club.* Einem Gerücht zufolge verehren die Bonesmen eine griechische Göttin namens *Eulogia,* die ein Symbol der Redekunst oder Rhetorik darstellt. Der Wahrheit entspricht es auf jeden Fall, dass die Bonesman und Yale-Absolventen rhetorisch bestens ausgebildet sind, sie können exzellent debattieren und Vorträge halten. Der Studentenbund setzt sich wechselseitig für die Karrieren der Mitbrüder ein. Weiter waren und sind einige hochrangige CIA-Mitglieder Yale-Absolventen.
Soweit so gut! Es handelt sich also um eine Brutstätte für Karrieristen, wie das wohl jede Eliteuniversität ist. Einige Verschwörungstheoretiker nehmen jedoch an, dass es sich bei den *Skull and Bones* um eine Abordnung einer außerirdischen Rasse handelt, die reptilienartige Körper besitzen. Sie beabsichtigen angeblich, die Erde zu übernehmen. Um dieses Ziel zu erreichen, gingen sie einst mit alten, vornehmen, irdischen Adelsgeschlechtern eine (körperliche) Verbindung ein, um sich zu tarnen.

Unser Urteil? Zweifellos laufen in der Yale-Elite-Universität einige heiße Drähte zusammen, wer könnte das leugnen. Und dass Studentenvereinigungen dazu neigen, ihren Mitgliedern aufs Pferd zu helfen, was die Karriere angeht, ist eine Binsenweisheit – in den kleinsten deutschen Universitäten geschieht nichts anderes.

Den Spaß jedoch als eine Weltverschwörung darzustellen und gar eine Konnexion zu außerirdischen Reptilien zu behaupten, übersteigt unsere Toleranzkapazität.

Wahr ist lediglich, dass die „Großen Familien“ in den USA die Zügel fest in der Hand halten. Idealerweise ist man „weiß“, protestantisch und von englischer Abstammung, wenn es um Fragen der Macht geht, Ausnahmen bestätigen nur die Regel. Milliarden von Dollar, Unsummen, kurz das „Kapital“ ist in diesen „Großen Familien“ versammelt, zu denen selbstverständlich die Rockefellers gehören sowie verschiedene Großbankiers. Dass es Überschneidungen und Querverbindungen zu Eliteuniversitäten gibt, möglicherweise auch zum Freimaurertum, liegt auf der Hand. Allein der Name *Loge 322* lässt allerlei Vermutungen zu.

Mehr aber lässt sich nicht behaupten, wenn man seriös bleiben will.

DIE BILDERBERGER

Auch über die „Bilderberger“, eine Gruppe mit hochkarätigen Mitgliedern, ranken sich allerlei Gerüchte.

Benannt ist die Gruppierung nach dem *Hotel de Bilderberg*, einer Nobelherberge, die in einer Stadt in den Niederlanden aufzufinden ist, wo sich die Mitglieder einst trafen. Prinz Bernhard der Niederlande, ehemals der Vorsitzende der Gruppe, war der Inhaber dieses Hotels, der Name „Bilderberg“ wurde in der Folge für alle Mitglieder übernommen,

Um wen handelt es sich bei den Bilderbergern und was hat es mit ihren geheimnisvollen Treffen auf sich?

Die Zusammenkünfte der Bilderberger finden alljährlich an verschiedenen Orten statt. Dann treffen sich höchst einflussreiche Persönlichkeiten aus Politik, Wirtschaft, Militär (= NATO), Hochschulen, Medien und dem Adel zu einem privaten Stelldichein. Die Teilnehmer kommen aus den USA und Europa, mittlerweile auch aus anderen Erdteilen.

Offiziellen Verlautbarungen zufolge geht es den Bilderbergern lediglich darum, sich informell auszusprechen, Gesichtspunkte auszutauschen, Fragen der Weltwirtschaft zu erörtern und Probleme von internationaler Tragweite zu beleuchten. Tatsächlich zählen zu den Bilderbergern Superreiche, Premierminister, NATO-Generalsekretäre, Bundespräsidenten, Präsidenten internationaler Bankhäuser, Vorsitzende von Konzernen, Könige und Chefredakteure. Bemerkenswert: Zwei Drittel der Bilderberger zählen zur Finanzelite. Konkrete Namen, die durchsickerten: Rockefeller, Warburg, Walther Scheel, Henry Kissinger, Hilmar Kopper, Josef Ackermann und Helmut Schmidt.

Es gibt bei den Bilderbergern keine Abschluss-Verlautbarungen, keine offiziellen PR-Statements, die Inhalte dieser „privaten" Gespräche sind weitgehend unbekannt. Die Öffentlichkeit erfährt nichts oder wenig über diese Gespräche, sie unterliegen der Geheimhaltung.

Die Verschwörungstheorien, die sich um die Bilderberger ranken, sind deshalb zahlreich.

Die Vorstellung einer geheimen Weltregierung geistert ebenso durch die Literatur wie die Anklage, dass die Bilderberger für die Ölkrisen verantwortlich seien und die Irak-Kriege.

Was aber ist die Wahrheit?

Einige Kritiker monieren, dass die strikte Geheimhaltung demokratiefeindlich sei, und sie haben nicht Unrecht.

Doch zumindest wir persönlich können nicht seriös über die Bilderberger urteilen, es steht uns zu wenig handfestes Datenmaterial zur Verfügung, ein Grund, warum wir uns in diesem Buch nicht mit ihnen beschäftigt haben. Nachdenklich stimmt uns lediglich der Umstand, dass zwei Drittel der Teilnehmer der internationalen Bankszene und Finanzelite zuzurechnen sind. Anzunehmen, dass man sich in solch hochkarätigen Kreisen zum Kaffeeklatsch trifft, ist mit Sicherheit naiv. Aber mehr lässt sich nicht behaupten.

Die Geheimhaltungsmanie der Bilderberger selbst sorgt dafür, dass sich hundert Gerüchte und Verschwörungstheorien um diese Gruppierung ranken, denn ein Informationsvakuum tendiert immer dazu, dass es aufgefüllt wird.

ROCKEFELLER, ROTHSCHILD & CO

Was die mächtigsten und reichsten Familien der Welt angeht, die Rockefellers, die Rothschilds und die Warburgs unter anderem, sowie international operierende Bankiers, so gilt freilich, dass hier ebenfalls einiges im Argen liegt, um es zurückhaltend auszudrücken. Aber die Finanzmanipulationen auf Planet Erde sind ein eigenes Thema, sie lassen sich nicht mit ein paar dünnen Pinselstrichen darstellen. Nur so viel: Kein Geheimbund kann etwas bewirken, wenn nicht genügend Geld zur Verfügung steht. Was die harten Fakten angeht, so behalten wir die Ergebnisse einem späteren Buch vor. Doch kommen wir jetzt endlich zu der Kernbotschaft dieses Buches.

DIE WAHRE MACHT

Aufgrund des beträchtlichen Einflusses der Geheimbünde, die ganz zweifellos existieren, könnte man zu der Meinung gelangen, dass wir alle von großmächtigen Strippenziehern umgeben sind, die uns nach Strich und Faden manipulieren. Scheinbar wird hinter den Kulissen nach allen Regeln der Kunst gekungelt, wir dagegen sind lediglich das dumme, törichte Volk, das nichts erfährt und vor allem nichts ändern kann.

Verhält es sich so?

Nun, das genaue Gegenteil ist der Fall. Es ist richtig, dass Geheimbünde über sehr viel mehr Macht verfügen, als man es sich in seiner Schulweisheit träumen lässt, die Fakten sprechen ihre eigene Sprache. Aber genau diese Macht kann urplötzlich kollabieren. Die Geschichte kennt Hunderte von Fallbeispielen, die beweisen, wie schwächlich all diese Geheimbündelei ist, denn sobald ein Geheimnis auffliegt, löst sich alle „Macht" in Rauch auf.

Grundsätzlich sollten wir uns also nicht allzu sehr von all diesen Geheimgesellschaften beeindrucken lassen.

Geheimbünde üben jedoch manchmal eine „mentale" Wirkung auf uns aus, wie man das nennen könnte. Das Individuum glaubt schlussendlich, dass es nichts bewirken könne, es fühlt eine gewisse Ohnmacht. Es nimmt an, es könne nichts bewegen.

Doch die Wahrheit und nichts als die Wahrheit ist: *Nur* das Individuum kann etwas bewegen. Erinnern wir uns noch einmal an das historische Axiom, das wir etabliert haben:

Individuen, nicht Massen machen Geschichte.

Will man es anwenden, kommt es freilich darauf an, sich selbst „Macht" zuzugestehen. Man muss den *Entschluss* fassen, Einfluss zu nehmen. Wenn man sich in ein Schneckenhaus zurückzieht und die Welt als einen Kuchen betrachtet, dessen gute Stücke bereits verteilt worden sind, wenn man sich „im Geiste" von der Existenz „übermächtiger Finanziers" oder „gefährlicher Geheimbündler" ins Bockshorn jagen lässt, hat man bereits verloren.

Die Wahrheit lautet: Selbst eine Milliarde Dollar ist nichts im Verhältnis zu einem aktiven Individuum und sie ist nichts im Verhältnis zu einer einzigen brillanten Idee.

Die wahre Macht liegt also immer bei dem Individuum, sie liegt bei dem Zeitgenossen, der bereit ist, etwas zu unternehmen und zu verändern.

Allein die Existenz all dieser „Geheimbünde" suggeriert jedoch, dass unidentifizierbare Drahtzieher alle Karten in der Hand halten.

Genau das aber ist nicht der Fall. Zunächst gilt es, zu realisieren, dass wir eben *nicht* an allen Ecken und Enden von Verschwörungen umgeben sind. Noch einmal: Rund 80 % aller Verschwörungstheorien sind Humbug. Die meisten „Verschwörungstheorien" sind durch nichts zu beweisen und an den Haaren herbeigezogen.

Und jene Verschwörungstheorien, die Substanz besitzen? Nun, wie gesagt, Geheimbünde und Geheimgesellschaften überhaupt sind bei all ihrer Stärke *letztlich* sehr viel schwächer, als allgemein angenommen wird. Erinnern wir uns also auch noch einmal daran, wie schnell der Illuminatenchef Weishaupt in der Versenkung verschwand und sich zitternd vor Angst in einem Kamin verkroch. Vergessen wir nicht das Schicksal der Rosenkreuzer, die kalt abserviert wurden, als ihre Taschenspielertricks aufflogen. Auch Licio Gelli ergriff das Hasenpanier und tauchte schnell unter, als er bemerkte, dass es ihm ans Leder ging.

Das gleiche gilt für „Geheimdienste", die zwar nicht das Thema dieses Buches sind, aber ebenfalls genügend Anschauungsmaterial bieten, wie schwächlich all diese Geheimnistuerei ist. Der einst allmächtige rumänische Geheimdienst, die *Securitate,* Mörder vom Dienst, vor denen alle zitterten, musste sich in alle möglichen Mauselöcher verkriechen, als der Kommunismus stürzte und ihre Untaten das Licht der Welt erblickten.

Als die ehemalige DDR, die von einem riesigen Stasispitzelheer übersät war, zusammenbrach, versteckten sich die vormals „allmächtigen" Spione und Geheimdienstler wie Erdhörnchen. Das Volk selbst jagte die Stasi und mit ihr die gesamte DDR-Polit-Verbrecherbande zum Teufel, obwohl hinter der Deutschen Demokratischen Republik die scheinbar noch mächtigere UdSSR stand, der „allmächtige" KGB und ein riesiges russisches Heer. Aber eines Tages platzte die Sowjetunion wie ein zu weit aufgeblasener Ballon und fiel in sich zusammen.

Zurück zu unseren Geheimbünden. Im Allgemeinen wird unterschätzt, wie verletzlich viele Bünde in Wahrheit sind. Die Achillesferse jedes Geheimbundes ist die mangelnde Integrität seiner Mitglieder und das zwanghafte Versteckspiel. Vieles ist nur Show, Äußerlichkeit, Vortäuschung und Trickserei. Und noch einmal: Ein Geheimnis, einmal enthüllt, verliert sofort seine Macht. Die Geheimhaltung, ein so großer Vorteil bei einem Coup d'État, ist ein unglaublicher Nachteil bei der Verbreitung einer Idee. Bewegt sich ein Geheimbund zudem auf dem Boden der Illegalität, ist er gleich zweimal angreifbar.

Alle Geheimgesellschaften, die aufflogen, scheiterten letztlich an ihren eigenen Lügen und/oder der Tatsache, dass sie mit dem Gesetz in Konflikt gerieten.

Nichts schwächt außerdem einen Geheimbund mehr als der Umstand, dass selbst im Rahmen seiner Mitglieder manchmal Ziele nicht klar und offen ausgesprochen werden, wodurch man die eigenen Brüder verunsichert und nur mühsam neue Mitglieder gewinnt. Wenn Geheimbündler zudem noch untereinander uneinig sind, wenn sie sich bekämpfen und wenn keine Ethik- und keine Organisations-technologien existieren, sind all diese Bünde früher oder später zum Scheitern verurteilt.

Die größte Power, die es dagegen gibt, ist ein Individuum mit einer hohen Integrität, das fähig ist zu unverstellter, ehrlicher Kommunikation und sich durch brillante Ideen auszeichnet.

Insofern ist die wichtigste Botschaft dieses Buches, dass Sie sich nicht allzu sehr beeindrucken lassen sollten – von all den 101 Geheimbünden, die existieren.

Halten Sie also erstens nicht an allen Ecken und Enden nach „Geheimbünden“ und „Verschwörungen“ Ausschau. Das destabilisiert mental. Gebrauchen Sie Ihren eigenen gesunden Menschenverstand und entscheiden Sie selbst, ob hinter einem Ereignis ein „Geheimbund“ steckt oder nicht.

Und seien Sie zweitens nicht allzu sehr beeindruckt von den existierenden Geheimbünden.

Geheimbünde an sich sind eine Konstante in der Geschichte der Menschheit. Der Mensch ist verliebt in Geheimnisse. Geheimbünde gehören zum Menschen wie die Mäuse zum Speck. Der Mensch kommt offenbar nicht ohne Geheimnisse aus, er ist vernarrt in das Mysteriöse. Im Laufe der Geschichte gab es jedoch zahlreiche Geheimbünde, nach denen heute kein Hahn mehr kräht.

Die tatsächliche Macht selbst von real existierenden Geheimbünden ist nur dann überwältigend, wenn *Sie* ihnen Bedeutung in ihrem eigenen Kopf einräumen.

Jeder von uns kann etwas Großes, Anständiges und Bedeutsames bewirken, mit und ohne Geheimbund. *Über* der Macht eines Geheimbundes steht die Macht der Einzelpersönlichkeit.

Ihre Macht.

Das ist die wichtigste Lehre, die man aus der Existenz all dieser Geheimbünde ziehen kann.

LITERATURVERZEICHNIS

Die Anatomie des Geheimnisses

1 Vgl. Frank Fabian, Was aus 10.000 Jahren Geschichte lernen können, Suhl, 2016, S. 262

Tempelritter

1 Hans Wollschläger, Die bewaffneten Wallfahrten gegen Jerusalem, Zürich, ohne Zeitangabe, S. 140
2 Vgl. die Autoren Georges Tate, Walter Zöllner und Frank Fabian, Die geheim gehaltene Geschichte Deutschlands, München, 2016, S. 117 ff.
3 2. Buch Mose, 25, 10
4 Dieter H. Wolf, Internationales Templer Lexikon, Innsbruck, 2003, S. 232 ff.
5 Dieter H. Wolf, a. a. O., S. 107
6 Dieter H. Wolf, a. a. O., S. 232 ff., sowie Wikipedia, Stichwort „Templer“
7 Dieter H. Wolf, a. a. O., S. 197
8 Dieter Wolf, a. a. O., S. 65
9 Dieter Wolf, a. a. O., S. 66 und S. 94 f.
10 Vgl. Ha. A. Mehler, Pokerspiel, Güllesheim, 2006, S. 305 ff.
11 Vgl. Frank Fabian, Unterdrückte Informationen über Jesus Christus, München 2016

Assassinen

1 Frank Fabian, DIE GRÖSSTEN LÜGEN DER GESCHICHTE, München, 2007, S. 175 ff.
2 Dieter Wolf, a. a. O., S. 145
3 Vgl. Marco Polo, il Milione, Die Wunder der Welt, ohne Ortsangabe, 1983, 1997

Jesuiten

1 Vgl. Wikipedia, Stichwort Jesuiten, speziell das Stichwort „Verschwörungstheorien und Jesuiten
Vgl. weiter *Monita Secreta* – Die geheimen Instruktionen der Jesuiten, Württemberg, 1924. Die Schrift kann im Internet vollständig gelesen und heruntergeladen werden

2 Will Durant, Gegenreformation und Elisabethanisches Zeitalter, München, 1981, S. 383
3 Will Durant, a. a. O., S. 384
4 Vgl. Stichwort „Kadavergehorsam", siehe Wikipedia, Deutsche Übersetzung von Peter Knauer, 1998
5 Will Durant, a. a. O., S. 386
6 Frank Fabian, Die geheim gehaltene Geschichte Deutschlands, München, 2016, S. 143 ff.
7 Vgl. die bereits zitierte Quelle „Monita Secreta" im Internet
8 Vgl. Karl-Heinz Deschner, Die Kriminalgeschichte des Christentums, zehn Bände, Hamburg, verschiedene Erscheinungsdaten
9 Vgl. Frank Fabian, Unterdrückte Informationen über Jesus Christus, München 2016
10 Siehe Frank Fabian, DIE GRÖSSTEN LÜGEN DER GESCHICHTE, a. a. O., sowie Frank Fabian, Die größten Fälschungen der Geschichte, München, 2012

Opus Dei

1 Vgl. Ha. A. Mehler, Weltbestseller, Clearwater, 2016
2 Vgl. Wikipedia, Stichwort „Opus Dei"
3 Gefunden in: Wikipedia, Stichwort „Opus Dei"
4 Zitiert nach dem Buch des Gründers „Der Weg"
5 Quelle: Wikipedia, Stichwort „Opus Dei"
6 Vgl. Petra Riechert, Die Steuer-Tyrannei, Suhl 2014
7 Curzio Maltese, Scheinheilige Geschäfte, München, 2009
8 Maltese, a. a. O., S. 70
9 Vgl. Frank Fabian, Was wir aus 10.000 Jahre Geschichte lernen können, Suhl, 2016
10 Siehe Maggy Whitehouse, Opus Dei, der Stoßtrupp Gottes im Vatikan, ohne genaue Ortsangabe, 2007, sowie John L. Allen, Opus Dei – Mythos und Realität, München, 2009

USA

1 Vgl. Frank Fabian, Die größten Fälschungen der Geschichte, München, 2016
2 Vgl. Frank Fabian, „Die Kunst des Regierens", Suhl, 2012

3 Henri Seé, Les Indées politique en France au XVIII siède, Paris, 1920, S. 161
Vgl. auch: Will Durant, Europa und der Osten im Zeitalter der Aufklärung, Bd. XV, München 1980, S. 90
4 Vgl. die ausgezeichnete Recherche von W. Cleon Skousen, The Making of Amerika, The substance and meaning of die Constitution, Washington D. C. 1986
5 Thomas Jefferson, Aus dem Gesetz über religiöse Freiheit in Virginia, 1786
6 Siehe „Masonic Boston Tea Party", http://copycateffect.blogspot.com/2009/04/btp.html
7 Gefunden unter dem Stichwort „John Hancock", Wikipedia. Hier wird verwiesen auf : William R. Denslow, Harry S. Truman: 10,000 Famous Freemasons from A to J.
8 Vgl. Berühmte Freimaurer, http://www.internetloge.de/arst/masons1.htm
9 Vgl. Wikipedia, „Greatest Names of the American Revolution":
John Adams – Spoke favorably of Freemasonry – never joined
Samuel Adams – (Close and principle associate of Hancock, Revere & other Masons
Ethan Allen – Mason
Edmund Burke – Mason
John Claypoole – Mason
William Daws – Mason
Nathan Hale – No evidence of Masonic connections
John Hancock – Mason
Benjamin Harrison – No evidence of Masonic connections
Patrick Henry – No evidence of Masonic connections
Thomas Jefferson – Deist with some evidence of Masonic connections
John Paul Jones – Mason
Francis Scott Key – No evidence of Masonic connections
Robert Livingston – Mason
James Madison – Some evidence of Masonic membership
Thomas Paine – Humanist
Paul Revere – Mason
Colonel Benjamin Tupper – Mason
George Washington – Mason

Daniel Webster – Some evidence of Masonic connections

10 Vgl. erneut „Greatest Names of American Revolution"

11 Siehe Freemasonry and the American Revolution, form the Grand Lodge Of Texas http://www.themasonictrowel.com/Articles/History/united_states_files/freemasonry_and_the_american_revolution_gltx.htm

12 Frank Fabian, Die größten Fälschungen der Geschichte, München, 2012

13 Siehe Wikipedia, Stichwort „Loge der Neun Schwestern"

14 Frank Fabian, Die größten Fälschungen der Geschichte, a. a. O., S. 95 ff.

Der Graf von Saint Germain

1 Ha. A. Mehler, Abenteuerliche Leben, Idstein, 1995, S. 26 ff.

2 Vgl. Wikipedia, Stichwort „Graf von Saint Germain"

3 Will Durant, Das Zeitalter Voltaires, Frankreich, Berlin, Wien, 1982, S. 255

4 Vgl. Das Stichwort „Secret du roi" in Wikepedia

5 Ha. A. Mehler, Abenteuerliche Leben, a. a. O., S. 28 f.

6 Vgl. die ausgezeichnete Recherche von Thomas Freller, Der Graf von St. Germain, Alchemist oder Hochstapler, Stuttgart, 2015

7 Serge Hutin, Die Freimaurer, in: Geheimgesellschaften und Geheimbünde, Düsseldorf und Wien, 1979, S. 323 ff.

8 Vgl. Will Durant, das Zeitalter Voltairs, München 1980

9 Vgl. Ha. A. Mehler, Der Seelenhändler, Idstein, 1998, sowie verschiedene Biographien über Saint Germain

10 Zitiert nach Wikipedia, Stichwort „St. Germain"

11 Zitiert nach Wikipedia, Stichwort „St. Germain"

Rosenkreuzer

1 Vgl. Wikipedia, Stichwort „Andreae"

2 Vgl. Wikipedia, Stichworte „Orson Wells" und „Krieg der Welten"

3 Vgl. verschiedene Wikipedia-Einträge zu den „Gold- und Rosenkreuzern"

4 Gisela Graichen, Alexander Hesse, Geheimbünde, Reinbek bei Hamburg, 2007, S. 216 ff.

5 Eugen Lennhoff, Oskar Posner, Internationales Freimaurer-Lexikon, München, 1932

6 Vgl. verschiedene Wikipedia-Einträge, Stichworte wie „Sonnentempler", „Joseph Di Mambro" etc., sowie Gisela Graichen, a. a. O., S. 222

Illuminaten

1 Vgl. Einträge bei Wikipedia, Stichworte „Illuminatenorden“ und „Adam Weishaupt“
2 Gisela Graichen, a. a. O., S. 185
3 Vgl. Wikipedia, Stichwort „Immanuel Kant“
4 Gisela Graichen, a. a. O., S. S. 192
5 Jim Marrs, Rule by secrecy, New York, 2001, S. 242
6 Wikipedia, Stichwort „Adam Weishaupt”

Hitler

1 Vgl. Thomas Röder, Die Männer hinter Hitler, Malters, 1994
2 Vgl. Die Stichworte „Thule“ und „Rudolf von Sebottendorf“ in Wikipedia
3 Jim Marrs, a. a. O., S. 155 ff.
4 Vgl. Wikipedia, Stichwort „Dietrich Eckart”
5 Jim Marrs, a. a. O., S. 161
6 Vgl. Wikipedia, Stichwort „Vril-Gesellschaft”, vgl. weiter verschiedene Kurzfilme des „History-Kanals“ in den USA, die sich mit dem Thema „Hitler und Esoterik“ befassen
7 Vgl. Wikipedia, Stichwort „Thule-Gesellschaft”
8 Quelle: Wikipedia, Stichwort „Thule-Gesellschaft”
9 Frank Fabian, Die größten Fälschungen der Geschichte, a. a. O.
10 Die Protokolle der Weisen von Zion sind überall einsehbar und veröffentlicht, auch mehrfach im Internet. Vgl. außerdem Wolfgang Benz, Die Protokolle der Weisen von Zion, München, 2007
11 Hadassa Ben-Itto, Die Protokolle der Weisen von Zion – Anatomie einer Fälschung, Berlin, 1998
12 Vgl. Wikipedia, Stichwort „Die Protokolle der Weisen von Zion“
13 Vgl. die ausgezeichnete Recherche von Dr. Thomas Röder, Die Männer hinter Hitler, Malters, 1994
14 Frank Fabian, Die geheim gehaltene Geschichte Deutschlands, München 2016, S. 380 f.
15 Vgl. Ha. A. Mehler, Der sanfte Schrei, München, 1985

P2

1 Die Anti-Freimaurer-Literatur nach den Ereignissen rund um P2 vervielfachte sich derart, dass es überflüssig ist, konkrete Quellenangaben

zu machen. Bis heute ist zudem das Internet übersät davon.
2 Vgl. Wikipedia, Stichwort „*Ordine Nuovo*"
3 Gisela Graichen, a. a. O., S. 82 ff.
4 Graichen, a. a. O., S. 85
5 Graichen, a. a. O. S. 86
6 wiki.de/index.php/Rezension:_Guido_Grandt:_Schwarzbuch_Freimaurerei_III
7 Gary Allen, Non Dare Call it Conspiracy, ohne Ortsangabe, 1971
8 http://www.endzeit-forum.de/index.php?page=Thread&threadID=137
9 http://www.secret-politics.com/Logen/Strucktur-Welth.htm
10 Vgl. Wikipedia, Stichwort „Roberto Calvi"
11 Vgl. Wikipedia, Stichwort „Michele Sindona"
12 Vgl. Daniele Ganser, NATO-Geheimarmeen in Europa, Inszenierter Terror und verdeckte Kriegsführung, Zürich 2008
13 Wikipedia, Stichwort „P2"

Geschichte der Freimaurerei

1 DIE GRÖSSTEN LÜGEN DER GESCHICHTE
Wie „historische Wahrheiten" gefälscht wurden

Die größten Fälschungen der Geschichte
Was so nicht in unseren Schulbüchern steht

Die geheim gehaltene Geschichte Deutschlands
Was von Historikern bis heute verschwiegen wird

Was wir aus 10.000 Jahren Geschichte lernen können
Geheimwissen: Wie die Gesetze der Macht heißen

Unterdrückte Informationen über Jesus Christus
Was bis heute über Jesus Christus verschwiegen wird

Sehr geehrte Frau Bundeskanzlerin
Was faul ist im Staate Deutschland

Die Kunst des Regierens
Auf der Suche nach politischen Erfolgsgeheimnissen

Die Steuer-Tyrannei
Auf welche Weise die Deutschen mit astronomischen Steuern unterdrückt werden
Mit welcher Methode Sie persönlich der Steuerfalle entgehen können

Die Kunst des Friedens
Wie Frieden aktiv herbeigeführt und aufrechterhalten werden kann

Macht und Magie der Public Relations
Insider-Informationen und Spitzentechniken rund um die Öffentlichkeitsarbeit

Ungewöhnliches politisches Wörterbuch
Die wichtigsten politischen Grundbegriffe
Rasch und unkompliziert politische Zusammenhänge einordnen und verstehen

Die Mätresse von Mailand
Historischer Roman

Die Geheimmission des Tempelritters (Band I)
Historischer Roman

Der falsche Pharao
Roman

2 Vgl. Graichen u. a., a. a. O.
3 Frank Fabian, Die Geheimmission des Tempelritters, Clearwater, 2015, publiziert erstmalig bei Amazon, siehe auch www.frankfabian.org
4 Psst! Es geht um Ihr Geld! Welche Informationen Ihnen Banken und Versicherungsgesellschaften verschweigen. Wie Sie weitaus höhere Zinsen für Ihr Geld erwirtschaften können, Clearwater 2016, siehe www.bestsellerautor-mehler.com.
5 Vgl. Walter Schulz, internetloge.de – internetloge.org – Hamburg, Deutschland – Freimaurerei, Freimaurerlogen, Freimaurer
6 Vgl. Frank Fabian, Unterdrückte Informationen über Jesus Christus, München, 2016

7 Wikipedia, Stichwort „Karl-August von Sachsen-Weimar-Eisenach"
8 Frank Fabian, Die größten Fälschungen der Geschichte, München, 2013, S. 132
9 Die letzten Seiten wurden zitiert nach: Frank Fabian, Die größten Fälschungen der Geschichte, a. a. O.
10 Vgl. Stichwort „Schwarze Hand", Wikipedia
11 Zitiert nach: Frank Fabian, Die geheim gehaltene Geschichte Deutschlands, München 2015, S. 353 ff.
12 Alle Zahlen sind frei im Internet erhältlich, sie werden nicht einmal geheim gehalten

QUELLENANGABEN

Titel Wirtschaftsverlag Suhl
S. 16 Karte aus Wikipedia: Quellenangabe: „Kopiersperre",Liste der Kommenden des Templerordens", https://de.wikipedia.org/wiki/Liste_der_Kommenden_des_Templerordens, 30.01.17
S. 20 Karte aus Wikipedia: Quellenangabe: „Sidonius", „Ritterorden-Outremer-bis-1291.png", https://de.wikipedia.org/wiki/Datei:Ritterorden-Outremer-bis-1291.png#filehistory, 30.01.17
S. 45 Karte aus Wikipedia: Quellenangabe: „Baba66, NordNordWest", „Sunniten", https://de.wikipedia.org/wiki/Sunniten, 30.01.17
S. 47 Karte aus Wikipedia: Quellenangabe: „MapMaster", „Assassinen", https://de.wikipedia.org/wiki/Assassinen, 30.01.17
S. 84 Karte aus Wikipedia, gemeinfrei

FRANK FABIAN, Jahrgang 1952, lebt in Florida, USA. Fabian studierte Geschichte und Philosophie in Deutschland, England und in den USA. Der in neun Ländern publizierte Bestsellerautor wurde mit vielen Preisen ausgezeichnet.

GESCHICHTE | POLITIK | THÜRINGEN | GESUNDHEIT

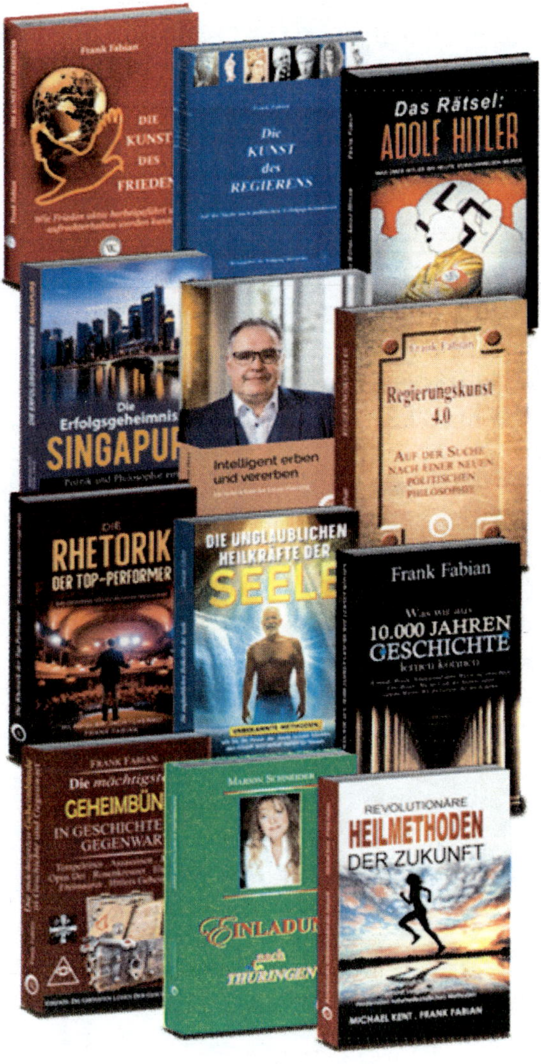

Literatur für Zukunftswissen

Wirtschaftsverlag W.V. GmbH
Lauwetter 25
98527 Suhl
info@wirtschaftsverlag-suhl.de
www.wirtschaftsverlag-suhl.de
Januar 2026

Die brisanteste Politik-Recherche des 21. Jahrhunderts mit spektakulären und einfachen Lösungsansätzen.
Lernen, wie man regiert von den erfolgreichsten Geistern der Weltgeschichte.

Frank Fabian / Dr. W. Maruschky
ISBN: 978-3-936652-13-0
Preis: 9,80 Euro

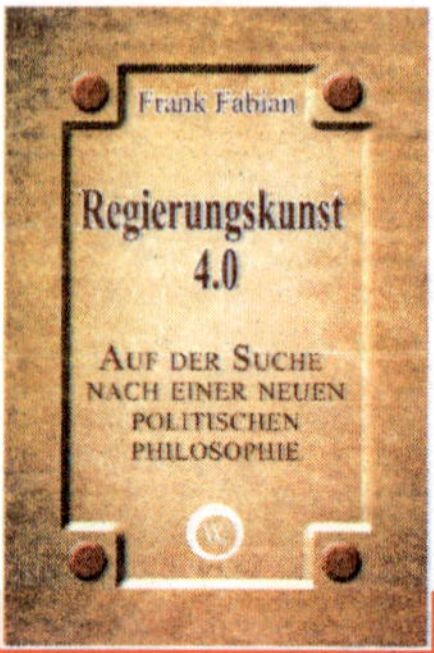

Für eine bessere und gerechtere Welt!
Wissen, wie es geht!
Eine neue politische Philosophie und Regierungsform wird dazu vorgestellt.

Frank Fabian
ISBN: 978-3-936652-34-5
Preis: 9,80 Euro

Das Ergebnis dieses Buches ist aufregend. Es ist ein Insider-Buch für die Spitze. Ein Buch, das Elite-Wissen preisgibt. Erstmals werden die konkreten (Rede-) Techniken von den Besten der Besten vorgestellt. *Das Geheimnis hochwirksamer Redekunst.*

Wladislaw Jachtchenko, Frank Fabian
ISBN: 978-3-936652-41-3
Preis: 24,90 Euro

Im gleichen Verlag erschienen

Gründe für den Aufstieg und Fall von Zivilisationen

Frank Fabian
ISBN: 978-3-936652-21-5
Preis: 9,80 Euro

Gesetze der Macht
Code der Geschichte

Wie man Friedensstifter fördern und Kriegstreiber stoppen kann!

Frank Fabian
ISBN: 978-3-936652-14-7
Preis: 9,80 Euro

Das Buch für eine neue Friedenskultur!

- Die wichtigsten politischen Grundbegriffe
- Rasch und unkompliziert politische Zusammenhänge einordnen und verstehen

Frank Fabian
ISBN: 978-3-936652-25-3
Preis: 13,80 Euro

Fachbegriffe auf einmalig leicht verständliche Art und Weise definiert

Unterhaltsames und Verrücktes rund um Thüringens kulinarisches Heiligtum, den „echten Thüringer Kloß"

Gaby Mörstedt, Marcus Scherf (Hrsg.)
ISBN: 978-3-936652-32-1
Preis: 9,90 Euro

Entdeckungsreise um Kuriositäten und Verrücktheiten um den Thüringer Kloß

... Spektakulär und mitreisend ... ein Leben auf der Überholspur ... als ... Chemiker, Top-Manager und Unternehmer, Musiker, Weltreisender, Sportler, Akademiker und passionierter Sammler ...

Prof. Dr. Bernhard Seitz
ISBN: 978-3-936652-30-7
Preis: 14,80 Euro

... bereiste ALLE Staaten der Erde ...
... baute mehrere florierende Unternehmen auf ...

- Was Ihnen Banken und Versicherungsgesellschaften verschweigen
- Wie Sie weitaus höhere Zinsen für Ihr Geld erwirtschaften können

Frank Fabian
ISBN: 978-3-936652-22-2
Preis: 7,80 Euro

Einzigartiger Ratgeber in Sachen Geld